btb

Die deutsche Geschichte muss umgeschrieben werden: Klaus Uhltzscht war es, der die Berliner Mauer zum Einsturz gebracht hat! Dabei ist Klaus, der Sachenverlierer und Multi-Perverse, eigentlich ein Versager par excellence. Als Sohn eines Stasi-Spitzels und einer Hygieneinspektorin wächst er zwischen Jogginghosen und Dr. Schnabels Aufklärungsbuch auf, bleibt im Sportunterricht auf ewig ein Flachschwimmer und hofft vergeblich, in der Arbeitsgemeinschaft Junge Naturforscher berühmt zu werden. Auch sein großer Traum, als Topagent bei der Stasi zu arbeiten, erfüllt sich leider nicht. Dafür aber wird er, der inzwischen eine Perversionskartei erfunden hat, zum persönlichen Blutspender Erich Honeckers. Jetzt, da auch noch die Mauer durch – man höre und staune – seinen Penis fiel, packt Klaus aus und erzählt von seinem ruhmreichen Leben. Keiner hat bislang frecher und unverkrampfter den kleinbürgerlichen Mief des Ostens gelüftet als Thomas Brussig. Mit beißender Ironie und nicht mehr zu überbietender Komik durchleuchtet er die DDR in ihrer ganzen Spießigkeit. Ein Lesevergnügen allererster Ordnung!

THOMAS BRUSSIG, 1964 in Berlin geboren, hatte 1995 seinen Durchbruch mit »Helden wie wir«. Es folgten u.a. »Am kürzeren Ende der Sonnenallee« (1999), »Wie es leuchtet« (2004) und »Das gibts in keinem Russenfilm« (2015). Seine Werke wurden in über 30 Sprachen übersetzt. Thomas Brussig ist der einzige lebende deutsche Schriftsteller, der mit einem seiner literarischen Werke wie auch mit einem Kinofilm und einem Bühnenwerk ein Millionenpublikum erreichte.

Thomas Brussig

Helden wie wir

Roman

btb

Das 1. Band: Kitzelstein

Ich darf von mir behaupten, durch ein ganzes Panzerregiment Geburtshilfe genossen zu haben, ein Panzerregiment, das am Abend des 20. August 1968 in Richtung Tschechoslowakei rollte und auch an einem kleinen Hotel im Dörfchen Brunn vorbeikam, in dem meine Mutter, mit mir im neunten Monat schwanger, während ihres Urlaubs wohnte. Motoren dröhnten, und Panzerketten klirrten aufs Pflaster. In Panik durchstieß ich die Fruchtblase, trieb durch den Geburtskanal und landete auf einem Wohnzimmertisch. Es war Nacht, es war Hölle, Panzer rollten, und ich war da: Die Luft stank und zitterte böse, und die Welt, auf die ich kam, war eine politische Welt.

Mr. Kitzelstein, wie Sie sehen, habe ich, meiner historischen Verantwortung voll bewußt, bereits damit begonnen, die Geschichte meines Lebens aufzuschreiben, auch wenn ich gestehen muß, daß ich in zwei Jahren nicht über den ersten Absatz hinausgekommen bin. Mir schwebte eine Autobiographie vor, in der ich mir voller Ehrfurcht begegne und die auch sonst so à la *europäischer Zeitzeuge* angelegt ist – und die mich sowohl für den Literatur- als auch den Friedensnobelpreis ins

Gespräch bringt (um Sie gleich mit einer meiner hervorstechenden Eigenschaften, meinem Größenwahn, vertraut zu machen). Wer weiß, wie lange ich noch an meiner Autobiographie gesessen hätte, wenn Sie nicht angerufen und mich für Ihre New York Times um ein Interview gebeten hätten. Wie ich das mit der Berliner Mauer hingekriegt habe. Das ist eine lange Geschichte. Lassen Sie mich zuerst ein paar Mißverständnisse klären.

Ich habe gehofft, mein Anteil an den Geschehnissen jener Nacht bliebe noch eine Weile unerkannt – aber da habe ich die Beharrlichkeit des amerikanischen investigativen Journalismus einfach unterschätzt. Als die Mauer plötzlich nicht mehr stand, rieb sich Volk die Augen und mußte schließlich glauben, es hätte selbst die Mauer abgerissen. Mir war schon klar, daß diese *Das-Volk-sprengt-die-Mauer*-Legende nicht mehr lange halten wird. Irgendwo muß es ja abgeblieben sein, das Volk, das Mauern sprengen konnte – aber wo? Die illusionsloseren Betrachter kommen nun zu dem Schluß, daß es kein mauersprengendes Volk gegeben hat. Aber wer war's dann? An dieser Stelle erinnert man sich an Schabowski und seine Pressekonferenz, und das Märchen, er habe die Maueröffnung verkündet, kam mir sehr gelegen, denn es verhinderte Nachforschungen in meine Richtung, so daß ich, die mir zustehenden Nobelpreise fest im Auge, ungestört an meiner Biographie arbeiten konnte. Außerdem wußte ich immer, daß ich, wenn ich mich outen würde, mit dieser Pressekonferenz-Legende relativ einfach fertig werden könnte. Man muß sich nämlich nur genau anhören, was Schabowski damals sagte: Er hat, als er sich den Journalistenfragen stellte und auf die Fluchtwelle angesprochen wurde, den Flüchtlingen ab sofort die direkte Ausreise in die Bundesrepublik zugesichert, wahrscheinlich, weil er es leid war, daß sich die Welt an Fernsehbildern von kilometerlangen Autoschlangen an der tschechisch-westdeutschen Grenze ergötzen konnte. Um mehr als eine unspektakulärere Fluchtwelle ging es ihm nicht. Zugegeben, eine Stunde später unterbrachen die Abgeordneten des Deutschen Bundestages ihre Debatte zum Vereinsförderungsgesetz, standen auf und sangen das Deutschlandlied. An der Mauer jedoch war bis dahin noch nichts passiert, und es passierte auch weiterhin nichts, außer daß sich viele Begierige versammelten und abwarteten. Und dann kam ich. Sie sagten am Telefon, daß Sie durch die Analyse von Videomaterial auf mich gestoßen wären. Was soll ich da noch leugnen.

Ja, es ist wahr. Ich war's. Ich habe die Berliner Mauer umgeschmissen. Aber wenn es nur das wäre – die Rezensionen der Historiker und Publizisten jedenfalls lesen sich so: »Ende der deutschen Teilung«, »Ende der europäischen Nachkriegsordnung«, »Ende des kurzen 20. Jahrhunderts«, »Ende der Moderne«, »Ende des Kalten Krieges«, »Ende der Ideologien« und »Das Ende der Geschichte«. Wie das tapfere Schneiderlein: Sieben auf einen Streich. Ich werde Ihnen erzählen, wie es dazu kam. Die Welt hat ein Recht auf meine Geschichte, zumal sie einen Sinn ergibt.

Die Geschichte des Mauerfalls ist die Geschichte meines Pinsels, aber wie läßt sich dieser Ansatz in einem Buch unterbringen, das als eine nobelpreiswürdige Kreuzung von *David Copperfield* und *Ein Zeitalter wird besichtigt* konzipiert ist? Ich habe zwei Jahre ohne Ergebnis an einer Lösung getüftelt – und jetzt spüren

Sie mich auf. Sie verstehen, daß Sie mir nicht ganz ungelegen kommen? Wenn ich über meinen Schwanz schon nicht schreiben kann, werde ich eben darüber reden. Und das sind keine Pennälerprotzereien, sondern Mosaiksteine der historischen Wahrheit, und wenn Sie nicht wollen, daß noch Fragen offenbleiben, müssen Sie schon akzeptieren, daß meine Schilderungen ziemlich schwanzlastig geraten.

Daß ich ausgerechnet *Ihnen* die Geschichte meines Schwanzes erzähle, hat nicht nur mit Ihrer Spürnase zu tun, sondern vor allem mit Ihrer Visitenkarte. Wann bekommt man schon die Chance, sich einem Korrespondenten der New York Times anzuvertrauen! Zumal ich mich frage, wo Sie jemanden mit meinem Steckbrief – »Ende der Moderne«, »Ende der Geschichte« und so weiter –, wo Sie so jemanden präsentieren? Doch nur auf der Titelseite! Woanders geht's gar nicht! Was für eine Aussicht: Ich, Beendiger der Geschichte, auf der Titelseite der New York Times, *dem* Sprachrohr des liberalen Weltgewissens. (Um solche Formulierungen bin ich nie verlegen.) Womit mir meine zweite Titelseitenpräsenz bevorsteht, denn bereits als Neunjähriger kam ich auf die Titelseite der NBI, *Neue Berliner Illustrierte*, der auflagenstärksten Wochenillustrierten. Das war in der dritten Klasse, als wir einen neuen Schuldirektor bekamen. Sinnvolle Freizeitgestaltung war nach seinem Verständnis nur innerhalb von Arbeitsgemeinschaften denkbar, und weil die Beteiligung in Arbeitsgemeinschaften auch in die Statistik einging, peilte unser Direktor als Kampfziel an, daß hundert Prozent seiner Schüler in Arbeitsgemeinschaften mitmachen. Rein gefühlsmäßig neigte ich der *AG*

Segeln zu, aber meine Mutter wollte nicht, daß ich irgendwo bin, wo man sich die Finger einklemmen kann oder – »Ich weiß doch, welche Zustände auf Segelbooten herrschen!« – Splitter einreißt. Daß *Holzsplitterverletzungen* zu Blutvergiftung, Amputation und Tod führen, war mir durchaus bewußt; immer das Schlimmste zu erwarten und sich gegenseitig auch tiefbesorgt darin einzuweihen war bei uns gang und gäbe. Wenn sie mir etwas Gutes tun wollte, dann war sie tiefbesorgt. Mein Vater, autoritär und rechtschaffen, interessierte sich nicht für Nebensächlichkeiten; er sprach fast nie mit mir, und wenn, nur das Nötigste. »Steck dein Hemd rein!« oder »Sei still!« oder »Komm jetzt!«. Ansonsten war er der Mann, der abends in Trainingshosen vor dem Fernseher saß, die Füße in einer Schüssel Kaltwasser.

»Mach, was du willst, aber zum Segeln gehst du nicht!« Also kein Segeln, dafür *AG Junge Naturforscher*. Es war Sitte, diese lästigen Arbeitsgemeinschaften immer an die jüngsten Fachlehrer abzuwälzen, und so wurde unsere Arbeitsgemeinschaft durch einen Physiklehrer betreut – der Mann hieß Küfer und hatte mit seinen siebenundzwanzig Jahren »vom vielen Denken«, wie er sagte, eine beträchtliche Glatze. Ich hatte keine Ahnung, was Physik ist. Ich dachte, junge Naturforscher werden Schildkröten füttern oder so was. Herr Küfer konnte mit uns nicht viel anfangen und ließ Unterrichtsfilme über die Weltwirtschaftskrise und den Spanischen Bürgerkrieg rückwärts durch den Projektor laufen. Es waren unvergeßliche Bilder, zum Beispiel, als ein Schutthaufen plötzlich zu stauben begann und sich in ein Haus verzauberte oder als Flugzeuge wie mit einem Magneten Bomben einsammelten, die ihnen von unten entgegentrudelten ... (Als Küfer ein paar Jahre später geschaßt wurde, hieß es unter anderem, er hätte durch rückwärtslaufende Kriegsfilme pazifistische Illusionen geweckt.) Dann sah ich im Fernsehen eine Sendung, in der es um meterhohe Betonmauern ging, die an lärmbelasteten Straßen als Schallbrecher dienten. Da in jener Sendung zweimal das Wort »physikalisch« fiel, fragte ich Herrn Küfer, wie so ein Schallbrecher funktioniert. Herr Küfer griff meine Anregung dankbar auf und vertiefte sich in die Theorie der Akustik. Nach ein paar Wochen hatte die AG Junge Naturforscher einen »Experimentierbaukasten Akustik« entwickelt, den wir zur Eröffnung der »Messe der Meister von morgen« präsentierten. Dabei blieb es nicht – wir wurden zur Kreismesse delegiert und dort für die Bezirksmesse nominiert. Und ich sollte als Standbetreuer eingesetzt werden! Ein Schüler der 3. Klasse als Experte für akustische Experimente! Was würde mein Vater dazu sagen? Ein Vater, der so wenig an mich glaubte, daß er sich nicht mal der Anstrengung unterzog, einen vernichtenden Satz wie »Ach, aus dem Jungen wird doch nichts!« zu Ende zu bringen; er winkte nach den Worten »Ach, aus dem Jungen ...« immer nur resignierend ab. Er sagte nicht mal meinen Namen! Niemals habe ich aus seinem Munde meinen Namen gehört! Ich habe zwar einen Vornamen, der jenseits der Grenze des Zumutbaren liegt – ich heiße *Klaus* (putzig, nicht wahr? reimt sich auf *Maus* und *Haus*), aber daß er meinen Namen völlig ignorierte, kränkt mich irgendwie. Nun wollte ich ihn in seinem Büro besuchen, damit er mich geläutert seinen Kollegen vorstellen kann, mit Worten wie: »Das ist mein Sohn, und er ist gekommen, um mir zu berichten, daß er als Messestandbetreuer eingesetzt wird, in einer wissenschaftlichen Angelegenheit, von der ich leider, leider nichts verstehe...«

Ich war nie bei meinem Vater im Büro gewesen – er arbeitete im *Ministerium für Außenhandel* –, aber der Stadtplan sagte mir, wo das Ministerium lag; ich mußte zwanzig Minuten mit der U-Bahn fahren. Ich kam bis zum Pförtner, der in mehreren Verzeichnissen nach der Zimmernummer meines Vaters suchte. Mein Vorname ist sicher ein Ärgernis, aber eine wahre Katastrophe spielt sich im Nachnamen ab: Immer buchstabierbedürftig und garantiert unaussprechlich, zumindest auf Anhieb; ich habe damit schon Wetten gewonnen. *Uhltzscht.* Vom Pförtner des Außenhandelsministeriums blieb mir die feuchte Aussprache in Erinnerung; jedesmal, wenn er *Uhltzscht* sagte, wurde die Trennscheibe besprenkelt. »Einen Uhltzscht haben wir hier nicht.« Damit begann er, und dabei blieb er. Er hatte den Namen nie gehört und konnte ihn nirgendwo finden. Ich fuhr ratlos nach Hause, und als ich meinen Vater zum Feierabend fragte, *wo* er denn arbeitet, murmelte er was von *Außenstelle*. Ich ging betroffen, um nicht zu sagen geschockt, in mein Zimmer. Natürlich! Außenstelle! Endlich ein handfester Anhaltspunkt zur ewigschlechten Laune meines Vaters: Abgeschoben auf einen Außenposten, blieb ihm die große, strahlende Karriere versagt! Mein Vater, ein Außenseiter einer Außenstelle beim Außenhandel, im Inneren seines Herzens einsam wie ein Leuchtturmwärter, zerfressen von Enttäuschung ob der Schlechtigkeit der Menschen, die ihn eiskalt auf einen Außenposten verbannten. Natürlich, mein Vater ist der größte Kotzbrocken, dem ich je begegnet bin, aber das ist noch lange kein Grund, schlecht über ihn zu denken! – »So, und wer hat hier den Vorhang wieder mal nicht zugezogen?« Derjenige kann nur ich gewesen sein, aber was für einen Vorhang meinte er? Ich kam aus meinem Zimmer. Da stand er mit seinem ultimativen Gesichtsausdruck und zeigte pathetisch aufs Schuhregal, dessen Vorhang nicht zugezogen war. Nun gut, er kam von der Außenstelle nach Hause, jetzt, wo ich es wußte, sah ich ihn mit ganz anderen Augen. Ich zog den Vorhang zu, er stieg aus seinen Schuhen, zog den Vorhang wieder auf, stellte die Schuhe ins Regal, zog den Vorhang zu und sah mich höhnisch an: *So einfach ist das!* Und als ich ihm jetzt endlich sagte, daß die Versuchsanordnung der AG Junge Naturforscher zur Bezirksmesse delegiert wurde, als ich ihm endlich *stolz* erzählte, daß ich als Standbetreuer eingesetzt werde, ich, ein Neunjähriger, wissen Sie, was er dazu sagte? Er schnippte mit dem Finger an die Knopfleiste meines Hemdes und sagte: »Bis dahin wirst du hoffentlich gelernt haben, wie man sich ordentlich anzieht.«

Vergessen Sie's. Die Messe sollte mit einem Rundgang »wichtiger Repräsentanten« eröffnet werden. Laut Protokoll würde es auch eine Visite an meinem Stand geben. Mein Schuldirektor und ein paar Leute, die ich nicht kannte, präparierten mich für diese Augenblicke und redeten pausenlos von Ehre und Bedeutung. Sie können sicher sein, daß mein Hemd richtig geknöpft war. Vom eigentlichen Ereignis weiß ich nur noch, daß ein paar dicke schwitzende Männer an meinen Stand kamen – was mich sehr verwirrte, weil mir RepräsenTanten angekündigt wurden und ich daher mit Frauen rechnete. Meine auswendig gelernte Präsentation wäre mißtrauischer ausgefallen als geplant, aber einer der Männer, vermutlich der wichtigste, ließ mich nicht zum Zuge kommen und machte einen Witz – den ich nicht verstand und nur als Witz erkennen konnte, weil die anderen Männer im Troß um das anbiederndste Lachen konkurrierten. Zwei Fotografen gingen in Stellung, der Witzchenerzähler klopfte mir auf die Schulter und resümierte: »Dann man weiter so.« Der ganze Auftritt dauerte höchstens zwei Minuten, und als sie gegangen waren, grübelte ich, wieso diese Männer RepräsenTanten genannt werden.

Am nächsten Tag war ich in der *Berliner Zeitung*. Meine Mutter kaufte gleich dreißig Exemplare und schickte mich nach weiteren zehn. Wenige Tage später war ich sogar auf der Titelseite der NBI: Ich, als Neunjähriger, auf der Titelseite der auflagenstärksten Illustrierten, neben einem der mächtigsten Männer des Landes! Das Telefon hörte nicht auf zu klingeln: Und der Klaus, Ja, der Klaus, Sag mal, der Klaus, Also, der Klaus, Ist das wahr, der Klaus ... Mein eifriger Direktor setzte einen Auszeichnungsappell an. Man sah mir hinterher. Man raunte sich zu: »Das ist er.« Solange ich an diese Schule ging, hing die NBI-Titelseite gerahmt im Foyer. Als die Pionierzeitung »Trommel« nachzog und einen ganzseitigen Artikel über mich brachte, war meine Mutter schon so abgestumpft, daß sie nur noch acht »Trommel« kaufte.

Ich könnte Scheiße heulen, aber es war so: Mein heißester Wunsch ging in Erfüllung. Ich war kein Versager – das Titelbild war der Beweis! Als *Junger Naturforscher* und Meister von morgen auf der Titelseite der auflagenstärksten Illustrierten. Die werden doch wissen, warum sie ausgerechnet mich auf die Titelseite bringen. Bin ich der verheißungsvollste Meister von morgen, bin ich ein Nobelpreisträger auf der Warteliste? Auf dieser Wolke schwebte ich durch den Alltag. Der zukünftige Nobelpreisträger ist artig, der zukünftige Nobelpreisträger zieht gelassen den Vorhang vom Schuhregal zu, der zukünftige Nobelpreisträger hört, wenn man ihm was sagt. Was soll mir schon passieren? Früher oder später würden sie Straßen nach mir benennen. Ich begann Tagebücher zu führen. Obwohl ich mich in meinen Tagebüchern eher an die Nachwelt wandte, hatte ich im Alltag auch immer ein paar Worte für meine Mitmenschen übrig, was ich mir hoch anrechnete.

Und meine Mutter! Endlich konnte ich ihr in die Augen sehen! Nein, es war nicht umsonst, daß sie acht Jahre ihrer beruflichen Entwicklung meiner Erziehung geopfert hatte. Sie hatte nicht nur einen gewöhnlichen artigen, fleißigen, sauberen, klugen und somit ganz vorzeigbaren Jungen – sie hatte einen zukünftigen Nobelpreisträger herangezogen. Das Ergebnis von acht anstrengenden Jahren, in denen ich beharrlich dazu angehalten wurde, immer »im ganzen Satz« zu antworten – andernfalls wurde ignoriert, was ich sagte –, acht Jahre, in denen sie mit mir nur didaktisch wertvolle Spiele wie *Merk fix!* und *Mühle* und *master mind* und nur ausnahmsweise *Mikado* spielte – dafür aber niemals *Mensch ärgere dich nicht*, *Schwarzer Peter* oder – Gipfel des Stumpfsinns – *Krieg und Frieden*.

Dank der Titelseite wurde ich auch mein eigener Schlagzeilenerfinder. Meistens suchte ich nach der passenden Schlagzeile für meine augenblickliche Verrichtung. Wenn ich mit meinem Kumpel Bertram einen netten Nachmittag verbrachte, erwartete ich am nächsten Tag auf Seite 2 im *Neuen Deutschland* »Freundschaftliche Begegnung zwischen Klaus und Bertram«. Wenn ich fingerschnippend darauf wartete, vom Lehrer rangenommen zu werden: »Wissenschaftlicher Nachwuchs meldet sich zu Wort«.

Es ging jahrelang so weiter – bis ich mit einem Originalexemplar der BILD-Zeitung konfrontiert wurde. Ganz unvorbereitet traf es mich nicht; hin und wieder hatte ich schon Faksimiles der BILD-Titelseite gesehen, und eine Lehrerin benutzte des öfteren den Ausdruck *westliche Gazetten*. Aus dem Zusammenhang erschloß ich, daß es sich bei *Gazetten* um so eine Art Zeitung handeln muß. Ich durfte also etwas Besonderes erwarten, etwas, das wie eine Zeitung aussieht, aber eine heimtückische Gazette ist. Und dann die Schlagzeile, aber ehe ich die unvergeßliche Schlagzeile verrate, möchte ich die Präsentation würdigen: *So* dicke Lettern! Buchstaben, wie aus einem Felsblock gehauen! Der Begriff *Blockbuchstaben* bekam plötzlich so etwas Bildhaftes! Wenn der Titel doch nur *WELTUNTERGANG!* gewesen wäre, aber er lautete – was noch schlimmer war – *SEX-SKANDAL BEI DER POLIZEI! Schrecklich!* Daß die Polizei, die Hüterin des Gesetzes, Beschützerin der unbescholtenen Bürger, die Tag und Nacht für Ruhe und Ordnung sorgt, so an den Pranger gestellt wird! Haben denn die westlichen Gazetten überhaupt keine Hemmungen? Wieso hetzen die gegen die Polizei? Die Polizei bekämpft die Verbrecher! Wer die Polizei beleidigt, steht auf der Seite der Verbrecher! Oder sehen Sie das anders? Und wieso müssen die der Polizei ausgerechnet einen Sex-Skandal vorhalten – schrecken die westlichen Gazetten denn vor gar nichts zurück? Und was mich mit meinen dreizehn Jahren am meisten verunsicherte, war die Vorstellung, meinen Nobelpreis ausgerechnet in einem Moment überreicht zu bekommen, wenn ich von einem Ständer heimgesucht werde. Was dann? Werde ich als *SEX-SKANDAL BEI NOBELPREISVERLEIHUNG!* enden?

Davon abgesehen, wollte ich meinen Namen, so unerfreulich er war, gedruckt sehen – und zwar so oft wie möglich. Ich beteiligte mich an Leserdiskussionen. Und an Preisausschreiben. Auf meinem Schreibtisch – ich hatte seit der ersten Klasse einen eigenen Schreibtisch – lag immer ein Stapel Postkarten. Ich durchforstete alle Zeitungen meiner unmittelbaren Reichweite nach Preisausschreiben, und mit Fragen der Sorte *Wieviel Rillen hat eine Langspielplatte?* kann mich seitdem keiner mehr reinlegen. Die zweite Strategie, mit der ich meinem Namen eine regelmäßige Medienpräsenz sicherte, bestand in der Teilnahme an Leserdiskussionen der *Trommel*, der *Frösi* – im Grunde schrieb ich an fast jede Zeitung, die Leserbriefe veröffentlichte. Zu jedem Thema hatte ich eine Meinung, die ich in druckreifen Formulierungen ausdrücken konnte. Ich führte Buch über meine Medienpräsenz und witterte Schiebung, wenn ich sechs, acht, ja einmal sogar vierzehn Wochen nicht gedruckt wurde. Ich, ein scheißkluger Klugscheißer, ich bildete mir sonstwas ein auf meine Leserbriefe, die ich alle meiner Mutter vorlas – natürlich erst, wenn sie gedruckt waren. *Das* hielt ich für das Wahre! Wie sollte ich daran zweifeln können? Kindheit ist die Zeit ohne Zweifel. Igitt, mir ist ein Aforismus rausgerutscht! Ich verabscheue Aforismen! Besonders die eigenen. Aber auch sonst: Sie haben das gewisse Etwas für fettarschige, behäbige Zuhörer, *aha, aha, interessant, so habe ich es noch gar nicht gesehen* ... Seit meinen Leserbriefen habe ich Übung in Aforismen, sie unterlaufen mir ständig, sie fließen aus mir raus wie Dünnpfiff. Wo war ich? Kindheit, Zweifel, ja, *ein Kind muß glauben, wo es nicht versteht, aber wenn es zweifelt, hört es auf, Kind zu sein.* Aforistisch, nicht wahr? Hätte garantiert die Qualifikation zum Abdruck in der Abschlußdiskussion »Zu jung zum Erwachsensein? Zu alt für ein Kind?« gereicht. *Jugend ist die Zeit der Zweifel, und wo Zweifel enden, endet Jugend.* Wenn das nicht Dünnpfiff-Denken ist, ohne Konsistenz, ohne Schwere – aber mein Kopf ist voll von diesem aforistischen SchubiDubi. Ich komme gar nicht zum Erzählen, weil andauernd diese Aforismen rufen: »He! Sprich mich aus! Erfinde mich! Formulier mich geistvoll! Du willst doch geistvoll sein! Du willst doch berühmt sein! Alle berühmten Menschen sind geistvoll! Also sei geistvoll, und sprich mich aus!« Ich möchte einmal den Mund auftun können, ohne das Gefühl zu haben, in ein hingehaltenes Mikrofon zu sprechen. Und jetzt sitzen Sie mit ihrem Diktiergerät vor mir, dem Beendiger der Geschichte, und ich habe die Chance, auf die Titelseite der New York Times zu kommen. Sie ahnen, was Sie mir antun. Ich könnte reden, wie ich es schon immer wollte, ich könnte reden, als täte ich Presseerklärungen kund oder persönliche Stellungnahmen. Ich könnte resümieren, verlautbaren, einschätzen – aber die Plauderei am Rande kann zum Verhängnis werden. Sie waren noch mit der Aussteuerung des Aufnahmepegels beschäftigt, ich habe mit meinem Titelseiten-Syndrom kokettiert – und was habe ich ausgebuddelt? Kränkung und Verunsicherung. Kein Wunder, daß ich nach zwei Jahren Nachdenken gerade einen Absatz Lebensbeschreibung fertigbrachte. Was bleibt uns also anderes übrig, als weiterzumachen wie bisher? Sie lassen mir die Vorstellung, daß wir noch bei der Sprechprobe sind – und bitte, tun Sie hin und wieder wenigstens so, als drehten Sie an den Knöpfen –, und ich rede weiter bis zum Schluß. Es wird die berühmteste Sprechprobe der Menschheitsgeschichte! Das will was heißen, denn zum Thema »Berühmte Sprechproben« fällt mir immerhin Ronald Reagan ein und sein von Herzen kommendes »Ich freue mich, Ihnen mitteilen zu dürfen, daß ich soeben ein Gesetz zur Bombardierung Rußlands unterzeichnet habe«. Genauso machen wir es auch: Ich darf alles sagen, was mir in den Sinn kommt, ohne daß ich dafür festgenagelt werden kann – ist ja nur eine Sprechprobe. (Nach all den »Wortmeldungen«, »Zwischenrufen«, »Protokollen« und »Befragungen« droht uns eine Verbreitung des Materials unter dem Titel »Sprechprobe«. Vermutlich gibt es ohnehin schon ein halbes Dutzend Entwicklungsromane, die so heißen.) Aber, bitte, glauben Sie mir: Ich wäre nicht so ausführlich, wenn ich es nicht müßte. Ich plaudere nicht wahllos, sondern ich beantworte mit aller Konzentration Ihre Frage. Ich habe das Ende stets im Auge, und was auf Sie zunächst konfus wirkt, das bekommt noch seinen Sinn. Denn in jener Nacht liefen alle Fäden zusammen. Ich war's – aber wer war ich? Nun, um es kurz und prägnant zu sagen und Sie mit den zentralen Kategorien meiner Ausführungen vertraut zu machen: Ich war auf der Flucht vor meinem Schwanz, und als mir zufällig die Mauer in die Quere kam ...

Also was ist – wechseln Sie gleich die Kassette?

Das 2. Band: Der letzte Flachschwimmer

Ich kam tatsächlich als Sturzgeburt auf einem Wohnzimmertisch in Brunn bei Auerbach im Vogtland zur Welt, »in Abwesenheit geschulten Personals« (diese Formulierung stammt von meinem pedantischen Vater, er meint »ohne Hebamme«). Meine Eltern wohnten aber in Berlin, in der Lichtenberger Pfarrstraße, in einem Altbau, aus dem wir, als ich vier Jahre alt war, in einen Achtzehngeschosser am U-Bahnhof Magdalenenstraße zogen, genau gegenüber dem Ministerium für Staatssicherheit. Die Gegend heißt »Frankfurter Allee Süd«, abgekürzt FAS. Erwarten Sie nicht von mir, daß ich bereits beim Einzug eine nennenswerte Meinung zu dieser Wohnlage hatte – ich weiß lediglich, daß ich unseren Fahrstuhl aufregend fand. Ich mußte nicht in den Kindergarten, sondern saß glücklich zu Hause, hantierte mit meinen Buntstiften und malte Bilder, über die meine Mutter immer wieder in Verzückung geriet – sie strahlte, sie lachte, sie *lobte*, und wenn mein Vater zum Feierabend nach Hause kam, präsentierte sie ihm überschwenglich meine »Malbilder«. Er allerdings interessierte sich nicht für meine »Malbilder«, und ich hatte immer das Gefühl, daß es nicht das ist, was er von mir erwartet. Daß er immer so mürrisch war, mußte mit seiner Arbeit zusammenhängen; er war *Außenhändler*, also etwas, wovon ich sehr konkrete Vorstellungen hatte – wer *außen* Händler ist, muß Händler an der frischen Luft sein, also eine Art Straßenhändler. Was mir als der erbarmungsloseste aller Berufe vorkam, seitdem ich auf dem Weihnachtsmarkt einen Zuckerwatteverkäufer gesehen hatte, der sich frierend an seinen Becher Tee klammerte. Ein Bild des Jammers. Mir leuchtete ein, daß man von diesen Außenhändlern keine gute Laune erwarten sollte, ihr Dasein war hart und voller Entbehrungen. Während ich mit meinen Malbildern beschäftigt bin, muß mein Vater zähneklappernd auf der Straße stehen oder sich vom Regen durchweichen lassen – und dann wundere ich mich, warum er nie in Familienvaterlaune die Wohnungstür aufschließt: »Hallo, hallo, was hat denn unser kleiner Indianer heute gemalt?« Als eifriger Hörer meiner Märchenplatten hatte ich auch stets das Schicksal von Hänsel und Gretel vor Augen, die in den Wald geschickt werden mußten, obwohl deren Vater, ähnlich meinem, einer anstrengenden Arbeit nachging, um seine Familie ernähren zu können. Als ich meine Mutter am Telefon sagen hörte *Ich will Klaus eigentlich nicht in den Kindergarten schicken*, war ich auf das entsetzlichste bestürzt, da ich den *Kindergarten* für einen Garten hielt, in den die Hänsel und Gretel von heute geschickt werden.

Ich bin mir nicht sicher, ob ich ein *prägendes* Kindheitserlebnis hatte; mein eindrucksvollstes Kindheitserlebnis weiß ich auf Anhieb: Als sich mein Vater prügelte. Und um die volle Wahrheit zu sagen: Als er sich *für mich* prügelte. Das muß man sich mal vorstellen: Mein Vater, ein Muster an Rechtschaffenheit, *prügelt* sich, obwohl doch jedes Kind weiß, daß man sich nicht prügeln soll. Was war geschehen? Mein Vater war mit mir zum Eröffnungsnachmittag eines neuen Spielplatzes gegangen, und mir lief ein kleines Mädchen in die Schaukel; ich konnte nichts dafür, ich sauste mit der Schaukel herunter und traf sie. Ein fremder Mann, vermutlich ihr Vater, war in zwei Sätzen bei mir und schüttelte mich wütend durch, aber dann kam mein Vater und entriß mich dem Mann. Daraus entwickelte sich eine Rangelei. Die Männer packten sich an den Jackenaufschlägen und sahen sich drohend an. Mir kam es so vor, daß sehr viel rohe Kraft im Spiel war. Und daß es *ernst* war. Sie schoben und stießen sich durch den Buddelkasten, und ihre Gesichter waren so wütend, so verzerrt – so hatte ich meinen Vater noch nie gesehen. Ich hatte Angst um ihn. Schließlich stellte der andere Vater meinem Vater ein Bein. Mein Vater flog in den Sand. Der andere Vater warf mit der Schuhspitze eine Ladung Sand über meinen Vater. Mein Vater rappelte sich auf und sagte zu mir: »Komm.« Auf dem Heimweg sprachen wir kein Wort miteinander. Oh, das hatte ich nicht gewollt! Er, der es als Straßenhändler schon schwer genug hat, wird meinetwegen sogar zu Boden gestoßen! Und mit Sand beworfen! Werde ich jetzt in den Kindergarten geschickt?

Leider habe ich auch meine Mutter in eine Situation manövriert, in der sie mir unter Mißachtung aller Benimmregeln beistehen mußte; die Geschichte habe ich so oft gehört, daß ich heute kaum noch Erzählung und eigene Erinnerung auseinanderhalten kann. – Ich bin fünf und habe mich an Erdbeeren überfressen, was ich allein der Tatsache verdanke, daß meine Mutter beim Sonntagsausflug die Gelegenheit ergriff und am Straßenrand drei Spankörbe mit Erdbeeren kaufte, die sie in den Kofferraum des Wartburg legte, wo sie – Hinfahrt, Rückfahrt, Sommerhitze, Katzenköppe – zu einer unvergeßlichen Pampe wurden (noch heute meine Assoziation zum Wort *Biomasse*). Um daraus Marmelade zu machen, fehlte der Zucker – richtig, es war kein *Sonntags*ausflug, es war ein Samstag, sie hätte auch am nächsten Tag keinen Zucker bekommen, und so blieb uns nichts übrig als die Erdbeeren »ganz spontan« zu essen. (Sind wir nicht herrlich spontan? Wir machen samstags Sonntagsausflüge, und wenn uns nichts anderes übrigbleibt, essen wir so viele Erdbeeren, wie wir können.) Als ich nachts vor Jucken nicht mehr schlafen konnte und meine Mutter mich und mein Bettchen vergeblich nach Ungeziefer abgesucht hatte, diagnostizierte sie Nesselfieber, eine Allergie gegen Nachtschattengewächse, zu denen auch Erdbeeren gehören, und rief in der Notaufnahme des Krankenhauses an, ob das entsprechende Serum verfügbar ist. Mein Vater hatte am Abend etwas Wein getrunken, was es ihm – ich erwähnte schon seine Rechtschaffenheit? – juristisch unmöglich machte, uns ins Krankenhaus zu fahren. Meine Mutter nahm ein Taxi und tat das, was sie immer tat – sie *ermahnte* mich: *Klaus, du darfst nicht kratzen, du mußt jetzt tapfer sein, wenn man kratzt, wird es immer nur noch schlimmer, Kratzen hilft nicht, hat noch nie geholfen, du kratzt dir bloß die Haut auf, und dann dringen Keime ein, und alles entzündet sich, also beiß die Zähne zusammen, und denk an was Schönes, und außerdem ist es ja bald vorbei* ... Ich heulte und war völlig verzweifelt, und der Fahrer brummelte *Nu lassen Se ihn doch kratzen*, worauf sie meinte, daß sie schon wisse, was zu tun sei, schließlich sei sie hier die Ärztin. Der Taxifahrer fuhr rechts ran und sagte *Und ich bin hier der Fahrer.* Worauf ihn meine Mutter aus Leibeskräften anschrie: »Fahren Sie meinen Jungen aufs Rettungsamt!«

Mein Schlüsselerlebnis mütterlicherseits: Mama schrie nur, wenn ihr Junge – ich! – aufs *Rettungsamt* mußte. Jawohl! Ich bin Zeuge! Wenn *ihr Junge* aufs Rettungsamt mußte, verlor sie ihre Manieren, ihre Beherrschung, ihre Contenance – mit einem Wort: *alles*! Dieser eine Satz ist so intensiv, daß er mich heute noch schaudern läßt: *Fahren Sie meinen Jungen aufs Rettungsamt!* Der Schrei einer verzweifelten Mutter, wo gibt's den noch? In Süditalien? Im Kino der entfesselten Leidenschaften? Und auf ihre Selbstlosigkeit (um nicht zu sagen, ihren Opfermut) war Verlaß: Noch als ich neunzehn war und meine beiden Arme für sechs Wochen in Gips lagen, übernahm sie das Arschwischen. Teufel, ja! Mir ging es wie einem Zweijährigen – aber was hätte ich *ohne sie* getan? Hätte ich jedesmal gebadet und auf meiner eigens mit einem Lappen behängten Ferse unruhig Platz genommen? Eine Spezialvorrichtung gebaut? Was tun, wenn beide Arme in Gips liegen? Eine blöde Situation, aber meine Mutter bewies erneut Einfühlungsvermögen: »Da ist doch nichts dabei!« sagte sie, oder »Es muß doch gemacht werden!« oder »Ich bin doch deine Mutter«. Und *wie* sie sich aufopferte! Ich sollte jedesmal eine Rückwärtsrolle machen, eine Rückwärtsrolle mit heruntergelassenen Hosen im Korridor, wo Platz für uns beide war. Da lag ich dann, streckte ihr mein Arschloch entgegen, und sie putzte es ab – so gründlich, als ob es ihr eigenes wäre.

Oh, Mr. Kitzelstein, kann ich denn nie auf meine

Mutter zu sprechen kommen, ohne eine zerknirschte Dankbarkeit zu fühlen? Daß ich der Verursacher ihres Karriereknicks bin, ist nicht von der Hand zu weisen: Als *ich* kam, mußte sie ihre Facharztausbildung unterbrechen. Sie hat es selbstverständlich nie erwähnt oder auch nur durchblicken lassen, solche Opfer erbrachte sie stumm. (Auch wenn ihr der Versprecher mit dem »Klautz am Bein« noch heute passiert.) Ich mußte zehn Jahre alt werden, um zu der Erkenntnis vorzudringen, daß *ich* ihren Doktortitel verhindert habe. Sie hatte *Freude* an ihrer Arbeit, sie war Lichtenbergs Hygieneinspektorin, sie ging darin auf, sie hatte ihr Fachgebiet, sie hatte einen Kittel, ein Büro, ein Telefon, ein halbes Dutzend Assistentinnen und viele, viele Termine ... *Hygieneinspektorin* ist nur die halbe Wahrheit. Sie war eine Hygiene*göttin*. Sie inspizierte Bahnhofstoiletten und Großküchen, Imbißbuden, Kühlhäuser und Schwimmhallen, Lebensmittelabteilungen und Duschräume. Sie war bekannter als der Lichtenberger Stadtbezirksbürgermeister, und charakterlich war sie mit einem Eigenschaftsbündel gesegnet, das sonst nur bei Hauptfiguren dreizehnteiliger Fernsehserien vorkommt: Ihre Zuverlässigkeit! Ihre Kompetenz! Ihr Engagement! Ihre Unbestechlichkeit! Ihre spektakulärste Maßnahme war die vierzehnmonatige Sperrung des Alfred-Brehm-Hauses, der Tropenhalle des Berliner Tierparks. Meine Mutter setzte durch, daß die Besucher gegen herabfallende Vogelscheiße zu schützen sind. Übrigens habe auch ich meine Mutter einmal in Aktion erlebt, und was soll ich Ihnen sagen: Sie war perfekt! Generationen von Hygieneinspektoren werden sich an dieser Frau messen lassen müssen!

Oh, Mr. Kitzelstein! So kommen wir nicht weiter! Gibt es keine Möglichkeit, über sie zu sprechen, ohne sofort ein Loblied anzustimmen? Kann ich meiner Mutter noch unterhalb einer Laudatio gerecht werden? – Meine Ironie ist unüberhörbar? Ich bin beruhigt.

Wenn schon mein Vater ein Stinkstiefel war und meine Mutter das Gegenteil, dann, so sagt meine Logik und mein Gefühl, müßte sie doch *gut* sein! Verstehen Sie: GUT! Ich ahne, daß ich jetzt den Tatsachen ins Auge sehen muß und eine Geschichte zu erzählen habe, die davon handelt, wie ich das kleinere Übel vergötterte. Was blieb mir denn übrig, als meine Mutter zum ganzen Gegenteil meines Vaters aufzubauen? Ach, ist das alles hoffnungslos ... *Es kann doch nicht alles schlecht gewesen sein*, um mal einen Ausspruch zu bemühen, den Helden wie wir blankziehen, wenn wir nicht mehr weiterwissen. Aber es muß sich doch auch etwas unverwechselbar Nettes über meine Mutter sagen lassen. Wenn ich ihr schon keine Chance gebe, will ich wenigstens so tun, als gäbe ich ihr eine. Mal sehen, ob ich drei ohne-Wenn-und-Aber-positive Eigenschaften oder Erinnerungen mit meiner Mutter verbinden kann. Abgemacht? *Drei!* Lassen Sie mich jetzt mal so richtig ins Schwärmen geraten, damit ich danach mit einem reinen schlechten Gewissen über sie herziehen kann. Die Welt soll ruhig wissen, daß hier ein undankbarer Sohn spricht, der sich sonstwie toll vorkommt, wenn er seine Eltern in den Schmutz zieht! – Nun, ich erwähnte schon, daß ich sie einmal als leibhaftige Hygieneinspektorin erlebte, da war ich in der zweiten Klasse, und mitten im Unterricht ging die Tür auf, und zwei Frauen, weiß wie Engel, standen in der Tür. Und die eine der beiden war meine Mutter! Sie stellte sich wie die liebe Märchentante vor die Klasse und erzählte uns, daß es kleine Tiere gibt, *Läuse*, die schädlich sind und jucken und auch stechen und die sich bei manchen Kindern in den Haaren verstecken oder dort ihre Eier ablegen, die ganz, ganz klein sind. Aber wir können uns darüber freuen, daß sie heute gekommen ist, um sich unsere Köpfe anzuschauen und die Läuse zu finden. Niemand muß Angst davor haben, daß es weh tut; sie sei zwar Ärztin, aber keine, die mit einer Spritze kommt, und wie eine Geschichtenerzählerin – und welches Kind liebt nicht Geschichtenerzähler? – erklärte sie, daß kein Kind etwas dafür kann, wenn es Läuse hat; es könnte jedem von uns passieren, und wir wollen deshalb auch niemanden auslachen, und wer das tut, zeigt dadurch nur, daß es ein sehr dummes Kind ist. Wir wollen wie bisher miteinander spielen und brauchen uns von keinem Kind wegzusetzen, denn ein befallenes Kind wird schon heute nachmittag behandelt – auch völlig schmerzfrei, »einmal Haare waschen mit unserem Geheimrezept«. Oh, nach dieser Ansprache waren wir geradezu versessen darauf, befallen zu sein. Geheimrezepte gehören bekanntlich neben Schatztruhen und Landkarten zu den wahren Dingen im Leben eines Achtjährigen. Wir mußten bloß Läuse haben! Wer von uns Läuse hätte, der wäre am nächsten Tag ein Held, ein Wissender für alle Tage, ein geheimrezepterfahrener Haudegen. Wir sprangen von unseren Stühlen auf, stürmten nach vorn und streckten meiner Mutter und ihrer Assistentin erwartungsfreudig unsere Köpfe entgegen: »Hab ich?« – »Und ich?« – »Ich vielleicht?« – Mit einem warmen Lachen erwehrte sich meine Mutter des Ansturms, schickte uns auf die Plätze zurück und begann mit der Untersuchung, bei der sie übrigens auch unsere Lehrerin untersuchte. Niemand schaffte die Qualifikation fürs Geheimrezept, leider, doch jedes Kind erfreute sich während des Inspizierens einer netten, *persönlichen* Bemerkung. »Du hast aber eine schöne Haarspange« oder »Wo hast du dir denn diese dicke Beule geholt?« oder, nach einem Blick ins Aufgabenheft, ins Ohr geflüstert: »Glaubst du wirklich, daß fünfzehn minus sechs gleich acht ist?«

Alle beneideten mich um meine gütige, freundliche, kluge und bedeutende Mutter, die Herrin der Geheimrezepte und schmerzloseste Ärztin weit und breit. Ich beneidete mich ja selbst um meine Mutter! Dieser Auftritt war unüberbietbar, und mir ist bis heute der Gedanke fremd geblieben, daß Läusebefall anrüchig sei. – Eine weitere wirklich zu würdigende Eigenschaft meiner Mutter war ihre *Kunst des Betretens von Räumen*. Ohne Übertreibung: Darin war sie königlich. Es begann, indem sie sanft die Klinke herniederdrückte und die Tür weich in den Rahmen zog. Dann öffnete sie die Tür einen Spaltweit und steckte den Kopf hindurch, neugierig und selig, als trete sie vor den Gabentisch. Sie nahm sich für einen Rundumblick zwei Sekunden Zeit, und dann *lächelte* sie und öffnete die Tür so weit, daß sie ganz eintreten konnte. Wunderbar! Auf die Art betrat sie jeden Morgen mein Zimmer, um mich zu wecken. Auf die Art betrat sie die Klasse zur Läuseinspektion. Auf die Art betrat sie jeden Raum. Sie hätte Räumebetreterin werden können, so toll machte sie das. Sie könnte in Stadtillus annoncieren: *Betrete Ihre Räume, Pr. n. Vereinb.* Mein Vater dagegen öffnete jede Tür so, als wollte er Geiseln befreien. Es kracht – und dann steht er da. Wenn er zum Feierabend nach Hause kam, konnte ich nie sicher sein, ob er die Wohnungstür aufgeschlossen oder eingetreten hatte. Aber meine Mutter … Es tut mir so leid, über einen Menschen herzuziehen, der so traumhaft Räume betritt! Ich bin den Speichel nicht wert, mit dem ich angespuckt werden müßte!

Drittens: Sie konnte – übrigens, hätten Sie mir zugetraut, daß ich meine Mutter tatsächlich *dreifach* in den Himmel heben kann? Nun gut, sie hatte die Gabe – manchmal, nicht oft, nur hin und wieder, aber immerhin –, sie hatte die Gabe, die Dinge manchmal auf den Punkt zu bringen, und zwar in einer Klarheit und Schlichtheit, wie es ihrem kraftraubend-zerfaserten Naturell kaum zuzutrauen war. Ihr Zeitgemälde, erst vor wenigen Wochen während der »III nach neun«-Talkshow geseufzt: »Es gibt niemanden, der noch eine Idee hätte.« Dann schaltete sie ab. Sie brachte übrigens auch die nötige Respektlosigkeit auf, die Fernsehzuschauer als *glotzende Masse* abzuqualifizieren. Oder daß der Egoismus der vertrackteste Feind der Freiheit sei – ich brauchte Jahre, bis ich diese Bemerkung begriff und schließlich in mein Privatarchiv der Tausend Gesammelten Weisheiten aufnehmen konnte. Oh, Mr. Kitzelstein! *Alles*, was sie sagte, waren Prinzipien. Verstehen Sie, *Prinzipien*! Die einzigen Worte, die es wirklich wert waren, ausgesprochen zu werden, waren prinzipielle Worte. Da kannte sie kein Erbarmen, die wurden eingerammt wie Pflöcke. Die drei Worte, die sie auf eine einsame Insel mitnehmen würde: HIER! DAS! GILT! Ihr Kreuzzug gegen Jeans ist mir noch gut in Erinnerung. *Was soll denn daran schick aussehen. Frü-*

her oder später bekommt man davon Krampfadern, dann ist es vorbei mit dem angeblichen Schick. Gerade Beinkleider müssen luftig sein. Da nutzt Baumwolle gar nichts. Wenn man da transpiriert. Das gibt doch Hautflechten. Und der Geruch. Ich frage mich, wieso sich Menschen in Hosen zwängen, die nur abschnüren. Wie soll da natürliche Darmbewegung funktionieren. Und gerade Männer. Was sie sich da antun. Es gibt Untersuchungen. Wissen Sie, warum die USA den Vietnamkrieg verloren haben? Weil mit *Jeanskrüppeln* kein Krieg zu gewinnen ist. Oder wie sie über Tätowierte herzog. Oder über Fußballspieler. *Das sind doch erwachsene Menschen. Und die haben nichts Besseres zu tun, als einem Ball hinterherzurennen. Ich weiß ja nicht.* Tiefste Fremdheit empfand sie gegenüber Menschen, die ungewaschen waren. Sie konnte mit einer Empörung, mit einer Verzweiflung, die Formulierung »Der war un-gewaschen...« benutzen, daß ihr eine Welle von Mitleid entgegenflutete – bloß weil ihr ein un-ge-waschener Mensch über den Weg gelaufen war. »Es ist doch wahrlich nicht zuviel verlangt, daß sich ein Mensch heutzutage ein Stück Seife kauft, um wenigstens das Nötigste rein zu halten!« Wie kann man da widersprechen!

Auch ihr Eintreten für hygienische Belange unseres Haushalts wurde entweder mit den Worten »Es ist doch wahrlich nicht zuviel verlangt...« oder mit »Ich verlange doch wirklich nichts Unmögliches, aber...« eingeleitet. So waren wir dank ihres Drängens mit einem *Zweitstaubsauger* gegen drohende Verwahrlosung gewappnet, falls der große 1100-Watt-Staubsauger eines Tages in Reparatur gegeben werden müßte. Unvergeßlich, mit welcher Militanz sie den Mikroben nachstellte! Jede

»Ritze« in Küche und Bad wurde »versiegelt«, weil sich sonst »Mikroben einnisten« oder »Keime absetzen«. Undenkbar ein Restaurantbesuch ohne ihren Kommentar »Wie es in *der* Küche aussieht, will ich lieber nicht wissen!« Mit Begriffen wie »Wofasept«, »Eintrittspforten«, »Infizierung«, »Bakterien« und »Jodtinktur« war ich früh genug vertraut, um ermessen zu können, wie riskant eine Geburt auf einem Wohnzimmertisch war, noch dazu in einer Sommernacht auf dem Land, umgeben von Fliegen, »von denen kein Mensch weiß, wo die eben noch saßen«. Bei dem Gedanken daran wird mir jedesmal unbehaglich; habe ich sie nun, weil ich »nie die Zeit abwarten kann«, an den Rand des »nein, ich will lieber nicht daran denken« gebracht? Ich war noch gar nicht richtig da und hatte meine Mutter schon so gut wie auf dem Gewissen? Und trotzdem ging sie danach nicht arbeiten, sondern brach ihre Facharztausbildung ab, ersparte mir den Kindergarten und hielt mir ein Taschentuch hin, wann immer mein Näschen lief? War ich es wert?

Was wäre ich ohne sie? Wenn ich nur an meine Einschulung denke: Alle Kinder wurden in eine Aula geführt und auf die vorderen Plätze gesetzt; weiter hinten saßen die Eltern. Nun erlebte ich das erste Mal, wie schwierig mein Name ist; die Lehrerin, die uns auf die Klassen einteilte und mühelos alle Namen von einer Liste las – Lesen war in meinen Augen noch eine nahezu übermenschliche Fähigkeit –, kam plötzlich ins Stokken. »Klaus Uh... Uhl... Ultschl...«, stammelte sie, und da ich nicht annehmen konnte, daß sich mein Name schwieriger entziffern lasse als alle anderen, ahnte ich nicht, daß ich gemeint war, und blieb sitzen. Die Lehrerin zeigte die Liste dem Direktor, und gemeinsam puzzelten sie etwas zusammen, daß *Ähnlichkeit* mit *Klaus Uhltzscht* hatte – und ich blieb immer noch sitzen, bis ich die Stimme meiner Mutter hörte, die mir behutsam aus der letzten Reihe zurief: »Klaus, du bist gemeint.« Da stand ich auf und ging nach vorn, in dem vollen Bewußtsein, daß ich ohne meine Mutter auf meinem Platz geblieben und meine Einschulung mißglückt wäre, ich demzufolge nie zur Schule gehen könnte und immer dumm bleiben müßte. Und wieso wußte die Lehrerin meinen Namen nicht, aber die von allen anderen Kindern? Ich und die waren vermutlich zweierlei. Das waren bestimmt alles Kindergartenkinder, die so entwurzelt waren, daß sie sich von jedem x-beliebigen aufrufen ließen. Die Fragen, ob ich die Verhältnisse außerhalb unserer Wohnung für »verwahrlost« und mich für etwas Besseres hielte, hätte ich selbstverständlich bejaht. (Und im Grunde meines Herzens hat sich daran bis heute nichts geändert.) Was meinen Verdacht erhärtete: Diese Kinder redeten in einer völlig fremden Sprache. Konsequent von den Niederungen der Gosse abgeschirmt, geriet ich in ein Milieu, in dem berlinert wurde. Da, wo ich herkam, wurde ein blendendes Hochdeutsch gesprochen. Und nun? Ich trat von einem Bein aufs andere und verstand nichts. Völlige Hilflosigkeit, wenn einer auf mich zukam und mir nach der Lautfolge *Mach ma hintn meen Hemde sauba, damit meene Mutta nich meckert!* den Rücken zudrehte. Wie? Was? Rätselhaften, aber freundlich vorgetragenen Worten folgt ein abruptes Wegdrehen? Ich kannte dieses Ritual nicht! Erst als das Kind die mysteriöse Situation mit dem Wort »Arschloch!« beendete, hellte sich meine Miene auf. Endlich! Endlich ein Wort, das ich verstand:

Aschloch! Das mußte das untere Ofentürchen sein! Doch was wollte mein Mitschüler damit sagen? Wozu die Erwähnung des unteren Ofentürchens?

Solche Geschichtchen sollte ich immer beim Abendbrot erzählen, dem Forum für *Begebenheiten des Tages*; wir haben, wie es sich für eine ordentliche Familie gehört, jeden Tag gemeinsam Abendbrot gegessen. Mein Vater hatte die Angewohnheit, mir kommentarlos immer noch eine Scheibe Brot auf den Teller zu werfen, so daß mir, nachdem meine Mutter *Du willst doch groß und stark werden* gesagt hatte, nichts anderes übrigblieb, als sie zu schmieren und zu essen. Irgendwann nahm ich mir kein Brot mehr, weil ich mich darauf verlassen konnte, daß mir noch eine Scheibe aufgenötigt wird. Unvorsichtigerweise vergaß ich einmal, dazu ein lustloses Gesicht zu machen, so daß er mir von da an des öfteren noch eine zweite Scheibe auf den Teller warf. Es gab eine Zeit, da litt ich Todesängste während des Essens ... Kennen Sie den *Bolustod*? Hatten Sie keine Mutter, die Ihnen von Zeit zu Zeit aus dem *Wörterbuch der Medizin* vorlas? Wir haben im Kehlkopf ein Nervengeflecht, das uns einen reflektorischen Herzstillstand bescheren kann, wenn sich die Speiseröhre verdickt, und die enge Auslegung besagt – die Auslegung meiner Mutter ist immer die enge Auslegung –, daß jeder Happen lebensgefährlich werden kann. Wollte mich mein Vater umbringen, wenn ich genötigt wurde, mehr zu essen, als mir lieb war? Bitte, lachen Sie nicht! Ich war sieben oder acht Jahre, also ein Alter, in dem man sich ohne weiteres vor Gespenstern oder Gewittern fürchten darf, und der Bolustod kam bei mir als eine ganz alltägliche Todesursache an, wie Mord oder

Holzsplitterverletzung. Was meine Todesangst noch verstärkte, war, daß ich fast immer mit ausgetrocknetem Mund aß – und deshalb *Klumpen* hinunterschluckte, die bestimmt die Speiseröhre verdickten und mich extrem gefährdeten. Denn wenn ich zur Rede gestellt wurde, mich rechtfertigen mußte oder sonstwie festgenagelt wurde, was immer beim Abendbrot geschah, bekam ich einen trockenen Mund, so daß ich gezwungen war, mein Abendessen klumpenweise hinunterzuwürgen. Klumpenweise! Jede Verdickung der Speiseröhre konnte den sofortigen Tod bedeuten! Als ich eines Nachmittags im Fernsehen ein Gerichtsdrama sah und danach an den Eßtisch mußte, war der Übergang nahtlos. An unserem Eßtisch ereigneten sich Szenen wie in einem amerikanischen Schwurgericht! Ich war der Angeklagte und saß meinen Eltern gegenüber, die gleichzeitig Ankläger, Richter, Zeugen und die zwölf Geschworenen waren. Manchmal legte meine Mutter ein gutes Wort für mich ein, manchmal ließ mein Vater oder meine Mutter die Anklage fallen, oft endete es sogar mit einem Freispruch für mich – aber trotzdem war ich immer der Angeklagte, vom Tode bedroht. Da mein Vater fast nie mit mir sprach, mußte er mit meiner Mutter über mich verhandeln, wobei ich immer mit *er* bezeichnet wurde – daß er nie meinen Namen sagte, das hatten wir schon? »So«, sagte er, stellte das Messer auf und blickte in die Runde, womit die Verhandlung eröffnet war, »und wer hat heute wieder vergessen, die Wohnungstür abzuschließen?« Ich natürlich. Irgendwann ging es mir in Fleisch und Blut über, all meine Verfehlungen als Steckbrief zu reflektieren: *Gesucht wegen Nichtabschließens der elterlichen Wohnung ... Tot oder lebendig!*

Sie, barmend: »Eberhard ...«

Er, trotzig: »Wie oft hast du ihm gesagt ...«

Sie: »War doch nicht mit Absicht ...«

Er: »Als ob das ...«

Sie: »Tut er ja nicht wieder ...«

Er: »Wie oft hat er das schon ...«

Mr. Kitzelstein, meine Strafe traf mich nicht *einfach so* – nein, zuerst wurde diskutiert! Ganz offen und in meinem Beisein! Und so kontrovers! Und so ausgiebig! Wo ist da die Willkür? Bei so viel Sorgfalt blieb mir ja nichts anderes übrig, als mir ihre Anschuldigungen zu Herzen zu nehmen. Zumal es um eine ernste Sache ging – das Abschließen der Wohnung. Schließlich gibt es Einbrecher! Diese unrasierten maskierten Männer mit einer Taschenlampe und einem Riesenschlüsselbund, die überall die goldenen Kerzenständer stehlen! Das war schon schrecklich genug, aber was mir diese Sorte Mensch wirklich unheimlich machte, war, daß sie einbrechen, obwohl Einbrechen gesetzlich verboten ist! Was sind das für Menschen, die sich nicht mal von Gesetzen schrecken lassen! Ich fühle mich schon ertappt, wenn ich ein Verbotsschild überhaupt *sehe*! Ich bin insgesamt dreimal durch Führerscheinprüfungen gefallen, weil ich jedesmal in Panik geriet, als mich von weitem ein *Einfahrt-verboten!*-Schild grüßte, und als mir meine Mutter mit Hilfe des Verbotsschild-Zitats »Eltern haften für ihre Kinder« die Fährnisse des Vögelns nahebrachte, war ich so beeindruckt, daß ich für die nächsten vier Jahre praktisch mit Impotenz geschlagen war. Wenn ich mal bei Rot über die Kreuzung gehe, erwarte ich, daß mir ein Heckenschütze in den Rücken schießt – man sage mir nicht nach, ich sei kein gesetzesfürchtiger Mensch! Aber diese Einbrecher! Gesetzlose, die – man muß mit dem Schlimmsten rechnen – womöglich sogar *tätowiert* sind! Wer wie ich zu vergeßlich ist, um die Wohnung abzuschließen, kann diese Kreaturen gleich zu sich einladen! Einziger Trost war das Karree auf der anderen Straßenseite, das Ministerium für Staatssicherheit. Wo kann man in einem Staat in Sicherheit leben, wenn nicht gegenüber dem Ministerium für Staatssicherheit? Ich war ein kleiner Junge und hatte Angst vorm Schwarzen Mann, aber ich wohnte nicht im finsteren Wald, sondern glücklicherweise in Sichtweite des Ministeriums, das sich der Sicherheit im Staate widmete. Im Notfall werde ich um Hilfe rufen, und die Staatssicherheit wird es hören und mir helfen. Es hat Jahre gedauert, bis ich anders darüber dachte, aber zunächst war es tatsächlich so, daß ich die Stasi wie einen großen anonymen Beschützer vergötterte. Bei so viel Angst vor Einbrechern hielt ich es selbst für unverzeihlich, wenn ich vergaß, die Wohnung abzuschließen. Und weil ich es selbst für unverzeihlich hielt, trafen mich immer nur gerechte Strafen; es gab ohnehin nur eine Art der Bestrafung: Ich mußte eine Stunde in der Zimmermitte auf einem Stuhl sitzen und darüber nachdenken, was ich falsch gemacht habe. Es gab jedoch einmal eine Ausnahme, als ich später als erlaubt nach Hause kam und mit spontanem Nichthineinlassen bestraft wurde, was bedeutete, daß ich zwanzig Minuten auf dem Etagenflur verbringen mußte (und darüber nachdachte, was ich falsch gemacht habe). Ich bitte Sie, ich wurde nie geschlagen oder angeschrien, und selbst wenn ich bestraft werden sollte, mußten meine Eltern wie in jedem Schwurgerichtsprozeß zu einem einstimmigen Urteil kommen, was manchmal gar nicht so einfach war.

Sie: »Wir müssen doch nicht immer so streng...«

Er: »Willst du durchgehen lassen...«

Sie: »Aber wenn er verspricht...«

Er: »Ja, soll er davonkommen, ohne...«

Wenn ich nicht wäre, würden sie in schönster Eintracht leben. Vielleicht war ich wirklich ein verbockter Junge, »der nicht weiß, wie gut er es hat« und trotzdem »seinen Eltern nur Kummer macht«, der »nicht hören will, wenn man ihm was sagt«, ein »Mr. Wichtigtuer«, der »nie die Zeit abwarten kann«.

Ist denn mein Vater ein streitsüchtiger Mensch? Er hat doch einen Grund, darauf zu bestehen, daß die Wohnung abgeschlossen wird! Er meint es nur gut! Schließlich – ich habe es selbst gesehen! – hat er sich sogar für mich geprügelt! Kann er denn schlecht sein? Vielleicht unterschätze ich ihn? Vielleicht kann er sich nur nicht so richtig zeigen? Was für eine Tragödie muß sich in seinem Herzen abspielen: Er, der Ernährer und Beschützer, wird von seinem einzigen Sohn verkannt. Egal, wie unangenehm er mir war – in seinem Innersten war er gut. Ein erdrückender Konflikt. Ich liebte ihn, aber ich konnte ihn nicht leiden.

Wenn er mir doch egal gewesen wäre – aber das war er nicht. Mr. Kitzelstein, wenn ich je zu einem Menschen aufblickte, dann zu ihm. Mein Vater vollbrachte Zeichen und Wunder, die mich immer wieder mit Ehrfurcht erfüllten. Irgendwann am Abend gab es ein Krachen an der Tür, und mein Vater stand in der Wohnung, als hätte er sich aus der Vierten Dimension materialisiert; meine Mutter brauchte am Türschloß immer so lange, daß ich Zeit hatte, ihr aus meinem Zimmer entgegengehüpft zu kommen. Oder wie mein Vater vor dem Fernseher saß, mit Trainingshosen, die an den Waden hochgerollt waren, während die Füße in einer Schüssel Wasser patschten. Das sei gut gegen Fußgeruch, erfuhr ich. Welche Magie! Er bringt normales Leitungswasser dazu, Fußgeruch zu bannen! Der Mann wurde jeden Tag bedeutender. Wenn ich so groß bin wie er, werde ich dann auch so schnell die Wohnung aufschließen? Oder an Fußgeruch laborieren? Und wie macht er das mit den Bartstoppeln – obwohl er sich täglich rasiert, kommt er immer wieder zu neuen. Oder *Auto fahren*: Ganz abgesehen davon, daß es für ihn offensichtlich kein Problem war, mit den Füßen an die Pedale zu gelangen – er schien sich sogar darin auszukennen, wann welches Pedal getreten werden muß. Immer, wenn wir bremsen mußten, hielt das Auto an, und wie ich die Dinge einschätzte, steckte er dahinter! Das Auto gehorchte seinem Willen! Überhaupt, wie er manche Dinge koordinierte! Zum Beispiel konnte er *Schlafen* und gleichzeitig *Schnarchen*! Und während ich zum Naseputzen mein Näschen noch in das Zellstoff-Taschentuch halten mußte, das mir meine Mutter mit den Worten »Komm, schnüffel mal!« vors Gesicht drückte, hantierte er in Eigenverantwortung mit einem Taschentuch, so groß wie ein Kissenbezug. Ich werde nicht länger schweigen! Wie sich mein Vater die Nase putzte: Er breitete sein Taschentuch über beiden Händen aus, dann versenkte er seine Nase darin, und dann waren da gewisse akustische Begleiterscheinungen – normalerweise würde ich sagen, er *brüllte* ins Taschentuch, aber kann man aus der Nase brüllen …? Egal. Er zerrte an seiner Nase, als wollte er sie abreißen, und wenn der lautstarke Teil abgeschlossen war, betrachtete er sein Taschentuch, als könne er darin die Zukunft lesen ...

Aber selbst Jahre später, als ich mir vorstellen konnte, eines Tages selbst behaarte Beine zu haben, blieb er mir rätselhaft. Oder können Sie mir erklären, was in einem Menschen vorgeht, der sich, wenn er nach dem Bus rennt, ganz auf die Türen konzentriert? Meine Mutter suchte Blickkontakt mit dem Fahrer und rief laut »Danke schön!«, wenn der Busfahrer wartete. Mein Vater bedankte sich nie; vielleicht glaubte er, allein durch seinen Ehrgeiz das Schicksal bezwungen zu haben? Tatsächlich, mir fällt auf, daß mein Vater niemals den Satz *Der Fahrer hat noch einen Moment gewartet* über seine Lippen brachte – während meine Mutter nie sagte *Ich habe den Bus noch ganz knapp erwischt*. Fühlte er sich als einsamer Streiter, der sich, allein auf sich selbst gestellt, durch die Wildnis schlägt?

Ich könnte endlos über meinen Vater plaudern, nur um es darauf anzulegen, das Wichtigste nicht auszusprechen. Nämlich, daß er mich für einen Versager hielt. Was immer ich sagte, dachte, fühlte, wünschte, glaubte, schrieb, forderte, schenkte, was immer ich *tat* – mir saß sein wortloses *Vergiß es!* im Nacken. Mir geschieht niemals ein Mißgeschick, und sei es auch noch so winzig, ohne daß ich an meinen Vater denken muß, der es schon immer wußte. Er konnte mich mit einem Blick ansehen, unter dem sogar Blumen verwelken müßten. Er konnte an jedem Hotelempfang wegen vorschriftswidrig angebrachten Feuerlöschern Diskussionen entfachen, die länger waren als alles, was er mit mir während der gesamten siebziger Jahre beredete. Oh, was wollte er von mir? Sagen Sie es mir! Gibt es denn keinen Menschen, der mir verraten kann, wie ich hätte sein sollen, was ich hätte tun können, damit so was wie Atmosphäre zwischen mir und diesem demoralisierenden Vater aufkommt! Ich wäre bereit, jeden Stein auf dem Grund des Meeres umzudrehen, wenn ich hoffen dürfte, dort eine Antwort zu finden. Was erwartete er von mir? Was waren seine geheimen Hoffnungen? Warum interessierte er sich nicht für mich? *Was habe ich falsch gemacht?* Fragen hängen wie Blei an mir. Der Gedanke, daß er mich um irgendwas *beneiden* könnte, kam mir nie.

In der zweiten und dritten Klasse, als ich mit meiner Klasse zum Schwimmunterricht ging – in dieser Zeit erfuhr ich von meiner Mutter alles, was ich je über Fußpilz wissen würde –, unterteilte uns der Schwimmlehrer in Nichtschwimmer, Flachschwimmer, Halbschwimmer und Schwimmer. Ich konnte das überhaupt nicht witzig finden, denn ich war ein *Flachschwimmer* – und blieb es. Die anderen Flachschwimmer stiegen zu Halbschwimmern und Schwimmern auf, nur ich machte keine Fortschritte, und als mein Vater eines Abends am Eßtisch meine Mutter ansah und fragte: »Geht sein Schwimmen voran?«, mußte ich wahrheitsgemäß antworten: »Ich bin der letzte Flachschwimmer«. Es gab noch drei Nichtschwimmer, was bedeutete, daß ich nicht der Allerschlechteste war – trotzdem gab es nichts Beschämenderes als die Offenbarung, der letzte Flachschwimmer zu sein. Das muß man sich auf der Zunge zergehen lassen. *Ich bin der letzte Flachschwimmer. Ich bin der einzige Flachschwimmer.* Oder wenn wir uns vorstellen, wie es einem Flachschwimmer beim Untergang der Titanic ergeht: Der planscht eine hoffnungslose halbe Minute im Atlantischen Ozean, bevor er ruhmlos absäuft. Die Nichtschwimmer gehen die Sache anders an: Die wissen, was sie erwartet, und deshalb setzen sie sich mit Smoking in den Salon, plündern die Bar, paffen Zigarre, geben noch mal ein dickes Trinkgeld und gehen mit einem entspannten Lächeln unter. Das hat Format! Die Halbschwimmer halten sich im Wasser, bis Rettung naht, und die Schwimmer, *die* können gar nicht untergehen, die sind unsinkbar, die schwimmen, bis sie Land erreichen. Was ich damit sagen will: Es gibt Genießer, es gibt Kämpfer, und es gibt Könner. Und dann gibt es Flachschwimmer. Das sind die mit den vergeblichen Anstrengungen. Einer davon bin ich. Kein Wunder, daß mich mein Vater für einen Versager hielt. Wie wird ihm wohl zumute sein, wenn ihn seine Kollegen beim Mittagessen fragen – ich wußte mittlerweile, daß Außenhandel und Straßenhandel nicht dasselbe ist, nur mit meinem Verständnis vom *Weltmarkt* haperte es noch –, wie wird ihm also zumute sein, wenn er gefragt wird, wie es denn mit den Fortschritten seines Sohnes beim Schwimmen aussieht? *Er ist der letzte Flachschwimmer* wäre eine aufrichtige Antwort, aber ist ihm das zuzumuten? Wenn ich ihn in so peinliche Situationen bringe, ist es doch kein Wunder, daß er nie mit mir redet. Er würde sicher ganz anders sein, wenn ich ihm das Gefühl geben würde, daß bei mir der Knoten geplatzt ist. Wenn es ihn stolz macht, mein Vater zu sein. Doch wer will schon der Vater des letzten Flachschwimmers sein? Und deshalb war es nur logisch, daß ich mich unverzüglich ins Außenhandelsministerium zu meinem Vater aufmachte, um ihn mit meiner ruhmvollen Delegierung bei der Messe der Meister von morgen zu überraschen. Ich wollte Respekt, ich war nicht der letzte Flachschwimmer, ich war ein Meister von morgen! Und er sollte mir die Hand auf die Schulter legen und erhobenen Hauptes vor die Kollegen treten, als stolzer Vater eines Meisters von morgen.

So, Mr. Kitzelstein, das wäre vielleicht der Moment, in dem ich Sie in die Metaphysik meiner Seele einweihen sollte, und ich weiß mir nicht anders zu helfen, als daß ich Ihnen nochmals meinen Namen in Erinnerung rufe: Klaus Uhltzscht. Da ist alles drin. Einen passenderen Namen für mich kann es nicht geben. Es ist ein so verunglückter, ein so eindeutig mißratener Name, wie ich ihn mir schlimmer nicht vorstellen kann. Das geht beim Vornamen los. Mir ist bis heute nicht klar, wie so was überhaupt in Umlauf geraten konnte. So artig! Und so langweilig! Reimt sich auf *Maus* und *Haus*! Als ich mich bei meiner Mutter beschwerte, rieb sie mir fünf Jahre lang jeden Prominenten namens Klaus unter die Nase. Keine üppige Ausbeute: Klaus Feldmann, Klaus Mann, Klaus Kinsky. Nun, wenn sogar Thomas Mann seinen Sohn Klaus nennt, dann muß doch an dem Namen was dran sein. *Das ist doch ein sehr schöner Name*, sagte sie immer.

Sie ist fein raus! Sie hat einen wunderbaren Vornamen. Sie hat, und ich sage das ohne Ironie, den wunderbarsten Namen, den sich eine Frau nur wünschen kann: *Lucie*. Weich und klangvoll, kein Allerweltsname, aber auch nicht plakativ exotisch. Lucie. Wenn ich sie wäre, dann hätte ich einen Schrank voller T-Shirts mit dem Aufdruck »Hurra, ich heiße Lucie!«. Aber Klaus ... Sie heißen Oscar – wollen wir tauschen? Na, nichts für ungut. Mein Nachname erinnert mich an meinen Vater, denn Uhltzscht hat gleich zwei Geräusche, die zu meinem Vater gehören: Zum einen das Aufstöhnen, wenn ihm eine meiner Hornochsentaten zu Ohren gekommen ist – *Uh* –, zum anderen sein Fußbad, das aufs Straßenpflaster geschüttet wird – *ltzscht*. Diese Assoziation ist noch harmlos, verglichen mit dem, was jetzt kommt. Denn Uhltzscht ist eigentlich ein *Menetekel*, um mal ein Lieblingsrenommierwort meiner Mutter einzustreuen. Sehen Sie sich doch nur diesen einsamen Vokal an, der unter der Last der Konsonanten ächzt. Das arme U kann schon nicht mehr – aber trotzdem werden ihm weitere Konsonanten aufgeladen. Und nach diesem Prinzip hat mich meine Mutter erzogen; ihre Ansprüche ruhten nie. Was dabei rauskommt, sitzt heute vor Ihnen und flennt. Das Fatale war nämlich, daß ich Erziehung mit Zuwendung verwechselte; sie auch. Mein Vater hatte mich aufgegeben; meine Mutter hatte mich *noch nicht* aufgegeben. Er hielt mich für einen Versager, sie nicht. Aber wenn sie ihre Meinung ändert? Wenn ich mich plötzlich so benehme, daß auch sie mich für einen Versager halten muß? Das wollte ich nicht, und so wurde ich genau das, was mein Name vermuten läßt: *Klaus* steht für meine leidenschaftliche Artigkeit (es ist zum Heulen, aber so war's – meine Kindheit war ein Exzeß der Artigkeit) und *Uhltzscht* für mein Abstrampeln, daß ich jede, aber auch wirklich *jede* Anstrengung auf mich nahm, um meine Mutter nicht zu enttäuschen. »Klaus«, sagte sie, als sie das Bad betrat, wo ich gerade mein großes Geschäft erledigt hatte, »merkst du was?« Was meinte sie? Was hätte mir auffallen müssen? Hatte ich etwas vergessen? Sie hatte entgegen ihrer Angewohnheit nicht übers ganze Gesicht gestrahlt, als sie eintrat! Statt dessen zog sie die Stirn in Falten. Was war der Grund? Was hatte ich getan? »Merkst du nichts?« fragte sie erneut, hob die Nase und schnüffelte ein paarmal Luft ein. »*Es schnuppert!*« Nie wieder gab ich meiner Mutter Gelegenheit, meine Scheiße zu reklamieren – aber zu welchem Preis! Wie soll man ein Mann werden, wenn man sich sogar seiner selbstgekackten Scheiße schämen muß? Ich spülte seit jenem Tag jedesmal sofort, wenn es platschte, und erhob mich dabei immer von der Toilettenbrille – weil ich es nicht leiden konnte, von irgendwelchen Tröpfchen besprenkelt zu werden. Ich hob auch die Toilettenbrille an, weil ich mich nicht auf eine besprenkelte Toilettenbrille setzen wollte. Was für ein Bild: Gebückt und mit heruntergelassenen Hosen rangiere ich in meinem Rücken Toilettenbrille und Spülung. Ich würde meinen Erpressern hohe Summen für das Negativ zahlen. Es kommt noch schärfer: Aus Gründen, die ich selbst nicht verstehe, umwickle ich auf allen Toiletten, deren Hauptnutzer ich nicht duze, die Toilettenbrille sorgfältig mit Toilettenpapier. Ich wickle. Immer. Ich benutze nicht die Deckchen, die von besseren Toilettenhäuschen und Fluggesellschaften angeboten werden; die können verrutschen. Im Anschluß an meine Verrichtung wird das ganze Papier abgerissen und weggespült – sofern der Abfluß mitspielt. Ich habe schon Hunderte von Toilettenverstopfungen verursacht. Aber ich mache weiter! Wie ein Triebtäter! Born to be a Toilettenverstopfer! Auf jede Osteuropareise nehme ich mehrere Rollen Toilettenpapier mit, um auch die dortigen Toiletten zu verstopfen. Irgendwann werden sie mich an der Grenze verhaften: »Nun, steigen Sie aus, Sie haben gemacht Einreise vor drei Tagen mit vier Rollen Toilettenpapier, und jetzt Sie haben keine Rolle. Wo ist Papier?« Na, wo wohl; in den fünfzehn verstopften Toiletten. Jawohl, *fünfzehn*. Denn selbst mein kleines Geschäft wird im Sitzen erledigt, was den nämlichen Aufwand erfordert. Ich *stehe* doch nicht vor dem Toilettenbecken, *mein Gott, es könnte ja was danebengehen*! Noch auf der verkommensten rumänischen Bahnhofstoilette bin ich ganz der Sohn meiner Mutter. Und an die *Schalen* und *Rinnen* stelle ich mich nie. Ich geniere mich. Nein, ich verstecke mich hinter dem Türchen, ich wickle unverdrossen, setze mich brav und hinterlasse in einem von drei Fällen verstopfte Toiletten. Man mag mir in diesem Zusammenhang allerhand vorwerfen, aber nicht, daß ich die Bemerkung meiner Mutter – *Es schnuppert!* – nicht ernst genommen hätte. Sie hat mich zu meiner großen Erleichterung nie wieder in der Richtung ermahnt. Und wenn es wirklich hätte sein müssen, dann würde sie mich erinnern, *Klaus, ich verlange doch wirklich nichts Unmögliches, aber …*

Daß ich mich immer so zerrissen fühlte! Daß ich immer glaubte, daß ich, wenn ich kein Genie werde, ein Versager sei! Verstehen Sie, wie großartig ich es fand, als *Meister von morgen* auf die Titelseite der auflagenstärksten Illustrierten zu kommen? Daß ich nicht mehr als Flachschwimmer oder als Versager von mir reden machte, sondern daß ich plötzlich *die Titelseite* war, der Meister von morgen, der zukünftige Nobelpreisträger – was nicht bedeutete, daß ich dadurch gegen jede neue Kränkung immun wurde. Als ich eines Abends im

Ferienlager in meinem Doppelstockbett lag, lauschte ich atemlos einem Gespräch meiner Zwölfjährigengruppe, die den Gedanken mal konsequent zu Ende dachte, daß neun Monate vor der Geburt auch eine Zeugung stattgefunden haben muß. Dabei wurden die herrlichsten Szenarien entworfen: *Es geschah in einer romantischen Sommernacht – Ich bin ein Kind der Frühlingsgefühle – Ich wurde in einer verschneiten Berghütte gezeugt* und so weiter. Die anderen Jungs konnten sich die tollsten Vorstellungen machen, während ich den Gedanken noch nicht so ohne weiteres akzeptierte, daß meine Eltern gefickt hätten, schon gar nicht miteinander. Unter diesem Vorbehalt begann ich zu rechnen: August minus neun Monate – macht November. Was ist um den 20. November? Die Antwort wurde mir so laut entgegengekräht, daß es sogar die Dreizehnjährigen im Nachbarbungalow hörten: »Du bist der Totensonntagsfick!« Am nächsten Tag beim Frühstück standen die an unserem Tisch und wollten wissen, wer der Totensonntagsfick sei. Daraufhin die Krähstimme, mit ausgestrecktem Finger: »Der da ist der Totensonntagsfick!« Worauf sich der gesamte Essensaal interessiert nach mir umdrehte. Ein Erlebnis, das mit dem Bekenntnis, der letzte Flachschwimmer zu sein, hinsichtlich der Blamabilität (wenn es dieses Wort nicht gibt, erfinde ich es, denn ich brauche es) konkurrieren konnte. Monate später habe ich ausgerechnet, daß der 20. November tatsächlich ein Totensonntagstermin ist, allerdings nicht im Jahre 1967, dem Jahr meiner Zeugung. Da fiel der Totensonntag auf den 21. November. Aber ist das ein Beweis, wenn es hart auf hart kommt? Ich war tief im Innersten getroffen: Bin ich ein Totensonntagsfick?

Wobei die Redewendung »tief im Innersten getroffen«

auch nur eine Verharmlosung ist. Mr. Kitzelstein, ich wäre nicht der geworden, der ich bin, wenn ich nicht jeden Sommer ins Ferienlager gefahren wäre. Jedes Jahr wurde ich aufs neue aufgewühlt: Die wahren Verhältnisse auf Erden waren schockierender, als ich ahnte. Immer.

Vor meiner ersten Fahrt wurde mir eingeschärft, meinen Koffer immer nur dann zu öffnen, wenn es unbedingt notwendig ist, und immer nur so, daß »niemand« hineinsehen kann. (Dieses »niemand« kam so eindringlich, daß ich zuerst glaubte, sogar *ich* dürfte nicht in meinen Koffer hineinschauen.) Mein Vater nahm es am Abend vor meiner Abreise auf sich, mit mir zu üben, wie eine Hand den Kofferdeckel hält, während die andere im Koffer sucht, wobei es wichtig war, den Spalt nicht zu klein zu lassen – das würde nur die Neugier der anderen Kinder herausfordern. Außerdem sollte ich den Koffer immer abschließen. Es war das erste Mal, daß sich mein Vater Zeit für mich nahm; vermutlich war Ferienlager eine ernste Sache. Daß ich getrimmt wurde wie einer, der sich für drei Wochen unter Diebe und Schurken begeben muß, wunderte mich keineswegs, die Welt war schließlich voller Gefahren, wobei Einbrecher, Tätowierte und Schokoladenvergifter bestimmt nur die Spitze des Eisbergs darstellten. Einerseits hielt ich mich für zu alt, um noch mit meinem Plüschteddy zu kuscheln, andererseits gruselte ich mich in einer Welt, in der es vor Einbrechern vermutlich nur so wimmelt. Ich durfte von keinem Fremden ein Stück Schokolade annehmen, »weil das vergiftet ist«. Ich befürchtete, im Straßenverkehr zu sterben. Ganz zu schweigen von Bolustod und Holzsplitterverletzungen.

Wenn mir nur die Hälfte meiner Sachen geklaut wird, könnte ich die andere Hälfte immer noch selbst verlieren. Ich hatte nämlich den Ruf, ein sagenhafter Sachenverlierer zu sein. Wie oft waren verlorene Sachen Thema beim Abendessen! Ich verlor alles, was man nur verlieren kann. Ich verlor sogar Dinge, die bis dahin als unverlierbar galten. Ich verlor meine Sandalen, obwohl ich sie anhatte. Ich verlor den Inhalt meiner Schulmappe, obwohl ich sie auf dem Rücken hatte. Ich verlor sogar einen Zahn, ohne es zu merken. Wenn so einer für drei Wochen wegfährt – wie sollen wir uns die Rückkehr vorstellen? Werden wir dann erfahren, was die Redewendung »Er hatte weniger als gar nichts« tatsächlich bedeutet? Aber wie gesagt, ich werde trainiert, als ob ich in der Unterwelt bestehen müßte, als ob ich mein Hab und Gut zu verteidigen hätte. Und tatsächlich, als ich am nächsten Tag einer Gruppe zugeteilt wurde, war mein erster Impuls Mißtrauen. Wem ist es zuzutrauen? Allen?

Dann fand das schrecklichste Ereignis meines Lebens statt – die Trennung von meiner Mutter.

Sie hatte mich zu den Bussen gebracht, die ins Ferienlager fahren sollten. Ich hatte nie an Abschiedstränen gedacht, aber als sie mich meiner Gruppenleiterin vorstellte und sie ausdrücklich anwies, daß ich wegen meines Nesselfiebers keine Tomaten und keine Erdbeeren essen dürfe, als sie ihr den Ersatzschlüssel für meinen Koffer überreichte, als sie sich zu mir herunterbeugte, um sich mit einer Umarmung von mir zu verabschieden, und ihr Gesicht *so nah* an meinem war, überfiel mich das schiere Entsetzen: *Was tun wir da?* Wie kann ich existieren ohne sie, die mich leitet und lobt und schützt und tröstet? Was bin ich ohne sie? Wer wird vor nichts zurückschrecken, wenn es darum geht, daß ich aufs Rettungsamt gefahren werden muß? Sie, die alles über mich weiß, die immer für mich da ist, die alles alles alles für mich tut, getan hat und tun wird, sie sollte ich hergeben für eine Fremde? Für eine, die ich nie zuvor gesehen habe? Die sich erst noch meinen Namen merken mußte? Oh, das war mit ein paar Abschiedstränen nicht getan. Ich heulte wie von Sinnen, und die ganze Busfahrt über hatte ich den irrwitzigen Wunsch, der Busfahrer möge sich erweichen lassen und dorthin zurückkehren, wo ich hingehöre, zu meiner Mama, Mama, Mama. Noch im Ferienlager wurde ich von Weinkrämpfen geschüttelt und hörte erst auf, als der letzte Bus abgefahren war. Wo war ich? Allein unter sieben Jungs, von denen wahrscheinlich jeder ein Dieb war. Auf jeden Fall waren sie *alle* vernachlässigt, sonst würden sie mehr an ihren Müttern hängen und sich nicht so undramatisch von ihnen trennen. Ich war fremd, ich war anders, das spürte ich. Rückblickend kann ich mein Gefühl mit dem eines stockschwulen weißen Modemachers vergleichen, der mit einer farbigen Streetgang für eine Nacht die Zelle teilt. Diese Jungs waren mir irgendwie unheimlich. Sie machten sich nichts daraus, wenn man sie ihrer Mutter wegnahm. Wahrscheinlich sind sie schon vom Kindergarten daran gewöhnt.

Bei der Bettenbelegung – wir schliefen in Doppelstockbetten – versuchte natürlich jeder, das obere Bett zu kriegen. Ich erwischte ein oberes Bett, aber als ich den Bungalow für zwei Minuten verließ und wieder zurückkam, hatte mir jemand das Bett weggenommen. Ich sagte, das sei mein Bett, er sagte, es wäre seins. Er war ein freundlicher Typ, einer, der immer die Mannschaften einteilt. Bevor wir uns weiter in die Haare kriegen konnten, machte er schon einen Vorschlag: Wer weiter pinkelt, kriegt das Bett. Er sagte das völlig unspektakulär. Ich wunderte mich nur: Werden auf diese Weise im Ferienlager alle Fragen geklärt? Wer am weitesten pinkelt, darf neben dem Fahrer sitzen, wer am weitesten pinkelt, darf sich das größte Stück Melone aussuchen ... Wenn das so ist, dachte ich, muß ich mich dem wohl stellen. Die anderen Kinder sagten sich schnell Bescheid: »Eh, die machen ein Weitpissen!« Offensichtlich ließ ich mich auf einen nichtalltäglichen Wettbewerb ein. Und außerdem sah es so aus, daß ich der einzige war, der das Spiel nicht kannte. War es wirklich so profan, wie es klang? Mußte ich mit *dem da* hantieren? Ich hatte das bereits einmal getan, im Kinderspielzimmer des Centrum-Warenhauses, wo mich meine Mutter einmal für eine Stunde zur Aufsicht ließ, um Weihnachtsgeschenke einzukaufen. Ein Mädchen, das vielleicht ein Jahr älter war als ich, nahm mich aus unerfindlichen Gründen unter ihre Fittiche. Sie verkroch sich mit mir hinter einer großen Holzkiste und bot mir an, *ihrs* zu zeigen, wenn ich *meins* zeige. Ich ließ mich in aller Unschuld darauf ein; der Rekord steht noch heute: Daß nach weniger als zwei Minuten mein Dildo gefragt war, passierte mir nie wieder. Als mich meine Mutter wieder abholte und ich ihr auf dem Heimweg davon erzählte, kehrte sie sofort um und redete mit strengem Gesicht ein paar Takte mit der Kindertante. Meine Mutter wartete sogar auf die Mutter meiner kleinen Freundin, um sie zur Rede zu stellen. Und zu Hause, beim Abendbrot, redete sie auch mir ins Gewissen: Ob ich mir nicht denken konnte, daß wir etwas machten, was nicht schön ist, wenn wir uns extra dafür verstecken mußten. Und daß ich bei *diesen Sachen* nicht mitmachen soll.

Und jetzt? Gehörte *Weitpissen* zu *diesen Sachen?* Es gab kein Zurück, das war mir klar, aber was soll ich moralisch-hygienisch davon halten? Worauf ließ ich mich ein? Hilft mir denn keiner? Wo bin ich?

Mein Gegner sagte freundlich: »Komm!« und ging mit mir hinter den Bungalow. Die anderen Jungs folgten uns. Einer zog mit seinem Fuß eine Linie. Mein Gegner ließ seine Hosen runter. Ich meine auch. Wir standen nebeneinander. Er fragte: »Fertig?«

Ich sagte: »Mm.«

Er fragte: »Mit Anfassen oder ohne?«

Ich sagte: »Mir egal.«

Er: »Dann mit.«

Er faßte sich an. Ich mich auch.

Er fragte: »Mit Weitstrahler oder ohne?«

Ich sagte: »Mir egal.«

Er: »Dann ohne.«

Die Sonne schien. Wir blinzelten.

Er stellte sich etwas breitbeiniger hin und fragte: »Können wir?«

Ich sagte: »Meinetwegen.«

Er fing an, spannte sich weit zurück, so daß sich die Hüften nach vorn schoben. Er pinkelte weit in die Heide. Keine Chance, dachte ich, bei so einem Strahl ... Bei mir dauerte es einen Moment, und ich mußte aufpassen, um mir nicht auf die Zehen zu pieseln.

»Hast verloren«, sagte er versöhnlich, als wir fertig waren.

Komisches Spiel, dachte ich.

Mr. Kitzelstein, eine der Merkwürdigkeiten meines Lebens ist, daß ich allem, was mir widerfahren ist, einen Sinn abgewinnen kann. Zumindest heute. Mein Leben ist so arm an Rätseln und Unverständlichkeiten, daß es mir fast peinlich ist. Also lassen wir mal den Eindruck, den dieses Weitpissen damals auf mich machte, auf uns wirken. Es dauerte zwar ein paar Stunden, bis ich begriff, was mir widerfahren war – aber dann machte sich jähes Entsetzen breit. In was für einen Strudel von Verwerflichkeiten war ich hineingeraten! Mein Vater hatte sich solche Mühe gegeben, mich vor den diebischen Charakteren im Kinderferienlager zu schützen – und trotzdem passierte es: Ich wurde das Opfer dieser Diebe! Mir wurde das Oberbett gestohlen! Und zurückholen sollte ich es mir durch ein Spiel, das ich nicht kannte – im Gegensatz zu diesen entwurzelten Kindern, die nicht mal mit der Wimper zucken, wenn sie sich von ihren Müttern verabschieden! Was wird wohl von einem Spiel solcher Kinder zu halten sein? Richtig, es ist ein schlechtes Spiel, und es hatte etwas mit meinem Pinsel zu tun. Wären Sie mein Seelenklempner, könnten wir uns stolz auf die Schultern klopfen: Da habe ich mein Dingens ausnahmsweise nicht zum *Klein-Machen* benutzt, und siehe da: es war *falsch*, es war *schlecht*, ich wurde Komplize der Halbwelt! Vollzog deren Rituale! Was würde Mama von mir denken? Ich hätte es doch wissen müssen! Sie hatte beim Abendbrot mit mir darüber gesprochen! Zu Hause behielt ich das Weitpissen fein für mich; was hätte ich zu erwarten? *Und wenn er sagt Spring aus dem Fenster.* Sie hätte ja wieder recht. *Was hast du dir überhaupt dabei gedacht?*

Nichts. *Nichts geht nicht. Irgendwas mußt du doch gedacht haben. Klaus, ich will doch wirklich nur wissen, was du dir dabei gedacht hast. Du mußt doch bei so was nicht mitmachen.*

Meine Mutter, ein Muster an Berechenbarkeit. Schon ihr siebenjähriger Sohn weiß genau, was sie sagen wird. Wo ich nun schon von meiner Mutter und meinem Schwanz rede, fällt mir ein, wie sie ihn nannte – nein, Moment, *raten* Sie! Wie nannte meine Mutter, die Sprachwalterin schlechthin, die mir ein Hochdeutsch aufdrückte, mit dem ich mich überall der Arroganz verdächtig mache ... Sie nannte ihn – *Puller*. Wenn ich sie fragte, was denn auf der Elternversammlung besprochen wurde, sagte sie jedesmal: »Das ist nur was für *Eltern*. Es heißt *Eltern*-Versammlung!« Sie sehen, die Frau war sich jedes Wortes wohl bewußt. Sie schlug sich wie eine Dschungelkriegerin durchs Sprachdickicht, und sie war sich durchaus nicht zu schade, auch durchs Unterholz der Etymologie zu robben. Was in meiner Denke einen unübersehbaren Flurschaden anrichtete. »Klaus, begreifst du überhaupt, wovon du *ent-schuldigt* werden möchtest?« Bei meiner Mutter, der Wortmümmlerin, war es daher nie mit einem hingeknautschten *'nschulnjung* getan, ich habe mich immer zu-tiefst ver-nichtet ent-schuldigt. – Was das mit dem *Puller* zu tun hat? Der Tischler heißt Tischler, weil er tischlert, der Schneider heißt Schneider, weil er schneidert, und der Puller heißt Puller, weil er pullert. Man macht kein Gewese darum, sondern benutzt ihn auf der Toilette, und nur ein Ferkel tut andere Dinge damit, weil bekanntlich der Puller ein hygienisch heikles Ding ist, nach dessen Benutzung man sich jedesmal die Hände waschen muß. Wir hatten ein Extra-Stück Seife dafür, die Rote Seife. (Die andere Seife hieß entweder die Blaue Seife oder *die Seife zum Händewaschen*. Als ich in einer Kaufhalle mal ein verpacktes Stück Seife mit dem Aufdruck *Toilettenseife* in den Händen hielt, glaubte ich, daß das die Umschreibung für *Rote Seife* ist, was mich zu der Überzeugung führte, daß die Unterscheidung in Rote Seife und Blaue Seife, wenn auch unter anderen Bezeichnungen, üblich ist.) – Soweit also alles logisch, alles klar, und dann gerate ich im Jahre eins nach dem Weitpissen wiederum im Ferienlager unter neun Experten, die den Puller einvernehmlich *Pimmel* nennen und schon am ersten Abend die Pimmelgröße ihrer Väter diskutieren. Am allerersten Abend! Ich hatte mir fest vorgenommen, daß ich mich nie wieder in ein Weitpissen hineinziehen lasse, aber *damit* hatte ich nicht gerechnet. Daß sie darüber *reden*! Oh, mir wurde es wieder unheimlich. Mit wem hatte ich da zu tun? Woher kamen die? Mein Vater zeigte sich niemals nackt! Und wenn er es je täte, würde ich nie hinschauen! (Natürlich würde ich.) Was war bei denen zu Hause sonst noch üblich? Ich wollte es gar nicht wissen.

Also, wir lagen abends in den Doppelstockbetten, ich schlief aus Weitpiß-Vermeidungsgründen freiwillig unten und hatte keine Ahnung vom Schwanz meines Vaters, aber als ich gefragt wurde »Und dein Vater?«, zog ich mich aus der Affäre, indem ich einen Film erwähnte, der mal im Fernsehen lief, »mit nackten Negern aus Afrika, und da hatten die Männer so 'ne langen«.

»WIE LANG!!?«

»So«, sagte ich und zeigte es.

»Ist ja auch nicht mehr als bei meinem Vater«, sagte jemand enttäuscht. »Wie bei meinem.« – »Und meinem.«

Wie bitte? Wollen mir diese Jungs erzählen, ihre Väter wären bestückt wie die Afrikaner?

»Und dick waren die!« fiel mir noch ein. »So dick«, sagte ich und zeigte es.

»Wie bei meinem Vater.« – »Und bei meinem.« – »Bei meinem auch.«

Da kam ich ins Grübeln.

Wenn all diese Väter ... Ist auch mein Vater unten wie ein Afrikaner? Und wenn ich mal ein Mann bin – sehe ich eines Tages ebenfalls aus wie ein Afrikaner? Mein niedliches kleines Zipfelchen wächst nicht brav mit und wird ein etwas größeres Zipfelchen? Ich werde untenrum jenen Wilden gleichen, die ums Feuer tanzen und ihre Speere schwingen? In meiner Not fragte ich einen, der in einem oberen Bett schlief: Würde auch meiner mal so werden? »Klar!« sagte der.

Warum kannten die sich aus? Wieso wußten die das? Ja, ein paar Wochen später stand ich das erste Mal in der Dusche eines Schwimmbades, umgeben von *Männern*. Es dampfte wie in der Waschküche, ich tat so, als ob ich mir eine freie Dusche suche, ließ meine Blicke unauffällig streifen und staunte. Da standen sie und ließen das Shampoo auf ihren Körpern runterkriechen, prusteten und schnauften und reckten ihre Brüste der Brause entgegen. Ich stellte mich neben einen Mann, der genüßlich sein imposantes Gehänge einseifte, abwechselnd, mit beiden Händen, zwei links, zwei rechts. Tatsächlich: Ganz gewöhnliche Männer, wie man sie überall auf der Straße treffen kann, haben Pimmel wie die Wilden in

Afrika! In *Afrika*! Für welches Kind ist Afrika nicht der Kontinent der Superlative: Die Sonne ist heißer, die Tiere wilder, die Schmetterlinge bunter, die Schlangen giftiger ... Und ich glaubte, in Afrika seien auch die *Puller* größer. Und nun? Afrikanische Verhältnisse in einer Berliner Schwimmhalle. Was es nicht alles gibt.

Beim Abendbrot, also in einer Situation, in der auch mein Vater sein Wissen einbringen konnte, brachte ich das Thema zur Sprache. »Wenn ich ein Mann bin, habe ich dann auch einen großen Puller?«

Mein Vater stellte seine Tasse ab, daß es klirrte, und sah mit höhnischem Triumph meine Mutter an – *Was, verehrte Frau Richterin, brauchen Sie denn noch an Beweisen für das Versagertum unseres Angeklagten?* Hatte ich schon gesagt, daß ich mich beim Abendbrot immer klein, dumm, ahnungslos, fehlentwickelt, minderbemittelt, unwürdig, begriffsstutzig, ungeschickt und schwach fühlte? Daß ich mich immer wie vor einem amerikanischen Schwurgericht fühlte? Mit meinem Vater, dem Staatsanwalt, Vertreter der auf Ruhe und Ordnung bestehenden unbescholtenen Bürger, und einer verständnisvollen Richterin, die nicht gerne strafte, aber immer und unermüdlich auf meine *Einsicht* hinarbeitete. Selbst wenn ich fragte, wie groß eines Tages mein Puller wird.

»Und wie kommst du darauf?« – Ja, wie kam ich darauf?

»Die im Ferienlager wußten alles darüber. Und im Schwimmbad habe ich es auch gesehen.«

»Ach so, im Ferienlager.« Sie lächelte ihr Ach-du-mein-kleines-Dummerle!-Lächeln. »Das finden die wohl interessant?«

»Die wissen so was! Ich weiß so was nicht! Ich will auch so was wissen!«

»Aber *wie oft* waren wir mit dir im Museum!«

Sie meinte – es ist kaum zu glauben! –, sie meinte damit die antiken Statuen! Diese maßlos untertriebenen Darstellungen – als wären die Götter gerade eiskalten Fluten entstiegen.

»Aber die sind doch viel kleiner als in Wirklichkeit!« maulte ich.

»Ach so? Auf so was achtest du?« fragte sie spöttisch. – Oh, was für eine Mutter! Da stellt der nicht mehr ganz so kleine Sohn die Frage, ob alle Männer einen großen Puller haben, und anstatt zu offenbaren, daß das mit dem *Puller* nur die halbe Wahrheit ist, weil, nun ja, also zum Beispiel die Bienen oder die Ameisen, nicht wahr, Ameisenmann und Ameisenfrau und so weiter – es ist doch eine dankbare Einstiegsfrage für den anstrengendsten Teil der Sexualaufklärung, oder? Jedenfalls unkomplizierter als diese Wie-kommen-die-Kinder-in-den-Bauch?-Frage. Es wäre so einfach – aber was tut meine Mutter? Sie kontert mit Belehrungen. Sie kontert mit Spott. *Sie kontert überhaupt*. Aber sie wäre nicht meine Mutter, wenn sie nicht noch etwas zutiefst Verwirrendes anschließen würde.

»Bei den Statuen im Museum ist er deshalb so klein, weil die Künstler den menschlichen Körper möglichst schön darstellen wollten. Man nennt das *Schönheitsideal.*«

Was für ein Salto! Ist das möglich? Ich frage nach Anatomie, und sie antwortet mit Kunstgeschichte! Keine Rede davon, daß sich gelegentlich in Kontaktanzeigen Damen finden, die im Kennwort »Salatgurke«

ihre Ansprüche verklausulieren, keine Erwähnung von Woody Allens fundamentaler Entdeckung des *Penisneides beim Mann*, nein, schon die alten Griechen wußten, *small is beautiful*, und noch heute strömen Tausende in die Museen, um diesem Schönheitsideal zu huldigen.

Sie holte das *Lexikon* aus dem Bücherschrank und schlug unter dem Stichwort *Griechenland* nach. »Hier«, sagte sie und wies auf eine Bildleiste mit Abbildungen von Götter- und Heroenstatuen. Tatsächlich: Muskulöse Athleten, an denen ein putzig Pimmelchen sproß.

Es war alles so plausibel: Diese großen Dinger, die an Boxerschnauze erinnerten und die ich in meiner Ahnungslosigkeit noch immer für *Puller* hielt, waren tatsächlich häßlich, geradezu entstellend – ganz im Gegensatz zum possierlichen griechischen Zierwerk.

Oh, daß sie immer so scheißunschuldig tat. Mit der harmlosesten Miene sagt sie noch heute *Puller*, und sie findet auch nichts dabei, eine Katze *Muschi* zu nennen; einmal brachte sie es sogar fertig, beim Scrabble VULVA zu legen. Oh, Mr. Kitzelstein, meine Mutter und das Thema Sex. Was heißt hier *Sex*, für sie gab es nicht mal *Sex*, dieses Wort mit dem herrlich stimmlosen S, schneidend wie ein Peitschenknall – sie brachte es nie, nie, niemals über ihre Lippen. Sonst in Sachen Sprache ganz groß, *sprich hochdeutsch*, *bitte, Eins-a-Ar-ti-ku-la-tion* – aber Sex mit dem stimmlosen S, das war ihr nichts. Dieses Wort mußte mir nicht erklärt werden. Als ich es zum erstenmal *richtig* hörte, *fühlte* ich, was es bedeutet. Aber meine Mutter: Sie sprach »Sex« nur mit stimmhaftem S: Sechs. 6idol, homo6uell, 6film. Ihre schaurigste Kreation war – wollen Sie es wirklich hören? – bittesehr, ihre schaurigste Kreation war: 6i. Da kriegen selbst hartgesottene Triebtäter keinen mehr hoch. 6i. Ganz abgesehen von den Situationen, in denen meine Mutter mit diesem Wort operierte. Zum Beispiel bei Katarinas großer Kür in Calgary, Olympische Spiele 1988, wir saßen nachts um vier vor dem Fernseher, Katarina Witt schwebte wie eine Prinzessin über das Eis, selbstvergessen, lächelnd, und alles, alles glückte ihr in dieser Kür, das Eis schmolz demütig unter ihren Kufen, und selbst die Scheinwerfer unter dem Hallendach strahlten vor Entzücken und waren stolz darauf, in Katis Straß glitzern zu dürfen ... – da hielt meine Mutter den Augenblick für gekommen, einen tiefen Blick in die Seele des Mannes zu werfen. »Und? Findest du sie 6i?« fragte sie mich kumpelhaft. Was, um alles in der Welt, tut man da? Was Mama schon immer über 6 wissen wollte, aber bisher nie zu fragen wagte: Ob ich imstande wäre, Katarina Witt flachzumachen. Um das mal klarzustellen: Davor würde ich nicht zurückschrecken! Aber meine ideelle Lustgemeinde war unüberschaubar, also warum ausgerechnet nur Katarina! Als ob Sex nur durch junge, gutgebaute und oft abfotografierte Stars verkörpert wird, als ob erst Standwaagen und Miniröckchen daran erinnern, daß es SexSexSex gibt ... Ich hielt mich damals noch für einen der perversesten Menschen des Erdballs, und wissen Sie, warum? Weil ich mit meinen neunzehn Jahren pausenlos an Sex dachte, weil ich es nicht mehr schaffte, mir diese Gedanken auszutreiben, weil ich nie konkret an Katarina Witt oder an die Aushilfe von der Flaschenannahme mit dem fabelhaften Jeansarsch dachte, sondern an das Phänomen Sex. Meine Mutter würde mich der 6besessenheit zeihen, wenn sie wüßte, wie es wirklich um mich stand. Für eine ganze Flut lüsterner Gedanken reichte es, wenn irgendwo ein Nicki auftauchte, in dem zwei herrlich straffe Titten schwangen – ja, ich stellte mir Positionen vor in denen ich diese Dinger nach Herzenslust (pssst! nach *Schwanzes*lust) hin und her schubsen könnte, und ich war mir nie sicher, ob es mir um die Titten ging oder um die Frau, die diese Titten mit sich herumtrug, und ich wußte schon gar nicht, worum es mir gehen *sollte* ... Und *Pflaumen* erst! Seitdem mein Schwanz in einer drin war, wollte er nie mehr woanders sein! Er hatte seine wahre Bestimmung gefunden, nämlich in Mösen einzufahren und darin zur Freude aller Beteiligten herumzufuhrwerken ... Aber er *durfte* nicht (oder doch? oder was? oder wie?), oder, wie der Sexualtheologe sagt: Was gut für deinen Schwanz ist, kann nicht gut für *dich* sein.

Das 3. Band: Blutbild am Rande des Nierenversagens

Als *Klaus die Titelseite* – das bin ich – mit seiner Frisbeescheibe auf den Spielplatz ging, wo sich sieben Herumtreiber darum bewarben, sein Frisbeepartner zu sein, gab ich ihnen eine harte Nuß zu knacken: Nur wer von *Kompaß*, *Atlas* und *Lexikon* die Mehrzahl weiß, kann mit mir Frisbee spielen. Niemand der sieben konnte es, allenfalls beim Kompaß klappte es; sieh an, die *AG Segeln* und ihre Bildungseffekte. Aber sonst? Atlasse und Lexikons. Ich ließ mich nicht erweichen und spielte mit niemandem. Ich warf die Frisbeescheibe weg, ließ sie segeln, lief zu der Stelle, an der sie gelandet war, und warf sie wieder weg. Nach einer halben Stunde brauchte ich wegen Erschöpfung einen Mitspieler, aber die spielten Verstecken und wollten nicht mehr Frisbee spielen. Sie wollten mich mitspielen lassen – *das Titelbild* galt auch auf dem Spielplatz als hohes Tier –, doch wie soll ich mich verstecken, wenn ich eine Frisbeescheibe wie eine Signalboje mit mir herumschleppe? Und einfach *ablegen?* Damit sie geklaut wird? – Also ging ich nach Hause, wo ich dafür – o nein! – *gelobt* wurde. Meine weitsichtigen Eltern! Jawohl, sie lobten mich! Mich eingebildeten, mißtrauischen, egoistischen, selbstgefälligen, eitlen Schnösel lobten sie! Alle beide! Meine Mutter wurde bald nicht wieder, als ich ihr von meinem System der Mitspielerauswahl erzählte – ist sie nicht goldig? Bestärkt ihren Sohn darin, nur mit Kindern zu spielen, die ausgefallene Plurale (oder heißt es Plurals? Plurali? Pluralien?) draufhaben. Und mein Vater! Endlich mal eine zustimmende Äußerung aus seinem Munde! Bloß weil ich mich verhalten hatte, als wäre ich von Dieben umgeben? Das war alles? So einfach? – Oh, ein Vater wie Bogart hätte mich zur Seite genommen und sich abgequetscht: »Hör mal Junge, du mußt im Leben immer einen *Kumpel* haben, der deine Frisbeescheibe zurückschmeißt.« Und eine Astrid-Lindgren-Mutter hätte mich ausgelacht: »He, wieso bist du schon wieder zurück von Spielplatz? Mensch, du sollst deine Spielsachen nicht behüten, sondern mit sie spielen! Also diese deutsche Kinder sind schon wie richtige kleine Deutsche ...«

Das Titelbild fuhr nicht als heulendes Kind ins Ferienlager. Ich ließ schon im Bus auf der Hinfahrt eine Klarsichthülle mit dem Titelbild kreisen und verkündete: »Das bin ich!« Und noch mal: »Das bin ich!« Und für den letzten: »Das bin ich!« Und für alle zusammen: »Das bin ich!« Ich redete lauter. Ich redete hochdeutscher. Mir wurde ein oberes Bett angeboten, und abends referierte ich vor diesen gewöhnlichen Kindern über Kugelblitze und das Bermudadreieck. Sie würden noch ihren Enkeln erzählen, daß sie damals, neunzehnhundertneunundsiebzig, mit dem zehnjährigen Klaus Uhltzscht, genau, *dem* Uhltzscht, im Ferienlager waren und er schon damals ... Herrlich! Bis jemand fragte, ob wir unsere Eltern schon mal beim *Bumsen* gesehen hatten. Nein, da war ich plötzlich das Dummchen – was ist das? Wovon reden die? Sicher ging es wieder um irgendwelche Schweinereien, in denen sich diese halbverwahrlosten Kinder besser auskannten als ich, das Einzelkind aus gutem Hause, das Titelbild, das Vorbild, der zukünftige Straßenname …

So wurde ich aufgeklärt: Bumsen ist Kindermachen, erklärte mir einer, um dann ungerührt fortzufahren: »Der Vater muß seinen Pisser in die Muschi der Mutter stecken.« Was? *Vater-Pisser-reinstecken-Muschi-Mutter?* Unmöglich! So eine Sauerei würden meine Eltern niemals tun! Niemals! Nie! Nie und nimmer! Welches kranke Hirn konnte sich bloß solche Ungeheuerlichkeiten ausdenken? Was haben diese Kinder denn für Eltern? Was mein Vater nie herzeigt und meiner Mutter ein besonderes Stück Seife wert ist, das stecken deren Eltern sich gegenseitig rein? Wie denken sich diese Eltern so was aus? Wie kommen die auf solche Gedanken? Haben die keinen Fernseher?

Aber wenn es stimmt? Wenn diese Kinder wieder mal recht haben? Dann würde mich mein Vater ausgepißt haben? Das hieße, daß ich irgendwann durch den Pisser meines Vaters durchgeflutscht bin, geradewegs dorthin, wo … Ich roch an meinem Arm. Stinke ich etwa noch nach Pisse? Kleben noch Spuren von Pisse in meinen Poren? Ich ging sofort duschen, obwohl wir während der Nachtruhe die Bungalows nicht verlassen durften; in absoluten Notsituationen übertrete also auch ich ein Verbot. Ausgepißt! Stinke ich noch? Habe ich je am Daumen gelutscht?

Als ich zurückkam, erklärte mir einer, der noch nicht eingeschlafen war, von Mann zu Mann, daß das Kind zuerst beim Vater ist, dann der Mutter eingepflanzt wird, wo es wächst, bis es auf die Welt kommt. Er redete von *Samen*, und ich kannte Blumensamen, der in *Mutter Erde eingepflanzt* wird, und so lief ich fortan mit der unausrottbaren Vorstellung herum, daß das Kind beim Vater ist. Ich konnte mir jahrelang keinen runterholen, aus Angst vor den Schreien der gemordeten Kinder …

Ich lag lange wach und dachte diese Geschichte mal zu Ende. Meine Eltern haben gefickt. Meine Lehrer haben gefickt. Die ganze Menschheit war ein Produkt zahlloser Ficks – und ich, Klaus das Titelbild, wissenschaftlicher Nachwuchs, der täglich dem ihm bestimmten Nobelpreis ein Stück näher kam, wußte nichts davon! Wenn das kein Grund war, die Bumsthese anzuzweifeln! Also: Haben die Urmenschenmänner etwa freiwillig ihre Urpimmel in die Urmösen gehalten? Wußten die, daß man so ein Kind macht? Wußten *Urmenschen* mehr als Klaus das Titelbild? Doch wohl kaum! Und wieso ist die Menschheit darüber nicht ausgestorben? Ha! Ich erschütterte die Bumsthese! Die Wissenschaft, die ich vertrete, wird bald Schluß machen mit dem Aberglauben, daß Pimmel in Mösen gesteckt werden müssen, um Kinder zu zeugen! Es wird in allen Ländern ein großes Aufatmen geben: Nie wieder ficken müssen! – Triumphierend fragte ich – sinngemäß – meine Mutter: Wie bumsten die Urmenschen? Wieder eine dankbare Frage, wie einst nach der Pimmelgröße, und wieder eine Antwort – Mr. Kitzelstein, es ist zum Heulen! Wie unsere Vorfahren den Urfick hinkriegten? Sie berührten sich des öfteren an den entsprechenden Körperstellen, besonders, wenn sie sich in der kalten Höhle frierend aneinanderkuschelten. Und ansonsten sollte ich das Lexikon nutzen. Ich tat es. *Bumsen* und

Ficken standen nicht drin. In einem fünfzehnbändigen Lexikon! Ich nahm es als Indiz dafür, daß diese Pimmel-in-Mösen-Theorie Aberglaube ist. Wenn nicht mal das Lexikon davon weiß! Bei *Schwangerschaft* wurde ich fündig und hangelte mich über → *Befruchtung* und → *Samenzelle* zu → *Geschlechtsorgane*. Andauernd stieß ich auf den → *Eisprung*. Wichtige Sache, dieser → *Eisprung*. Von *Bumsen* ist nie die Rede, vom → *Eisprung* andauernd.

Ich hatte nie Probleme mit der These, daß der Mensch vom Affen abstammt, aber ich sträubte mich beharrlich dagegen, von fickenden Eltern abzustammen. Oder, um genau zu sein, von fickenden Erziehungsberechtigten. Eine ganze Weile, bestimmt drei Jahre lang, war einer meiner geheimen Wünsche, ein Adoptivkind zu sein. Meine Eltern sollten mir endlich offenbaren, daß sie mich aus einem Heim geholt hatten, um nicht miteinander vögeln zu müssen.

Ich weiß nicht mehr, wie sich diese ganze Situation auflöste, wahrscheinlich habe ich unter dem Eindruck zahlloser Vorhaltungen und Stoßseufzer wie *Ich meine es doch nur gut mit dir!* oder *Wir wollen doch nur dein Bestes!* eingeräumt, daß sogar meine Eltern fickten. Allerdings – sie meinten es nur gut mit mir und wollten nur mein Bestes – fickten sie nur, weil sie mich wollten. Ihr Wunsch, mich zu haben, war größer als der Skrupel vor der größten Ferkelei, die mir je zu Ohren kam. Natürlich wollte mein Vater seinen Pisser – sofern er tatsächlich einen hatte – nicht in die Muschi meiner Mutter stecken, und auch meine Mutter wird nicht begeistert gewesen sein – aber es mußte sein. Diese Umstände hatten sie nur meinetwegen! Nicht nur, daß meine Mutter für mich Taxifahrer anschrie und sich mein Vater wegen mir prügelte – wenn es um mich ging, *fickten* sie sogar! Ich kann nichts dafür, aber soll ich etwa so tun, als ginge mich das nichts an? Ich schämte mich, jawohl, ich *schämte* mich dafür, daß meine Eltern meinetwegen ficken mußten! Und ich hatte das Bedürfnis, mich bei ihnen zu revanchieren und ihnen meine Dankbarkeit zu bezeugen. Wie kann ich mich diesem Niveau an Selbstlosigkeit, um nicht Opferbereitschaft zu sagen, würdig erweisen? Wenn sie es um meinetwillen schon auf sich nahmen, miteinander zu ficken, dann sollte ich schon so werden, wie sie es sich wünschen. Oder ist das zuviel verlangt?

Ich stellte mir vor, wie sie es taten. Wie brachten sie es hinter sich? Wie wurde meine Zeugung bewältigt? Wer trug die größere Last? Mein verschämter Vater oder meine hygienische Mutter? Wie lange dauerte es? Sekundenbruchteile? Oder gar mehrere Sekunden? Haben sie es im Badezimmer getan? Nachdem sie nacheinander geduscht hatten? Ich malte mir aus, daß mein Vater sein geheimes Ding nicht mit bloßen Fingern in ihre Möse bugsierte, sondern mit Gummihandschuhen oder einer Grillzange … Und daß sie tapfer eine Viertelminute verharrten, bis eine Ansteckung stattgefunden haben mußte. Einmal und nie wieder! Danach werden sie sich bestimmt ein paar Wochen Urlaub gegönnt haben. Übrigens kam mir nicht im entferntesten der Gedanke, daß es vielleicht im Bett geschah. Das Bett ist eine hygienische Bastion! Ich lege niemals Hosen aufs Bett oder setze mich gar auf ein bezogenes Bett, weil aufs Bett nichts gehört, was in öffentlichen Verkehrsmitteln Kontakt mit Stellen hatte, die von anderer Leute

Ärsche berührt wurden. Ich halte mein Bett rein! Ich schlafe nicht im Arsch fremder Leute!

Wie mönchisch es bei uns zuging, können Sie sich ausmalen, wenn ich Ihnen verrate, daß – wie soll ich sagen? Meinen ersten Steifen hatte ich bei Dagmar Frederic! Um mich Ihren amerikanischen Lesern verständlich zu machen: Dagmar Frederic ist eine Fernsehshow-Moderatorin, ungefähr so apart wie Nancy Reagan. Verruchtere Frauen kamen uns nicht auf den Bildschirm! Dagmar Frederic und O. F. Weitling moderierten »Ein Kessel Buntes«, O. F. legte seine Pranke um Dagmars Hüfte und machte, ganz Entertainer, den Anriß – »Dackmah, dann kannst du unseren nächsten Interpreten vorstellen.« – was sie lächelnd aufgriff – »Und das mache ich für unseren nächsten Gast besonders gern«, wobei sie O. F. einen verheißungsvollen Blick aus den Augenwinkeln zuwarf – und kam Bewegung in meine Schlafanzughose. Ich war nicht vorbereitet! Was war das? Jawohl, Dagmar Frederics Augenaufschlag und ihr chansonetter Tonfall bescherten mir den ersten Steifen! Mein erster richtiger Steifer! Was für ein Gefühl! Heiß war er und irgendwie abenteuerlich, und mit einemmal begriff ich, was zwischen Männern und Frauen abgeht: Daß Männer ständig versuchen, Dinge zu tun, die Frauen mit Blicken honorieren, die *so was* auslösen. *Darum* ging es also in diesen langweiligen Liebesfilmen! Jetzt wußte ich Bescheid! Aber zunächst wollte ich mir mein Rohr in Ruhe betrachten, wozu ich ins Bad verschwinden wollte, ohne meine Eltern das Zelt sehen zu lassen. Nun ja, ich saß zwischen ihnen auf der Couch. Aber irgendwie bugsierte ich meinen Steifen ins Badezimmer, schloß ab, zog die Hose herunter und staunte. Donnerwetter! Es konnte hochkommen, es konnte groß und hart werden. Es ließ sich sogar schnipsen! Ich wollte gerade versuchen, verschiedene Dinge daran aufzuhängen – zum Beispiel meine Sandalen –, als meine Mutter die Klinke herunterdrückte.

»Klaus, warum schließt du ab?«

Warum schließe ich ab? Warum gehe ich aufs Klo, um meinen ersten selbstgebauten Ständer zu bewundern? Warum bin ich nicht in mein Zimmer gegangen, um mich im Schein der Leselampe meiner Latte zu widmen? Weil ich das Ding nur zum Pinkeln anfassen darf. Weil nur die Toilette der Ort für hygienisch heikle Handlungen ist. Weil mein Ding außerhalb des Klos überhaupt keine Daseinsberechtigung hat.

Ich drehte das Wasser auf und rief tapfer »gleich fertig!«, hatte aber nicht die geringste Ahnung, wie man einen Steifen los wird.

»Komm, mach auf!« sagte meine Mutter durch die Tür. Sie klang streng. »Du schließt doch sonst nie ab.«

Ich schloß auf und versuchte, an ihr vorbeizuschlüpfen, aber sie stellte sich in den Weg und stupste mich zurück ins Bad. Dann sah sie, was sie nicht sehen sollte, und sagte: »Hast du wieder daran rumgespielt?«

»Nein!« beteuerte ich. »Es geschah von allein!«

»Erzähl doch nicht«, erwiderte sie spöttisch.

Welch fürchterlicher Verdacht lastete auf mir! Daß ich mit meinem Schwan spiele! Aber Sie erinnern sich noch, wie ihre Bemerkung *Es schnuppert* bei mir einschlug? Also werden Sie nachvollziehen können, daß ich die nächsten Jahre pausenlos damit beschäftigt war, meinen Steifen zu eliminieren – Stoff für ein wissenschaftliches Werk *Der Pubertätsständer: Methoden sei-*

ner Verhinderung. Und wenn er sich schon nicht verhindern ließ, wollte ich ihn wenigstens unauffällig tragen, was besonders das erste Jahr doppelt schwer war, da er sich immer nur bis zu einem Anstellwinkel von 90° erhob und meine Cordhose in Falten legte. Von der sogenannten *Hasenpfote* konnte ich nur träumen; erst mal schleppte ich eine Lanze vor mir her. Ich steckte mir einen Rubikwürfel in die Tasche, um die Identifizierung des Ständers zu erschweren. Ich blieb in Theaterpausen sitzen. Ich wurde Mitglied in einem Schachverein, nicht nur, weil Schach, Mathematik und Nobelpreis zusammengehören, sondern vor allem, weil ich während der Partien nicht aufzustehen brauchte. Ich hörte auf zu trinken, weil ich irgendwie dahinterkam (oder es mir einbildete), daß mir dies bei meiner neuen Lebensaufgabe behilflich ist. Jeder Katholik mit meinem Flüssigkeitshaushalt wäre heiliggesprochen worden. Ein einzigartiger Fall von Selbstmumifizierung bei lebendigem Leibe. Nicht mal Friedensnobelpreisträger Mahatma Gandhi hat es so weit getrieben. Ich trank so wenig, daß sich mein Blutbild bedenklich veränderte; jahrelang stand ich am Rande eines Nierenversagens. Im 2000-Meter-Lauf trabte ich mit ausgedörrtem Körper abgeschlagen hinterher, ganz der letzte Flachschwimmer. Meine Popularität sank, besonders, weil der Sportlehrer den Fußball erst herausrückte, »wenn auch der letzte fertig ist«. Dafür wurde ich in Mathematik immer besser; Kopfrechenaufgaben waren wunderbar ablenkend und wirkten fast immer bei der Ständerbekämpfung. Anfangs rammelte ich Zweierpotenzen herunter – hat der Physiknobelpreisträger Albert Einstein bereits als Elfjähriger im Kopf 2^{25} ausgerechnet? –, später graste ich den Bereich oberhalb der 10 000 nach Primzahlen ab, als Kopfrechner, wohlgemerkt.

Überhaupt, die Schule! Ständig diese Gefahr, an die Tafel gerufen zu werden oder an irgendwelche Stummen Karten, oder man war mit einer mündlichen Leistungskontrolle dran und mußte aufstehen oder wenn wir eine Arbeit schreiben sollten und umgesetzt wurden, damit wir nicht mogeln, oder wir spielten so pädagogische Spielchen wie Bankrutschen oder im Musikunterricht standen wir zum Singen sowieso auf ... Oder die *Pause*. Eine Pausenlatte war fatal. Was tut man, wenn's plötzlich zur Pause klingelt und man mit seiner Gurke, hart wie Gefriergut, den Raum wechseln muß? Das Antreten im Sportunterricht! Die Angst beim Klimmziehen: daß man am Reck hängt, wenn sich das Gehänge reckt.

Im Literaturfachraum hing über der Tafel ein Spruch, wie ihn Literaten gerne formulieren – in diesem Fall war es Maxim Gorki. *Ein Mensch – wie stolz das klingt!* Aber ich, anstatt einen stolzen Menschen abzugeben, wurde von Erektionen heimgesucht. Ich hätte mich besser gefühlt, wenn ich mal vor einem Denkmal gestanden hätte, bei dem ein *stolzer Mensch* den Schlag in der Hose hat, den ich auch immer hatte. Maximgorki mit Maxigurki. In diesem Literaturfachraum entdeckte ich übrigens ein weiteres Mittel gegen mein Problem: Unfallphantasien. In der Kyklopensage der Odyssee mußte ich von einem Riesen hören, der zwei Seefahrer gegen einen Felsen schmetterte und aufaß. Mir drehte sich der Magen um. Bleich bat ich die Lehrerin, für einen Augenblick die Klasse verlassen zu dürfen, und erst da wurde mir bewußt, daß ich mich jetzt unweigerlich blamieren werde. Aber es gab kein Zurück, und so stand ich behutsam auf, darauf bedacht, mich nicht an der Tischkante zu verhakeln. Aber wo war mein Ständer? Eben war er noch da, und nun war er nicht mehr da, und alles, was dazwischenlag, war eine blutrünstige Geschichte. – Ja, davon hatte Klaus die Titelseite schon oft gehört: Bei allen großen Entdeckungen hilft der Zufall dem beharrlichen Forscher.

Anfangs rief ich mir im Bedarfsfall die Kyklopensage in Erinnerung, aber als sie allmählich ihren Schrecken verlor, konstruierte ich eigene Horrorgeschichten, die immer als Balken-Schlagzeile im Stil der westlichen Gazetten eingeleitet wurden: *UNFALL IM STAHLWERK – ARBEITER IN HOCHOFEN GEFALLEN! SÄGEWERK-TRAGÖDIE: SCHLAFENDER ARBEITER ZU KANTHÖLZERN ZERSÄGT! UNFALL AUF DEM RANGIERBAHNHOF – ZWISCHEN DEN PUFFERN ZERQUETSCHT, UNTER DEN WAGEN GEDREITEILT!* Sagen Sie nicht, ich sei geschmacklos! Immerhin alles Phantasien, bei denen mir keiner mehr hochkam. Meine wüsteste Unfallphantasie waren zwei zerfleischte Pferdekadaver mit überstreckten Hälsen und tote alte Frauen in rosa Unterröcken links und rechts eines Bahndammes: *KREMSERFAHRT VON DIESELLOK ERFASST!*

Meine ganze Pubertät über hatte ich nichts anderes zu tun, als meinen Ständer wegzuräumen. Der Erfolg war eher bescheiden: Als ich auf der Schulabschlußfeier mal nach draußen ging, um frische Luft zu schnappen, begegnete mir im Windfang Ilona Pohle, eine Mitschülerin aus der Parallelklasse, von der ich nur wußte, daß sie als die größte Kodderschnauze der Schule galt. Ich hatte nie ein Wort mit ihr gewechselt, aber als ich ihr im Windfang begegnete und sie im Begriff zu gehen war, verabschiedete sie sich von mir. »Alles Gute für dein weiteres Leben, Klaus!« rief sie, lachte und prostete mir mit ihrer Sektflasche zu. »Und ganz besonders wünsche ich dir, daß du endlich mit deinen Intimreflexen klarkommst.« – Mr. Kitzelstein, diese Ilona Pohle war nicht meine Banknachbarin, sie ging in die Parallelklasse! Und sogar sie kannte mein geheimstes Problem! Wieso? Wo ich doch alles, alles, alles tat, um es geheimzuhalten! Sechs Jahre habe ich mich angestrengt, und es war umsonst, wie eine Anstrengung nur umsonst sein kann. Es war das Umsonsteste, was ich je tat.

Bekanntlich gibt es zwei sichere Mittel gegen den Ständer: zum einen *Wichsen*, zum anderen *kalt duschen*. Daß all diese Kaltwasser-Methoden grausam sind, schreckt mich nicht – aber sie wirken nur kurzfristig. Und zu *Wichsen* fällt mir ein, daß ich als Elfjähriger im Ferienlager einen vierzehnjährigen Freund namens Martin hatte, gegen den ich täglich Schach spielte, dem ich meinen »technicus« lieh – und der sich eines Tages anbot, mir einige Samenfädchen zutage zu förden, sofern ich mich dafür interessiere. »Au ja, zeig mal her!« sagte ich und erwartete, daß er sie irgendwie auswringt und dabei solche Tiere wie Regenwürmer oder kleine Maden oder Kaulquappen oder Wasserflöhe herauspreßt. Nein, Martin beschaffte sich am Bootsverleih ein Ruderboot und ruderte mit mir auf den See, wo er mir das Ruder mit der Order überließ, allen anderen Booten fernzubleiben. Er setzte sich an die Bootsspitze, also hinter mich, und machte sich an die Arbeit. Einmal drehte ich mich um und sah ihn besessen wichsen: Das hatte ich nicht gewollt! Ich meine, er war *Radiobastler*, er hatte mir mit einigen sachlichen Handgriffen gezeigt, wie man im Radio den Polizeifunk einstellt. Und der Tonfall, mit dem er mich fragte, ob ich mal Samenfädchen sehen will, war derselbe, mit dem er mich fragte, ob ich mal Polizeifunk hören will. Ich hatte strenge Sachbezogenheit erwartet, gerade weil man mit so einem Schwanz nicht herumspielen darf – und nun das! Martin tat's nicht zum Segen der Wissenschaft. Er hatte den Kopf zur Seite gelegt und biß sich angestrengt auf die Unterlippe. Es gab Komplikationen. Martin legte eine Pause ein und bat mich, sein ABBA-T-Shirt anzuziehen, aber verkehrt herum, mit dem Bild auf dem Rücken. Mr. Kitzelstein, wozu wurde ich mißbraucht! Die Blonde, ich wette, er wedelte der Blonden zu! – Er fand wieder zu seinem Rhythmus, machte weiter und kündigte mit einem sachlichen »Jetzt« das Finale an. Ich holte die Ruder ins Boot und sah, was kam ... Das etwa? Keine Wasserflöhe? Keine Regenwürmer? Was da auf seine Oberschenkel kleckerte, sah aus wie *Spucke*! Daraus soll Leben entstehen? Es war unglaublich! Wo bitte sehr, sind die Fädchen, von denen immer die Rede ist? Wo tummeln sich die Tierchen? Und, Mr. Kitzelstein, sofort erinnerte ich mich an meine alte Theorie, wonach es der pure Aberglaube ist, daß Ficken was mit Fortpflanzung zu tun hat. Ein Jahr zuvor stellte ich mir noch die Urmenschenfrage; jetzt widmete ich mich den Samenfädchen – pah! – den *angeblichen* Samenfädchen: Das Zeug bewies doch gar nichts. Und wenn das, was aus Martins Pfeife quoll, so tot ist wie Tortenguß, dann brauchen wir es auch nicht zum Kindermachen. Es kommt unter bestimmten Umständen, wie Tränen oder Eiter oder Rotz. Aber die Bedeutung dieses Zeugs wird einfach überschätzt, und eines Tages werde ich hingehen und den Menschen sagen, daß sie nicht mehr ficken müssen und daß sie nicht befürchten müssen, daß sie aussterben, wenn sie sich diese weißlichen Kleckser gegenseitig nicht mehr verabreichen. Dann kann ich endlich auch damit aufhören, meine Eltern zu verdächtigen, daß sie miteinander gerammelt haben.

Ich wollte unter Aufbietung all meines diplomatischen Geschicks meiner Mutter ein Geständnis abringen: Haben sie nun – oder haben sie nicht? Weit kam ich nicht. Als ich in gewählten Worten durchblicken ließ, daß ich die ganze Fickthese für ein Märchen halte, seitdem ich Sperma sah …

»Du hast WAAAS gesehen?« fragte sie mich dramatisch und riß die Augen auf. Worüber ist sie so entsetzt? Ich wollte sie doch nur vom Verdacht der Fickerei befreien! Was habe ich getan? Was habe ich falsch gemacht? Ich gestand alles. Sie sagte nur: »Wir reden später noch mal darüber.« Ich blätterte im Lexikon und machte mir schwerste Vorwürfe: Natürlich entsteht aus Sperma menschliches Leben, *Leben wie meins*. Was auf Martins Oberschenkel landete, hätte mal ein *Mensch* werden können, ein Titelbild wie ich, ein Nobelpreisträger, ein Straßenname. Aber Martin hatte nie die Absicht, sein Sperma der wahren Bestimmung – Nobelpreisträgerzeugung – zuzuführen, er tötete Menschen wie mich, und ich habe ihn dazu ermuntert, ich habe ihn dabei gedeckt, ich bin ihm nicht in den Arm gefallen, sondern habe sogar noch das ABBA-T-Shirt verkehrtherum angezogen. Ungefähr *fünfzig Millionen Samen-*

zellen hat Martin auf einen Schlag erledigt, das heißt, er hat fünfzig Millionen Menschen umgebracht! Was sich auf seinem rechten Oberschenkel abspielte, war, wenn man mal vom Sachschaden absieht, mit dem Zweiten Weltkrieg vergleichbar! Und ich habe Beihilfe geleistet! Mir drohte nicht nur das amerikanische Schwurgericht, mir drohten die Nürnberger Prozesse! Und tatsächlich, als meine Mutter ihre Ankündigung wahr machte und mit mir darüber sprach, erfuhr ich, daß das, was Martin tat, kriminell war, ein Fall von Exhibitionismus, und wenn er nicht mehr dreizehn wäre, könnte er dafür *angezeigt* werden! Ich saß während seines Deliktes bei ihm! Assistierte ihm! Ermunterte ihn! Ich saß mit der Unterwelt in einem Boot! Wie soll das bloß mit mir enden?! Ich hörte schwere Eisentüren ins Schloß fallen ...

Die ersten Bilder von Menschen bei der Ausübung von 6 sah ich im Ferienlager – wo sonst? –, als ich unter der Gagarin-Büste im Ehrenhain Bekanntschaft mit diesen bunten Bildchen machte. Es war fundamental und hatte herzlich wenig mit meinen Vorstellungen von sich fortpflanzenden Menschen zu tun; keine Grillzangen, kein ausgeknipstes Licht. Wo war die Schamhaftigkeit? Wieso hatte niemand schwarze Balken vor den Augen? Daß die Menschheit zu Kriegen, Konzentrationslagern, Apartheid und Atombomben fähig war, stand täglich in der Zeitung. Aber nicht, daß ein Menschwiestolzdasklingt einen Hastduwiederdranrumgespielt in den Mund nimmt. Man hat sie doch gezwungen? Ich suchte nach der Pistole, die auf die Beteiligten gerichtet war. Ich suchte sogar nach dem Schatten dieser Pistole. Oder waren Drogen im Spiel? Im Westen ist doch jeder drogensüchtig? Im darauffolgenden Jahr erzählte einer, der eine Partnerfibel aus dem Westen gelesen hatte, daß ein sogenannter G-Punkt existiert, der Frauen einen sehr schnellen und wahnsinnig heftigen Orgasmus verschafft. Er versuchte, die Lage zu beschreiben, und ich ließ ihn am nächsten Morgen auf einer Art Unterleibslandkarte den G-Punkt einzeichnen. Die Skizze behielt ich. Wer weiß, wozu sie noch gut sein kann. Ich fühlte mich wie Käptn Flint. Aber ehe ich wirklich damit auf Schatzsuche gehen konnte, wollte ich mich in einer Partnerfibel aus dem Osten darüber vergewissern, daß der sagenumwobene G-Punkt wirklich dort liegt, wo er liegen soll (oder zumindest, daß es ihn theoretisch geben *könnte*; Einstein erhielt seinen Nobelpreis, nachdem seine theoriegestützte Voraussage der Lichtkrümmung im Experiment bestätigt wurde). Ich beschaffte mir aus diesem Anlaß »Mann und Frau intim« von Dr. Siegfried Schnabl, *das* Sexualhandbuch hierzulande. »Beschaffen« ist das richtige Wort, denn ein so verfängliches Druckerzeugnis wollte ich nicht im Laden um die Ecke kaufen, wo ich womöglich einer Bekannten vom Schlag der Ilona Pohle begegne, die mit der neugierigen Bemerkung »Und, was liest man denn so?« in meinen Korb greift. Auch in meiner Bibliothek wollte ich mich vor den Bibliothekarinnen – alles bekannte Gesichter – nicht als Interessent solcher Art von Büchern offenbaren. Also wurde ich Mitglied in einer neuen Bibliothek, aber die Bibliothekarin, die mit mir die Anmeldeformalitäten erledigte, fragte mich, nachdem wir zehn Minuten Formulare ausgefüllt hatten: »Und welche Bücher möchtest du heute ausleihen?« Ich brachte es nicht fertig, »Mann und Frau intim« zu antworten – ich war auf dem Weg zum Mann, sie war eine Frau, und unter diesen Umständen hätte sie meinen Wunsch vielleicht anstößig gefunden. Nun besaß ich einen zweiten Bibliotheksausweis – aber *das Buch* hatte ich immer noch nicht. So setzte ich mich eines Tages in die S-Bahn, stieg in einen Bummelzug um und fuhr nach Nauen, wo ich halbwegs sicher sein konnte, unerkannt zu bleiben. In der Buchhandlung zog ich in einem Moment, in dem ich mich nicht beobachtet fühlte, ein Exemplar von »Mann und Frau intim« aus dem Regal und schaute nach dem Preis. Mit dem genau abgezählten Betrag in der Hand ging ich zum Kassentisch. Das Buch legte ich mit der Front auf den Tisch, den Buchrücken wollte ich an den Körper pressen, um ihn vor den Blicken derer, die hinter mir in der Schlange standen, zu verbergen. Ich hatte aber nicht bedacht, daß der Kassentisch so niedrig war, daß ich den Buchrücken mit der Aufschrift »Mann und Frau intim« an meinen *Sack* drücken mußte! Genau so würde sich ein potentieller Sexfibel-Vergewaltiger verhalten – vielleicht war ich sogar einer und wußte es nur noch nicht? Und der Verkäuferin zuzumuten, *so ein Buch*, das ich mir eben noch an meine Eier preßte, in die Hand zu nehmen – erfüllt das den Tatbestand der sexuellen Nötigung? Ich verließ knallrot den Laden, das Buch steckte ich in eine zuverlässig undurchsichtige Plastiktüte, die ich in eine weitere zuverlässig undurchsichtige Plastiktüte einpackte; ich hatte mich seit zwei Wochen auf diesen Einkauf vorbereitet, indem ich Plastiktüten auf ihre Undurchsichtigkeit hin begutachtete. In »Mann und Frau intim« fand ich keine Anhaltspunkte auf den G-Punkt. Gab es ihn, oder gab es ihn nicht? Oder vielleicht gab es ihn nur im Westen? Vielleicht hatten nur Westfrauen einen G-Punkt? Aber wieso? Und wird des Rätsels Lösung mit einem Nobelpreis belohnt?

Daß die anderen immer alles wußten und ich nie die geringste Ahnung hatte! Wenn ich überhaupt von einer Sache erfuhr, dann garantiert als letzter. Aber das ist eine Frage der Gewöhnung. Irgendwann *weiß* man einfach, daß man immer der am schlechtesten informierte Mensch weit und breit ist. Am Morgen nach jeder Elternversammlung wußten meine Mitschüler alles, und ich wußte nichts. Meine Eltern waren sogar stolz darauf: »Es heißt nicht umsonst *Eltern*-Versammlung!« Und so war ich auch der letzte, der davon erfuhr, daß Herr Küfer, jener Physiklehrer, unter dessen Fittichen ich Titelbild wurde, aus politischen Gründen in die Bredouille gekommen war; es hieß später immer nur *Na, da war doch diese Elternversammlung*. Ich fragte meine Mitschüler, meine Klassenlehrerin, sogar meine Eltern: »Was *war* denn?« Aber alle redeten sich heraus, sagten, *Wolln mal sehen* oder *Na, da war doch diese Elternversammlung* (»Ja, und was *war* da?« – *Ich war nicht dabei.*) Eltern von Mitschülern waren der Meinung, daß Herr Küfer *zu weit gegangen ist.* »Was heißt denn: Zu weit gegangen? Was hat er denn gemacht?« *Na zum Beispiel das mit den Filmen kann man heute einfach nicht machen,* verriet mir schließlich unter vier Augen eine Russischlehrerin, das Gewissen in Aufruhr. So. Ich weiß ja nicht, was noch war – ich wußte ja nie, was los war, aber diese ganze Atmosphäre gab mir zu denken. Die Eltern, die Küfer in die Enge trieben, waren *Mitarbeiter* – so bezeichneten sich die Stasi-Angestellten, die es gemäß dem Prinzip *Wohnung in der Nähe des Arbeitsplatzes* in unserer Wohngegend reichlich gab. Herr Küfer bekam in den großen Ferien ein Disziplinarverfahren und wurde entlassen. Niemand protestierte dagegen – soweit ich das als schlechtinformiertester Mensch beurteilen kann. Ich protestierte auch nicht, und wenn er mich zehnmal auf die Titelseite gebracht hätte: Ich hielt es für *normal*. Warum auch nicht! Ich war dreizehn und dachte, wenn Lehrer und Eltern, wenn die Älteren, Erfahrenen und Informierteren nicht protestieren, dann werden die wohl wissen, was sie tun. Aber daß niemand etwas sagte! Das hatte etwas Unheimliches – als ob ein Erpresser im Spiel war. Vermutlich steckte die Stasi dahinter. So ein großer Gebäudekomplex – und keiner weiß, was die machen. Alle flüstern. Ein Lehrer wird gefeuert, und keiner findet sich, der mir sagt, warum. Es findet sich nicht mal einer, der zugibt, daß jemand gefeuert wurde. Mit dieser Stasi stimmt was nicht. Ich machte die Stasi zu meinem heimlichen Feind. Ich nannte das Karree auf der anderen Straßenseite *Ministerium des Bösen*. Ich sonderte mich von *Mitarbeiter-Kindern* ab. Ich beobachtete an manchen Nachmittagen mit einem Fernglas stundenlang, was in den Büros geschah, und machte mir dämonisierende Gedanken. Ich führte sogar Protokoll über meine Beobachtungen, die ich in ein von mir erfundenes *Fassadenprotokoll* eintrug: das Schema der Fassade mit Fenstern, in die ich alle dazugehörigen Beobachtungen notierte. Ich fühlte mich als legitimer Nachfahre Zorros und mußte, bis die Stunde meiner Rache naht, die Glut des Hasses am Glimmen halten, den Feind heimlich abtasten und, wie Egon Olsen, einen *Plan* entwickeln.

Bis mein Vater eines Tages die Fassadenprotokolle fand. Ich weiß nicht, wie sich seine Reaktion beschreiben läßt ... *Er wand sich in Hirnkrämpfen.* Können Sie sich etwas darunter vorstellen? Er hielt mich ja immer für einen Trottel, aber diese treuherzigen Fassadenprotokolle bewiesen ihm, daß ich noch viel bescheuerter war, als er für möglich hielt. Wem hatte ich von diesen Fassadenprotokollen erzählt? Wessen Idee war es? Seit wann beobachte ich die Stasi? Ob noch irgendwo solche Protokolle herumliegen? Er konnte nicht fassen, daß ein Dreizehnjähriger so viel Dämlichkeit aufbringt, aus Langeweile ausgerechnet die Stasi zu observieren und die Beobachtungen in aller Unschuld aufzuschreiben. Er wand sich in Hirnkrämpfen: Wenn das rauskäme, würde ich meine Eltern wegen Agententätigkeit ins Gefängnis bringen. Unter diesen Umständen stellte ich die Observation der Stasi ein. Ich konnte sie trotzdem nicht leiden. Sie tat finstere Dinge, von denen ich nur ahnte, daß ich nichts von ihnen ahnte. Oh, daß ich immer so dumm danebenstand! Da war dieses Karree, und Genaueres wußte ich nicht. Die anderen, die wußten sicher mehr! Die wußten ja immer mehr als ich. Ich war es so satt, andauernd böse überrascht zu werden. Über die Stasi durfte ich nichts ausforschen, um meine Eltern nicht ins Gefängnis zu bringen – also befaßte ich mich mit Sex. Da war meine Ahnungslosigkeit geradezu klassisch. Zum Beispiel glaubte ich, dank der Kommentare über Martins Tun im Ruderboot, daß Wichsen und Exhibitionismus und Gerichtsverfahren zusammengehören. Bis ich meinen ersten *echten* Exhibitionisten sah: morgens um fünf in der leeren S-Bahn! Ich steige völlig verpennt ein und werde eines Einsneunzigmannes gewahr, der sich seinen mächtigen Prügel aus der Hose geholt hat und mit mächtigen Händen bearbeitet. Und mich dabei schief angrinst! Und alles ohne mich vorher zu fragen! Mit Martin im Ruderboot war das etwas anderes.

Sex wurde mir immer unheimlicher. *Unheimlicher?* Streichen Sie dieses Wort! Es war *schockierend*! Nachdem ich die Pornos sah, mußte ich die alte Frage – Wozu habe ich mein Ding? – neu stellen. Daß es nur zum Pinkeln da ist, war Illusion. Es wird also in Mösen gesteckt, mit Händen bearbeitet, in Münder genommen oder auch hergezeigt. Und was noch? So kam ich zu den Perversionen. Ich wollte die ganze Wahrheit. Oh! Ich und Perversion! Tief drinnen hielt ich noch die Missionarsstellung für pervers, und nun erfuhr ich von Sex mit Tieren, Sex mit Kindern, Sex mit Urgroßmüttern und Sex mit Toten! Hilfe! Und dazu diese unauffälligen Worte: *Sodomie*, *Pädophilie* oder *Nekrophilie*. Ist *Philatelie* ein Tarnbegriff für *Sex mit Briefmarken*? Oder zumindest für *Sex mit Briefmarkensammlern*? *Fellatio* klingt wie ein italienischer Kurort, den man sich fürs Kreuzworträtsel merken sollte. Was gab es noch? Analverkehr! Pyromanie! Die perversesten Perversionen auf meiner Liste waren diese Geschichten, bei denen sich einer die Scheiße des anderen schmecken ließ ...

Doch als ich im darauffolgenden Jahr ins Ferienlager fuhr, war ich sicher, daß mich nichts mehr aus dem Gleichgewicht bringt. Zumal ich nicht unter irgendwelchen Gipsköppen war, sondern unter *meinesgleichen*: Es war ein Mathelager, ein *Spezialistenlager*. Die Delegierung verdankte ich einer Lichtenberger Fachberaterin, der ich auffiel, als sie in Mathematik hospitierte.

(Was meine Mutter mit »Klasse setzt sich eben durch« kommentierte, während mein Vater leider nur kurz über den Rand seiner Zeitung blickte.) Drei Wochen verbrachte ich mit »Talenten« und »Begabungen«, und als am letzten Abend das Lagerfeuer loderte, fühlte ich mich wieder als Titelseite. Mir glückte einfach alles: Beim Simultanschach gegen einen Großmeister war ich der einzige, der den Großmeister besiegte, beim Fußballfinale gegen Pankows Mathematiker holte ich als Torwart der Lichtenberger den entscheidenden Elfmeter aus der Ecke, und mein Lösungsweg für einen kreisgeometrischen Beweis hatte als *elegante Lösung* weite Aufmerksamkeit gefunden. Ganz das Titelbild, nicht wahr? Und so saß ich am Lagerfeuer, bemüht um eine Haltung, die im Gedächtnis meiner Mitmenschen als *Einsteinsche Bescheidenheit* haftenbleiben sollte. Neben mir saß ein Lehrer, der eine legere, weltläufige Ausstrahlung hatte. Er machte mir die Idee schmackhaft, mein Abitur an der Berliner Mathematik-Spezialschule, der Heinrich-Hertz-EOS, abzulegen, einer Schule, die meine Mutter ohne Umschweife als »Eliteschule« bezeichnete. Dasselbe schlug er auch zwei anderen Jungen vor, von denen der eine ununterbrochen lächelte und der andere ununterbrochen popelte. Wir vier hockten also zusammen, und irgendwann fragte der Lehrer den Lächler: »Was ist eigentlich dein Vater?« Der Lächler antwortete: »Mein Vater ist bei der Stasi.« – »Und deiner?« fragte er den Popler. »Meiner auch.« sagte der ungerührt. Ja, wo war ich denn? Ist denn die Welt voller Mitarbeiterkinder? Ich gehe denen nach Kräften aus dem Wege! Warum sagten die nicht gleich am ersten Tag, wer sie sind? Hatten sie einen Auftrag? Hatte ich etwas Belastendes geäußert? Hatte ich jemanden verraten? – Gewiß, man kann Kinder nicht für ihre Eltern verantwortlich machen, was mich aber nicht davon abhielt, es dennoch zu tun.

»Und was ist dein Vater?« fragte mich der Lehrer.

»Mein Vater ist im Außenhandels-Ministerium.« Der Lehrer warf einen scheuen Blick in die Runde. Der Lächler lächelte, und der Popler popelte. Dann stand der Lehrer auf, klopfte sich den Wald von der Hose und sagte: »Na dann werd ich mal...« Er trollte sich und ließ mich mit den beiden Stasi-Söhnen allein. Was sollte ich mit *denen* bereden? Vielleicht sollte ich auch ihre Gesellschaft meiden, wie dieser Lehrer?

Es war eine wundervolle Nacht. Das Holz knackte im Feuer, Funken stoben in Schwärmen dem Nachthimmel entgegen, vom See wehte ein leichter Wind, der das Schilf bewegte. Wellen plätscherten an den Steg, ich saß in einer kühlen Nacht an einem warmen Feuer, und alles, alles, alles war so schön, daß mir sogar meine Erfolge egal waren.

»Dein Vater ist doch auch bei der Stasi«, sagte der Lächler leise.

»Nein!« schrie ich. *»Nein, ist er nicht!«* Ich wußte, daß er recht hat. Sie hatten ja immer recht, diese Ferienlagertypen, sie waren mir immer um eine böse Wahrheit voraus. Männer haben so 'n Schwanz und mit dem fahren sie in Mösen ein, sofern sie ihn sich nicht blasen lassen – es läßt sich nicht bestreiten. Und wenn es Menschen gibt, die sich freiwillig Scheiße in den Mund stopfen, wenn *alles* möglich ist – warum soll dann nicht auch *mein Vater* bei der Stasi sein?

Natürlich war er! Ich habe meinen Vater nie angerufen, und als ich ihn ein einziges Mal abholen wollte, kannte ihn der Pförtner nicht. Und wissen Sie, was er antwortete, als ich ihn böse, *sehr böse* fragte: *Sag mal, wo arbeitest du?* Allein die Frage! Es ist zum Knochenkotzen! Lebe ich in einem Gangsterfilm? Ein Vierzehnjähriger fragt seinen Vater zum Feierabend *Wo arbeitest du?* Wir saßen am Tisch, meine Mutter zog ein Gesicht, als hätte ihr jemand den Stuhl auf die Zehen gestellt, mein Vater reckte sich, verschränkte die Arme hinter dem Nacken, grinste mich an – und für dieses Grinsen *hasse* ich ihn wirklich – und sagte: *Na endlich hast du's rausgekriegt.* Dieser Scheißtyp, der mein Vater war, hielt mich für einen Versager, weil ich ihm seinen Außenhandelsjob abgekauft habe. Und er hielt sich für pfiffig, weil ich erst mit vierzehn kapierte. Mr. Kitzelstein, was ist das bloß für eine Familie?

Eines Morgens wachte ich auf und fand meine Schlafanzughose feucht. Fünfzig Millionen ... Nun war ich also soweit. Es ließ sich nichts dagegen tun, außer Wichsen, aber das kam aus ethisch-moralischen Gründen für mich nicht in Frage. Selbst als ich eine Phase hatte, in der ich alles mögliche unter ein Schülermikroskop legte, war ich nicht bereit, mir zu Forschungszwecken einen runterzuholen. Moral als Preis für Erkenntnis? Und das im Sozialismus? Nicht mit mir! Lieber ein Beflecker von Bettwäsche als ein Beflecker der sozialistischen Idee!

Es war nur eine Frage der Zeit, daß meine Mutter nach dem Wechseln der Bettwäsche mein schönes frisches weißes Laken betrachtete und mich bat, wie sie mich immer bat, wenn sie nichts Unmögliches verlangte: »Klaus«, sagte sie, »du mußt es ja nicht jede

Nacht machen.« Oh! Ooohhh!!! Ich machte es in keiner Nacht! Niemals! Es passierte jede Nacht, ja doch! Aber es ist nicht meine Schuld! Eine Unterstellung – wie bei meinem ersten Ständer! Ich mußte etwas tun!

Ich erwog, mit Windeln zu schlafen, aber dann kam ich auf die Idee, mir einen Scheuerlappen in die Schlafanzughose zu stecken. Und zwar einen grauen, der kaschierte die Flecken am besten. Wenn ich ihn trocknen wollte – ich hatte keine Lust, mich mit einem samendurchfeuchteten Scheuerlappen ins Bett zu legen –, breitete ich ihn über einer Fahrradfelge aus, die ich eigens zu diesem Zweck neben meinem Bett plazierte. Der ahnungslose Betrachter (ich dachte da besonders an meine Mutter) sollte den Scheuerlappen für einen Putzlappen halten. Ja, es ist eklig, verziehen Sie bloß nicht so billig ihr Gesicht – aber was hätten Sie getan? Außerdem habe ich mir einen neuen Lappen geleistet, bevor der alte brüchig wurde. Schließlich bin ich der Sohn einer Hygienegöttin.

»Klaus«, sagte meine Mutter eines Tages am Tisch, »was ist das da an deinem Bett?«

»An meinem Bett?«

»Du weißt schon, was ich meine.«

»Nein.«

»Klaus, bitte. An deinem Kopfende.«

»Das ist ein Putzlappen.«

»Nun stell dich nicht so an. Du weißt schon, was ich meine.«

Wie antwortet man auf so eine Frage? Wo lernen Mütter, solche Fragen zu stellen? Ist diese Frau nur dann zufrieden, wenn ich in der Schämecke stehe? Muß ich mich immer schuldig fühlen? Muß sie denn immer ihren Zeigefinger oben haben – wenn sie ihn nicht gerade auf jemanden richtet?

Ich schwieg betreten. Sie hatte mich wieder mal geschafft. Soll ich mich jetzt kastrieren lassen? Oder doch wichsen?

»Hatten wir nicht gesagt, daß du nicht Fahrrad fahren willst?«

Daher wehte der Wind! Es ging ihr um die Felge! Sie hatte keinen Anstoß an meinem versumpften Scheuerlappen genommen!

»Ich habe nicht vor, Fahrrad zu fahren.«

»Und was hat dann eine Felge in deinem Zimmer zu suchen?«

»Die Felge? Ach, die liegt da nur so.« Sollte ich ihr etwa sagen, daß die Felge nur als Alibi für den Scheuerlappen dient? Sollte ich ihr sagen, daß ich manche Nacht meinen feuchten Traum habe und mir, um *sie* nicht mit dem Anblick der Reste zu belästigen, allabendlich einen brüchigen Scheuerlappen in die Schlafanzughose helfe?

»Klaus, ich möchte nicht, daß du jetzt anfängst, dir ein Fahrrad zu bauen. Es gibt *so viele* Verkehrsopfer, die Radfahrer sind, und ich habe selbst erlebt, wie schnell ein Radfahrer unter die Räder kommen kann.«

»Ich will mir ja kein Fahrrad bauen.«

»Dann schaff die Felge fort.«

Wenn ich mir kein Rad baue, warum soll ich dann die Felge fortschaffen? Solange die Felge neben meinem Bett liegt, wird sie mich nicht geradewegs unter die Vorderräder eines rechtsabbiegenden LKW fahren. Sowie die Felge weg ist, wird das Gezeter beginnen: *Wo ist die Felge? Hast du etwa heimlich ein Fahrrad gebaut? Fährst du damit herum? Schaff sofort die Felge wieder her, ich kann sonst keine Nacht mehr ruhig schlafen!*

Ich hing sehr an meiner Felge; ein Scheuerlappen *ohne* Felge hätte verdächtig gewirkt. Zunächst hielt ich meine Mutter ein paar Wochen hin, indem ich beteuerte, daß ich jemanden suche, der mir die Felge zu einem fairen Preis abkauft – und in jenen Wochen half mir der Zufall.

Ein Textilgestalter, der mit meiner Problematik bestens vertraut gewesen sein mußte, hatte ein Dessin in *Tarnfarben* kreiert: weiße Bettwäsche mit unregelmäßig aufgedruckten bräunlichen Flecken der üblichen Größe und in reichlicher Anzahl. Die Kombination hätte die Bezeichnung *Garnisonspuff* verdient. Es konnte einem ganz anders bei der Vorstellung werden, sich in dies fleckige Laken zu legen, das Haupt auf einen fleckigen Kissenbezug zu betten und sich in eine fleckige Decke zu kuscheln … Aber mir bot sich die Chance, nie wieder einen Scheuerlappen mit der Konsistenz von Knäckebrot in die Schlafanzughose stopfen zu müssen.

Ich kaufte vier Garnituren auf einmal. Die Verkäuferin zuckte mit keiner Wimper. Was denkt sie über jemanden, der solche Bettwäsche bunkert? Ob sie mich für einen Bettwäsche-Besudler hielt? Für einen Perversen, der's dreckig liebt? Ob sie meine Geldscheine nur mit spitzen Fingern anfaßte? Hat sie sich die Hände gewaschen, als ich den Laden mit meinen vier Garnituren verließ? Hat sie sofort erkannt, als ich den Laden betrat – *Ah, ein Fleckenkunde …*

Mit sechzehn, ohne eigenes Einkommen, kaufte ich

mir vier Garnituren Bettwäsche im Gesamtwert von zweihundertsechzig Mark (wofür ich mir auch achthundert Scheuerlappen hätte kaufen können). Natürlich wollte ich nicht zugeben, daß ich mir Bettwäsche gekauft hatte. *Warum kaufst du dir denn Bettwäsche?* hätte meine neugierige Mutter gefragt, und was hätte ich dann sagen sollen? Ich erzählte beim Abendbrot, die Bettwäsche bei einem Preisausschreiben gewonnen zu haben.

»Bei was für einem Preisausschreiben?« fragte mein Vater. Ganz der Stasi-Vater! Verhör! Er ist wahrscheinlich Vernehmer. Er ist der Mann, der immer die Lampe anknipst und ins Gesicht hält, der mit hochgekrempelten Ärmeln durchs Zimmer stakst und bei dem man sich das Glas Wasser erst verdienen muß. Und zu Hause stellt er auch seine Fragen. Hat er ja gelernt.

»Eine Schachaufgabe«, sagte ich. »Matt in zwei Zügen.«

»Welche Zeitung?«

»Die NBI.«

»Und da hast du mitgemacht, um *Bettwäsche* zu gewinnen?«

Bettwäsche! Darauf lief seine Vernehmung hinaus! Er glaubte, da stand *Als Preise winken Bettwäsche-Garnituren*, was ein subversiver Akt war, da die am heißesten diskutierte Versorgungskrise der jüngeren Vergangenheit eine Bettwäschekrise war. *Bettwäsche* war ein Synonym für die Unfähigkeit der Planwirtschaft! *Bettwäsche* war ein Wort mit Signalcharakter. Wer Bettwäsche druckt, tanzt den Zensoren auf der Nasenspitze herum. Stichelt. Jeder Leser verstünde die Botschaft: *Freunde, wißt ihr noch, ich sage bloß: Bettwäsche!*

»Bettwäsche ist etwas Besonderes, weil es nichts Besonderes sein darf!« sagte er bockig. »Aber ich kann noch ganz anders.«

Das hatte ich befürchtet. Er würde in der Redaktion anrufen. Er würde zu hören bekommen, daß niemals Bettwäsche als Sachpreis ausgegeben wurde. Er würde daraufhin wittern, daß er einer ungeheuerlichen Verschwörung auf der Spur ist. Niemand weiß etwas, alle vertuschen, alle streiten ab, was mein Vater weiß. Er wird in seiner Abteilung Alarm schlagen. Sie werden den ganzen Berliner Verlag auseinandernehmen, und mein Vater wird sich bis auf die Knochen blamieren.

»Ich hab sie selbst gekauft«, sagte ich.

»Aber wieso kaufst du dir denn ... Bettwäsche?« fragte meine Mutter. Oh, kann sie denn nie lockerlassen? Muß sie tatsächlich *jede* Frage stellen? Kann ich nicht einmal etwas tun, wofür ich mich nicht rechtfertigen muß? Warum kaufe ich mir wohl wichsfleckengemusterte Bettwäsche?

»Weil mir das Muster gefallen hat«, sagte ich. Was fragt sie als nächstes? Etwa, was mir an dem Muster gefallen hat? Ob ich nicht wüßte, woran das Muster erinnert? Ob wir uns nicht geeinigt hätten, daß wir uns das abgewöhnen wollten? Ob wir nicht gemeinsam ein schöneres Muster gefunden hätten? Fragen über Fragen. Sie stellte keine einzige. Sie machte ein skeptisches Gesicht und sagte: »Na ich weiß nicht. Vielleicht als Tapete ...« Ha! Was war denn das nun wieder? Ein Vorschlag, mein Sperma an der Wand zu verteilen, anstatt es ins Linnen strömen zu lassen? *Als Tapete!* Ich werde nicht schlau aus meiner Mutter.

»Oder als Briefpapier«, sagte ich heiter.

»Ja, genau«, erwiderte sie. »Es hat so was Dezentes.«

Dezent! Ich schwöre, so empfand sie das Dessin, das ich *Garnisonspuff* getauft hätte. Dezent! Das gehört nämlich auch zu der Geschichte meiner sexuellen Verblödung, daß ich meiner Mutter nichts nachweisen kann. Wie soll ich sie zur Rede stellen! Womit? Wenn sie nie sagt, was sie meint? *Das wollen wir uns doch lieber abgewöhnen*, sagt sie angesichts eines befleckten Lakens. Woher will ich wissen, daß sie etwas gegen Wichsen hat? Vielleicht hatte sie nur was gegen Ins-Laken-Wichsen und wollte mich nur dazu bewegen, ins Klo oder in einen Kondom oder sonstwo hineinzuwichsen – aber nicht in mein Laken? (Natürlich hatte sie was gegen Wichsen, aber heute würde sie in aller Unschuld behaupten, daß ich mir das nur eingebildet hätte, daß sie mich immer ehrlich und respektvoll ...) Oh, es ist so frustrierend! Es führt zu nichts! Sie hat das letzte Wort – was meine Komplexe nicht löst, sondern befestigt! »Exhibitionismus *ist* doch strafbar! Das mußt du doch wissen!« (Ja, Mama, aber wie du es mir nahegebracht hast ...) »Es *heißt* doch Masturbation!« Will ich ihr vorwerfen, daß sie einen gängigen Begriff benutzte? Ist doch nicht ihre Schuld, daß *Masturbation* wie der Paragraph 412 des Strafgesetzbuches klingt, zwischen Paragraph 411 *(Korruption)* und Paragraph 413 *(Kollaboration)*. Genauso *Onanie*, ein Wort, das sie auch ein-, zweimal benutzte, aber mit einer Schärfe, als hätte sie beim Volksgerichtshof-Freisler Sprecherziehung gehabt: O!Na!!Nie!!! Als ob das ein Fortschritt wäre. Nein, Mr. Kitzelstein, von der guten alten *Selbstbefriedigung* war nie die Rede. Warum ich so an diesem Begriff hänge? Natürlich war bei mir nichts mehr zu retten, auch nicht durch ein anderes Wort, aber lassen Sie uns trotzdem mal, ganz im Stil der Wortmümmlerin Lucie Uhltzscht – gelernt ist gelernt –, ein bißchen an der Selbstbefriedigung herumpflücken, zum Beispiel durch einen Trennstrich: Selbst-Befriedigung. Hübsch, nicht wahr? Das klingt wie die Beschäftigung, die den Kurgästen nach dem Abendessen verordnet wird. Und wenn wir uns jetzt noch der *Befriedigung* zuwenden: Was lächelt uns denn da aus der Tiefe an? Sehen Sie's? Hören Sie's? Ein Wortstamm *-fried-*! Kann *das* kriminell sein? Das hat doch was von *Schalom*! Oder von Friedensnobelpreis! Der Geist von John Lennon! Kirchengesänge!

So, und die letzte Enthüllung, die mir zustieß, geschah wieder im Mathelager, als ich sechzehn oder siebzehn war und mir mit einem gebürtigen Erfurter das Doppelstockbett teilte, der tagsüber mit ausgeflippten Lösungsansätzen in räumlicher Geometrie glänzte und abends seine Insiderkenntnisse über Vorgänge im Politbüro zum besten gab – er war mit dem Dunstkreis des Politbüros verwandt. Und einmal erzählte er die Geschichte, daß ein Politbüromitglied (den Namen wußte er nicht mehr) abserviert werden sollte, indem er in ein paar Zeitungen und sogar auf einer NBI-Titelseite immer mit einem Jungpionier auf der »Messe der Meister von morgen« gezeigt wird, woraufhin in fingierten Leserbriefen erbost gefragt werden sollte, ob sich unsere Parteiführung ausgerechnet bei einem *Neunjährigen* über die Möglichkeiten von Wissenschaft und Technik informieren muß ... Ein Rivale wollte besagte Leserbriefe auf einer Politbürositzung ausbreiten und einen Verlust des schwer errungenen Vertrauens zwischen Partei und Volk konstatieren und dann beginnen, die sonstigen politischen Fehler und Verfehlungen aufs Tapet zu bringen – was dort oben, wo die Luft dünn ist, niemand politisch überlebt ... Mein Titelbild – ein Betrug! Das einzige, worauf ich mir etwas einbilde, verdanke ich einer Intrige! Ich war demnach nur Titelbild, weil man sich neben mir bestens blamiert! Steckte mein Vater dahinter? Hatte er die Details eingefädelt? Bin ich denn ein Haufen Scheiße? Macht man sich untragbar, wenn man sich mit mir fotografieren läßt? Entsetzen im Politbüro ob der Instinktlosigkeit ihres Genossen, sich ausgerechnet gemeinsam mit *dem da* (also mit mir) fotografieren zu lassen? Ich fühlte mich so *entwertet*! Sicher steckte mein Vater dahinter, der den Auftrag bekam, einen so skandalösen Fotopartner für dieses Politbüromitglied zu finden, daß das ganze Politbüro schockiert ist. Und mein Vater, bedacht, seine Aufgabe gut zu machen, wählte den erbärmlichsten aller Versager aus, das Milchgesicht der Nation, den letzten Flachschwimmer – *mich*!

Von da an war ich ein Mensch ohne Selbstwertgefühl – bis mein Vater eines Tages die Zeitung herunterklappte und sagte: »Sag mal, du fängst doch auch bei uns an.«

Er redet mit mir! Und wenn er mich für fähig hält, dasselbe zu machen wie er, dann glaubt er vielleicht doch an mich? Dann darf ich mit ihm auf einer Stufe stehen? Ich? Meinte er wirklich mich?

Ich hatte den widerwärtigsten Namen, ich war der schlechtinformierteste Mensch, ich war Toilettenverstopfer, Sachenverlierer, Totensonntagsfick und letzter Flachschwimmer. Ich konnte mir nicht mal einen runterholen. Und als Antityp brachte ich es sogar auf die Titelseite.

Ja, so war das. So kam ich zur Stasi.

Ich bin, ehrlich gesagt, ziemlich erstaunt, daß ich an diesen Punkt gelangen konnte, ohne Ihnen ausführlich mein damaliges politisches Weltbild dargelegt zu haben. Das würde heißen, daß das keine Rolle gespielt hat. Aber tun wir mal so, als ob. Ich hatte nicht *ein* politisches Weltbild, ich hatte *vier* – wenn Sie *Weltbild* wörtlich nehmen. Meine politischen Weltbilder waren von 1914, 1922, 1949 und 1975. Auf den Innenseiten des Schulatlas waren vier Weltkarten abgedruckt, *Der weltweite Vormarsch des Sozialismus und der Zerfall des imperialistischen Kolonialsystems in Asien und Afrika.* Die sozialistischen Länder waren natürlich rot gedruckt, Rot ist die Farbe der Arbeiterfahne, der Arbeiterbewegung, und, und, und. *Grün* waren »Junge Nationalstaaten«, eine sehr hoffnungsvolle Bezeichnung und auch eine hoffnungsvolle Farbe. Grün war fast schon rot, weil Tomaten zum Beispiel ja auch erst grün sind, bevor sie selbstverständlich rot werden. Dann haben sie die nötige Reife. Außerdem klingt »Junge Nationalstaaten« wie *Junge Pioniere*, die sich bekanntlich ebenfalls bemühen, alles so gut zu machen, wie die Großen, die Genossen, die ausgewachsenen Sozialisten. – Und nun zur negativen Seite des Spektrums: Da war Dunkelblau für die kapitalistischen Länder, und wer das Farbspektrum kennt (wie ich, der zukünftige Nobelpreisträger), der weiß, daß Infrarot und Ultraviolett die beiden Enden des Spektrums sind. Und auch hier: Rot und Blau – dazwischen tobt der eigentliche Kampf. Hellblau hingegen waren die Kolonien, was ich so deutete, daß diese Länder kapitalistisch sein müssen, aber es eigentlich nicht wollen – die sind mit dem Herzen nicht richtig dabei, die werden zum Kapitalismus gezwungen und würden gerne anders, wenn man sie nur ließe. Als letztes schließlich die »Abhängigen Länder«. Die waren ocker. Und *abhängig* zu sein, das fand ich irgendwie anrüchig. Das waren bestimmt Länder, wo sich noch ein korrupter Monarch an den Thron klammerte. Aber die Abhängigen waren ohnehin vom Aussterben bedroht.

Die Welt von 1914 war riesiges Ödland, dunkelblau vom Atlantik bis zum Stillen Ozean, mit großen ockerfarbenen Flicken dazwischen, Afrika ein Kontinent im wäßrig-blauen Wimmern, nur Liberia und Äthiopien waren ocker; der unterste Zipfel war dunkelblau. Auch Asien war von Kolonien übersät; China war abhängig. Es war eine Schande! So groß und trotzdem abhängig! – Die Welt von 1914 war in einem erbärmlichen Zustand, das sah man auf den ersten Blick. Aber dann: 1922. Etwas war geschehen. Es gab die Sowjetunion. Endlich etwas mehr Farbe! Und dann gleich Rot! Das war mehr, als man hoffen durfte. Und was für ein Auftakt! Das war kein zaghafter Tupfer. Es war unübersehbar, daß der Sozialismus seßhaft zu werden gedachte. An der sowjetischen Westgrenze tummelten sich viele kleine dunkelblaue Länder. Optisch war die Sowjetunion haushoch überlegen. Wahrscheinlich war es nur der väterlichen Güte der Russen zu verdanken, daß sie nicht gleich das böse, böse Blau geschluckt haben. Die rote Welt war immer artig; Sie haben doch sicher schon von den *friedliebenden Völkern der Sowjetunion* gehört? Aber da war er nun, der Gegensatz von Blau und Rot. Ansonsten blieb im Weltbild von 1922 alles beim alten, besonders in Afrika – Liberia und Äthiopien waren noch ocker. Doch 1949 sah es für Blau wirklich trübe aus, nach Westen war Rot fetter geworden, und auch China hatte es endlich geschafft. Ja, der Sozialismus machte es sich langsam bequem auf der Weltkarte. Auch Grün war mittlerweile im Geschäft, und nicht zu knapp: Indien, Pakistan, Indonesien. Nach Ocker mußte man schon ein bißchen stöbern, aber leider waren Liberia und Äthiopien noch ocker, wie überhaupt Afrika in einem beklagenswerten Zustand war, immer noch wie 1914. Aber das sollte sich ändern: 1975 ist fast der ganze Kontinent grün! Sogar Liberia und Äthiopien! Und – ein kleines Fenster zeigt es – auch in Amerika gibt es einen ersten roten Tupfer: Kuba! Lange kann es nicht mehr dauern, bis der blauen Seite die Puste ausgeht. Die hat doch bald nichts mehr, was sie noch hergeben kann. Außerdem muß sie schon zu übelsten Tricks greifen: Namibia zum Beispiel hat ocker-dunkelblaue Querstreifen, Häftlingslook auf der Landkarte. Offensichtlich wollte ein einziges Land nicht von Hellblau zu Grün, wie alle anderen, sondern zu dunkelblau. Aber dazu hat die Kraft nicht ganz gereicht. Also, ich würde mein Geld nicht auf Blau setzen. Und genau das war der Punkt, Mr. Kitzelstein: Ich war auf der roten Seite, der erfolgreichen. Ich war schon da, wo die anderen erst noch hinmüssen. Beim Ausdauerlauf war ich immer letzter, wenn ich überhaupt durchhielt, ich war der letzte Flachschwimmer und beim Fußball meistens in der Verlierermannschaft, und oft tröstete mich dann ein Blick auf die vier Weltkarten: Da gehörte ich nämlich zu den Führenden, zur roten Welt.

In der ersten Klasse wurde ich Mitglied der Pionierorganisation »Ernst Thälmann«. Dieser Satz gehört in fast jede Biographie meiner Jahrgänge; in meiner Klasse wurden alle Kinder Pioniere. Vor dem Aufnahmeritual, bei dem uns die Pionierleiterin ein Pioniertuch umband und einen Pionierausweis überreichte – den ersten Ausweis meines Lebens, wenn man vom Impfausweis absieht, aber der zählte nicht, denn der hatte kein Paßbild –, also, *vor* dem Aufnahmeritual erzählte unsere Lehrerin über Ernst Thälmann. Sie begann mit dem Satz *Wer war Ernst Thälmann.* Mir ist davon nichts mehr in Erinnerung, außer, daß die Arbeiter ihn *Teddy* nannten. Und der Satz, der – ich rekonstruiere aus Erinnerungsfetzen – gefallen sein muß, als *Teddy* im KZ Buchenwald ermordet wurde und sich die Häftlinge darüber informierten: *Die Faschisten haben unseren Teddy umgebracht.* Wie gesagt, an diesen Satz erinnere ich mich. Er hat mich sehr bewegt. Ich war sieben Jahre und liebte meinen Teddy. Die Erwachsenen, also die fertigen Menschen, die alles durften und immer bestimmen konnten, hatten also auch einen Teddy, *unseren Teddy*, den aber die Faschisten umgebracht haben. Ich wollte alles über diesen Teddy erfahren. Als ich lesen konnte, holte ich mir aus der Kinderbibliothek Bücher über Teddy. Die Bibliothekarin half mir bei der Suche. Ich war in der 1. Klasse und entlieh bereits Bücher, die für Kinder der 4. Klasse gedacht waren, was ich später als wichtiges Indiz meiner geistigen Frühreife deutete. Ein nettes Detail für die Interviews nach der Nobelpreisverleihung: »Bereits in der ersten Klasse ging ich in die Bibliothek und entlieh Bücher, mit denen ich meinem Alter weit voraus war.« Aber ich war bei meinem Interesse für Teddy. Eine unvergeßliche Geschichte war die Episode über *Teddy beim Hofgang*: Er war Häftling in Moabit, jahrelange Einzelhaft, und als er das erste Mal Hofgang hatte – allein natürlich, er sollte von den anderen isoliert und dadurch gebrochen werden –, bemerkten die Häftlinge in all den Einzelzellen, *wer* da seine Runden auf dem Hof ging. Es war streng verboten, miteinander Kontakt aufzunehmen, und gefährlich war es außerdem, mit den Faschisten war nicht zu spaßen, die haben andauernd Leute erschossen, wie es ihnen gepaßt hat. Und trotzdem hat ein Häftling durch die Gitterstäbe hindurch auf den Hof gewispert *Rot Front, Teddy.* Ein Lächeln huschte über Teddys Gesicht, er hob unmerklich die Faust und grüßte flüsternd zurück *Rot Front, Genosse.* Doch da hörte er schon von einem anderen Zellenfenster *Rot Front, Teddy!* Und auch diesen Häftling grüßte Teddy mit *Rot Front, Genosse!* und hob seine Faust leicht im Handgelenk. Und bei seiner letzten Runde wurde aus allen Fenstern *Rot Front, Teddy!* geflüstert, und er grüßte flüsternd zurück *Rot Front, Genossen!* Teddy saß hinter Kerkermauern, aber die Faschisten konnten ihn nicht brechen. Im Ferienlager – und zwar in dem Jahr, als ich über die wahren Pimmelgrößen aufgeklärt wurde – lernte ich das *Lied vom Kleinen Trompeter.* Ein herzerweichend trauriges Lied von einem kleinen lustigen Freund, der, als man in einer friedlichen Nacht so fröhlich beisammensaß, von einer feindlichen Kugel getroffen wurde, die sein Herz durchbohrte. Der Kleine Trompeter war – ich sage das zur Vermeidung von Kitsch mit heutigen Worten – ein Leibwächter Ernst Thälmanns, der sich bei einer Saalschlacht vor Thälmann stellte, als jemand mit der Pistole auf Thälmann zielte. Der Schuß fiel, der Kleine Trompeter wurde getötet, Thälmann passierte nichts. Danach wurde das Lied vom Kleinen Trompeter geschrieben, der *ein lustiges Rotgardistenblut* war. Ich war klein, ich war lustig, und das Wort *Rotgardistenblut* war für mich eins der vielen komplizierten Worte, die ich damals nicht verstand, ohne mir viel daraus zu machen. Warum also sollte ich mir unter dem Kleinen Trompeter nicht einen Knaben wie du und ich vorstellen? Ich mochte den Kleinen Trompeter, zumal dieses Lied bei einem Abendappell gesungen wurde, am 16. August, dem Todestag von Teddy. Ein zehnjähriger Pionier spielte nach der letzten Strophe ein Solo auf seiner Trompete, indem er die Melodie wiederholte, eine Melodie, die im Gegensatz zu den meisten Kampfliedern mal nicht kämpferisch daherkam, sondern geradezu herzerweichend. Sommernacht, weiche Trompetenklänge, stilles Gedenken an Teddy, das Klirren der Stahlseile an den Fahnenmasten … Mein Gott, mir ist das alles noch so gegenwärtig. Mr. Kitzelstein, ich rede vom Menschenbild des Totalitarismus. Ich war acht Jahre und fand, daß es einen Menschen geben muß, der sich in die Bahn der Kugel wirft, die auf einen wertvolleren Menschen abgefeuert ist. Wir singen ihm dafür ein Lied, damit ist er unsterblich und hinreichend entschädigt. Manchen kann jahrelange Einzelhaft nichts anhaben. Die stecken das weg, traben tapfer wie eh und je über den Hof und grüßen jeden zurück. Es gab keine Zusammenbrüche und keine Zweifel. Ich habe von keiner Folter gelesen, bei der ein Kampfgefährte Teddys den Mund aufmachte und Verrat an den Genossen übte. Ich fragte mich ernsthaft, warum die Faschisten überhaupt noch foltern, wenn sowieso alle Kommunisten standhaft bleiben. Als ich meine Schnelleser-Phase hatte, überblätterte ich die Folterszenen – nicht, weil sie mir zu grausam waren, sondern weil es immer nach dem üblichen Muster ablief. Ich fand auch nichts dabei, daß die Gefangenen ihr Leben riskieren, nur um Teddy beim Hofgang ein bißchen Mut zu machen. All diese Geschichten vermittelten mir nicht den Wert der Solidarität, sondern wie wenig ein Leben wert ist. Daß es um mehr geht als um nur ein Leben. Daß man sein Leben auch für eine höhere Sache opfern muß. Das machen alle so. Und wenn heute auf der Welt irgendwo Zivilisten ermordet werden oder politische Gefangene gefoltert oder getötet werden – ich kann an der Empörung nicht teilhaben. Ich war über Brutalität nie schockiert. Erschießungen und ähnliches waren auf der Welt an der Tagesordnung, außer in unserer Idylle. Viele wurden erschossen, aber sie starben für eine große Sache.

Oder die Geschichte mit Eisleben und der roten Fahne. Aus irgendwelchen Gründen hatte es mir ausgerechnet diese Geschichte besonders angetan. Da ging es um eine kommunistische Parteigruppe, die über die gesamte Nazizeit eine Arbeiterfahne versteckte, mal bei diesem, mal bei jenem Genossen. Natürlich unter Lebensgefahr. Und als Eisleben durch die Sowjetarmee befreit wurde, hängten die Kommunisten von Eisleben ihre Fahne raus. Abgesehen davon, daß es 1945 gewiß keinen Mangel an roten Fahnen gegeben haben wird (ebensowenig wie es 1990 an Deutschlandfahnen mangelte; man kann aus Hakenkreuzfahnen genauso einfach rote Fahnen machen wie aus DDR-Fahnen eine Deutschlandfahne) – es ging doch nur um ein *Symbol*, also um nichts, was ein Menschenleben wert gewesen wäre. Diese Geschichte würdigte nicht etwa, daß die Kommunisten von Eisleben so klug waren, ihre Fahne nicht während des Faschismus am höchsten Haus der Stadt anzubringen, daß sie ihr Überleben höher veranschlagten, als ein mutiges Signal zu setzen, nein, die Geschichte lief darauf hinaus, daß sich die Genossen von Eisleben sagten, wenigstens ihre Fahne soll über diese Zeit kommen. Oh, Mr. Kitzelstein, so leicht läßt sich das heute alles durchschauen, aber damals, als ich ein kleiner Schuljunge war, las ich diese Geschichte mit leuchtenden Augen, die war so abenteuerlich, da ging es um Verstecke unter Dielenbrettern, um Gefahr, um Kameradschaft und um ein Geheimnis, das die Guten vor den Bösen hatten, und darum, wie die Schwachen eines Tages doch noch Sieger wurden ... Und ich wollte auch einer von ihnen sein!

Ich würde Ihnen gerne das Lenin-Denkmal zeigen – leider wurde es abgerissen. Am Fuße des Lenin-Denkmals wurde mir, als ich zehn Jahre alt war, das rote Halstuch umgebunden. Wenn Sie das alles mal auf sich wirken lassen könnten, bekämen Sie noch heute eine Ahnung, was Totalitarismus auch bedeutet: Jeder ist nur ein Zwerg vor dem Giganten, der da steht und in eine Ferne blickt, die nur er sieht. Mit welcher Selbstverständlichkeit ich diesen Größenunterschied akzeptierte! *So einem* muß doch jedes dieser unbedeutenden Menschlein am Fuße des Sockels sein unbedeutendes Leben opfern. Darauf hatte ich mich einzurichten. Wenn nicht Nobelpreisträger, dann Kleiner Trompeter. Zumindest würde mir ein schönes trauriges Lied gewidmet werden.

Ich möchte Sie an eines der beiden Versprechen erinnern, die ich Ihnen am Anfang abgenommen habe, nämlich, daß Sie nicht die Augen verdrehen, wenn ich hin und wieder von meinem Schwanz rede. Sie ahnen es, ich muß wieder. Also: Ich habe den kleinsten Schwanz, den man je gesehen hat. Ich habe nie einen kleineren als meinen eigenen gesehen. Das führte mich zu der Vermutung, und zwar, als ich von der Theorie der Wiedergeburt hörte, daß ich der wiedergeborene Kleine Trompeter bin. Zum Kleinen Trompeter gehört eine kleine Trompete – und ich hatte die kleinste Trompete. Ich war mir nicht sicher, ich war auch nicht glücklich, aber es mußte natürlich weiterhin Menschen geben, die ihr Leben den Großen opfern (und damit einen wichtigen Beitrag für die gemeinsame große Sache leisten). Ich sah meinen Schwanz, ich sah das Lenin-Denkmal und ahnte, daß ich der Kleine Trompeter bin. Genaueres wußte ich nicht.

Natürlich haben mich diese Geschichten über Teddy beim Hofgang oder Eislebens rote Fahne nicht ewig mitgerissen. Ein paar Jährchen später beschäftigten mich Theorien, daß der Frieden deshalb so bedroht ist, weil der Kapitalismus neuerdings gefährlich und aggressiv ist wie ein Raubtier, das in die Ecke getrieben wurde. Ich erinnerte mich an die vier Weltkarten und verstand die Zusammenhänge. Natürlich, da war doch dieser Cowboy-Präsident, der die Sowjetunion totrüsten wollte, der als Sprechprobe ein Gesetz zur Bombardierung Rußlands vortrug und dessen Außenminister wichtigere Dinge als den Frieden kannte. Plötzlich drehte sich alles um Frieden und Abrüstung, und ich wollte in Frieden leben und habe dafür unterschrieben, wann immer meine Unterschrift gefragt war, ich habe dafür demonstriert – mit und ohne Fackeln –, wann immer eine Friedensdemonstration angesetzt war, und ich habe mir mit Friedensparolen die Kehle aus dem Hals gebrüllt, als Urheber manchen Sprechchors. Wir redeten im Unterricht von der Bedrohung des Friedens und was für den Frieden getan werden müsse und was schon getan wird – und genau in dem Moment gingen, wie jeden Mittwoch dreizehn Uhr, die Sirenen los, was der Lehrerin die Bemerkung wert war, daß auch das ein Beitrag zur Friedenssicherung ist – wir überzeugen uns einmal in der Woche davon, daß unsere Alarmsirenen in Ordnung sind. Und wenn die Winde des Kalten Krieges heulen, dann müssen wir enger zusammenstehen und uns aneinanderkuscheln und auf Lenin vertrauen, der größer ist als wir alle und weiter geschaut hat. Individualistische Extratouren, pluralistisches Geplärr können wir uns in so heiklen Zeiten nicht leisten. Wir sprachen öfter über den Stand von Abrüstungsverhandlungen und darüber, daß der Westen, also die Blaue Welt mit ihrem Sprechproben-Präsidenten, immer so einen oberschlauen Verhandlungsstil fahren, *Sicherheit gegen sogenannte Menschenrechte*. Wenn die Blaue Welt also Menschenrechte in der Roten Welt fordert, dann kann das nichts Gutes bedeuten. So wie ich *Liebe* für etwas Unanständiges hielt, waren mir auch Menschenrechte irgendwie anrüchig: *Die* sagen, daß *wir* angeblich keine Menschenrechte hätten, damit sie weiter zum Krieg rüsten können. Und wenn Menschenrechte gegen den Frieden ausgespielt werden, dann sind Menschenrechte was Schlechtes. Das ist alles so lächerlich, so billig – man will am liebsten nichts damit zu tun haben. Es ist heute so leicht zu sagen, daß man es nie ernst genommen hat, und es ist um so leichter, wenn das Lenin-Denkmal nicht mehr steht. Daß »die Menschenrechte permanent mit Füßen getreten wurden«, halte ich für eine Beschönigung. Soll ich Ihnen sagen, wie es wirklich um die Menschenrechte stand? Ich hatte keine Ahnung, was ich mir unter Menschenrechten vorstellen soll! Was ich nie hatte, kann mir nicht weggenommen werden. Was nicht existiert, kann nicht mit Füßen getreten werden. Fragen Sie nie einen Ostdeutschen nach den Menschenrechtsverletzungen damals; wir sind diese Art von Unterstellungen leid. Wenn Sie wirklich in Abgründe schauen wollen, dann fragen Sie lieber, was Menschenrechte *sind*. Darüber können wir reden wie der Blinde von den Farben – wir kennen sie vom Hörensagen.

Ich glaube, mich kriegten sie auch mit dieser *historischen Mission*. Mission! Historisch! Das es so etwas gab! Das war's, was ich brauchte! Aha, Karl Marx (der vom Hundertmarkschein) und Friedrich Engels (Fünfzigmarkschein) hatten die historische Mission der Arbeiterklasse entdeckt. Eigentlich war die historische Mission Sache der Arbeiterklasse, aber weil allein schon die Produktion der materiellen Güter ziemlich anstrengend ist – man muß sich die Arbeiter nur mal ansehen, immer dreckig und verschwitzt –, verbündet sie sich mit befreundeten Klassen und Schichten, die ihr bei der historischen Mission helfen. Wie hilfsbereit, daß wir die Arbeiterklasse nicht allein mit ihrer schweren historischen Mission auf dem Buckel durch die Weltgeschichte waten lassen. Nur die Edelmütigsten unter den Menschen – ich fühle mich immer angesprochen, wenn an meine Ritterlichkeit appelliert wird – verfechten die Sache des Fortschritts. Überzeugt sein kann schließlich jeder, aber wer ist bereit, Opfer zu bringen? Ich zum Beispiel mit meinen Eitelkeiten als zukünftiger Nobelpreisträger? Nobelpreisträger kann im Grunde jeder sein, vorausgesetzt, er ist so genial wie ich – aber erst der Verzicht, das Sich-Fügen ist moralisch wertvoll, besonders wenn es um Großes geht, das Größte schlechthin, die historische Mission. Der Nobelpreis kann warten, erst muß ich mein Genie der historischen Mission weihen und die Welt rotmachen helfen, und dann kann ich mich immer noch dem Krebs, der Kernfusion und dem, was sonst noch anliegt, widmen. Außerdem hat der Nobelpreis so was Einzelgängerisches, Individualistisches. Die forschen still vor sich hin, aber man weiß nie, wie es in so einem Nobelpreisträger wirklich aussieht. Aber als Kundschafter in historischer Mission kundschaftet man nicht einsam vor sich hin, sondern ist Teil einer mächtigen, weltumspannenden Bewegung, die auf jedem Winkel der Erde sitzt, und selbst im Gefängnis, in Einzelhaft wird man dank diesem Teddy-beim-Hofgang-Gefühl einer Stallwärme teilhaftig, wie sie keiner dieser individualistischen Nobelpreisträger je erfahren wird. Wohin auch immer es mich verschlägt – ich bin nicht allein. Es gibt Menschen, die mit mir rechnen, die sich auf mich verlassen, denen ich etwas bedeute.

Ich war nicht nur mit dem Verstand bei der Sache, sondern auch mit dem Gefühl. Nun wäre es leicht, wenn ich mir, aufgrund meiner Unwissenheit, meiner mittelalterlichen Umnachtung den Verstand absprechen würde. Tu ich auch. Aber mit den Gefühlen ist es nicht so leicht. Ich weiß nämlich, daß die Gefühle, die mich da reinzogen, Gefühle waren, über die ich nicht gerne rede: meine Ängste, meine Scham, mein Wunsch nach Größe, mein Wunsch, zu den Siegern im Ausdauerlauf zu gehören, mein Wunsch, es »richtig« zu machen, und meine Angst zu versagen. Wenn es heute keiner gewesen sein will, dann hat das mit einer Scham zu tun, die verhindert, über die Schande und über das Versagen zu sprechen. Die Grenze für das, was Widerstand gewesen sein soll, zieht man da, wo man selbst mal aufmuckte. Logisch, keiner will's gewesen sein, alle waren irgendwie dagegen. Trotzdem flog Küfer von der Schule. Trotzdem stand die Mauer.

Das System war nicht unmenschlich. Es war nicht so, daß es nichts mit uns zu tun hatte. Es war menschlich, es verwickelte Menschen wie dich und mich, auf die eine oder andere Weise. Und darüber müssen wir reden. Über dich und mich. Über uns. Über das gegenseitige Kränken und Demütigen. Über das Abducken. Über das menschlich Miese. Nichts Menschliches ist mir fremd, auch nicht das menschlich Miese. Das System war nicht unmenschlich. Aber es war menschenfeindlich. Es war nicht *am Menschlichen vorbei*, sondern *gegen* das Menschliche. Es verunstaltete Menschen. Es brachte sie dazu, zu lieben, was sie hassen müßten. Und das mit einer Intensität, daß sie das nicht mal heute wahrhaben können. Ich *brauche* gar nicht »Erinnert euch!« zu verordnen, ich weiß – und in ein paar Stunden werden auch Sie es wissen –, daß nichts, was irgendeiner tat, das System zum Einsturz gebracht hat. Es gab nur einen, und das bin ich. Natürlich bin ich ein Kind aus ihrer Mitte, aber wenn ich ihren Beitrag zum Ende des ganzen Spuks irgendwie würdigen soll, dann so: Die einen haben verdorben, die anderen im Stich gelassen – und erst als ich endlich ihr übelster Zombie war, schritt ich zur Tat.

Meine erste Lehrerin in Staatsbürgerkunde (ein Fach, das wir in der 7. Klasse bekamen) war der Prototyp des ungeliebten Einpeitschers; am Beginn der Stunde griff sie sich irgendeinen heraus, ließ ihn aufstehen (was mich ob meines Ständers regelmäßig in Verlegenheit brachte) und fragte den Stoff der letzten Stunde ab: Nenne die Aufgaben der Arbeiterbewegung in Lateinamerika. Worin besteht der Grundwiderspruch des Kapitalismus. Sie wollte die Antworten Wort für Wort so, wie sie uns in der vorigen Stunde diktiert wurden. Meinen Widerwillen konnte ich problemlos aufrechterhalten und sogar zu der Illusion ausweiten, daß ich ausreichend anders bin als *die*. Aber später, auf meiner Eliteschule hatte ich eine Staatsbürgerkundelehrerin, die sich in der allerersten Stunde hinstellte und sagte, daß die Zeiten heutzutage noch viel komplizierter wären, als wir bislang annahmen. Wir sollen selber denken und selber erkennen. Nach ein paar Jahren sturen Auswendiglernens hätte sie mir keinen größeren Gefallen tun können! Wir wüßten doch alle, wer die Beatles sind. Sie höre sie auch ganz gerne. John Lennon sei sogar in der Friedensbewegung aktiv gewesen. Also müßte man denken, daß er auf seiten des Fortschritts ist, zwar in bürgerlicher Befangenheit, aber doch humanistisch gesinnt und gegen die Aggressivität des Kapitalismus eingestellt. Aber wie ist die Wirklichkeit? Nur die wenigsten wissen, daß John Lennon mal ein Lied geschrieben hat, in dem er in Wirklichkeit einen Werbespruch aus einem Waffenmagazin vertonte: *Happiness*

Is A Warm Gun. Und solche versteckten Attacken auf unsere Gemüter unternimmt der Gegner oft; wir müssen ständig auf der Hut sein. Die Raffinesse des Gegners ist unbeschreiblich, in seiner historischen Ausweglosigkeit – ich dachte an meine vier Weltkarten und nickte ergeben – erfindet er immer perfektere Methoden der Meinungsmanipulation, deren Wesen ja darin besteht, daß sie unerkannt bleiben muß, um wirken zu können. Wir können natürlich weiter die Beatles hören, aber nie dürfen wir vergessen, daß *die* es nicht gut mit uns meinen. Im Anschluß daran wollte sie, daß sich zur nächsten Stunde jeder von uns ein Beispiel von Meinungsmanipulation überlegt, die in uns eingedrungen ist und der wir uns erst jetzt bewußt werden. *Wo hat der Gegner es geschafft, deine Seele zu berühren. Niemandem geben wir eine schlechte Zensur, außer demjenigen, der nicht wahrhaben will, daß ihn der Gegner verführen kann.*

Ich habe vorhin erzählt, wie ich zur Stasi kam. Aber das war nur die halbe Wahrheit. Ich war nicht nur das Kind meiner Eltern, ich war auch Schüler meiner Lehrer und Leser meiner Bibliotheken. Ich war einer von uns.

Das 4. Band: Sex & Drugs & Rock 'n' Roll

In meiner Abiturzeit gab ich mich auf Geheiß meines Vaters als Offiziersbewerber aus und ging aus Gründen der perfekten Tarnung auch zu den Nachmittagstreffs der Offiziersbewerber. Als ich gemustert wurde, tuschelte die Musterungskommission, und die deutsche Sprache ist so beschaffen, daß *tuscheln* gern mit dem Adverb *bedeutsam* gebraucht wird. Was also läßt sich Bedeutsames über mich tuscheln? *Ah, das ist er also; ja, ich hab schon von ihm gehört; stimmt, er war für heute angekündigt; ich habe ihn mir eigentlich ganz anders vorgestellt.* Schließlich wurde ich nach Hause geschickt; »Sie bekommen Nachricht«. Ein paar Monate später saß ich wieder im Wehrkreiskommando, zu einem Zwiegespräch mit einem Instrukteur der Staatssicherheit. Unvergeßliches Ambiente, in dem wir beiden Geheimdienstler unsere Besprechung hielten: ein großer *Konferenztisch*, Sie wissen doch, so ein Möbelstück, an dem immer historische Entscheidungen gefällt werden oder Gipfeltreffen stattfinden. Mein Instrukteur hingegen hatte kaum historische Ausstrahlung; er war eher der Gartennachbar als der Weltveränderer. Mir fielen seine Schuhe auf: weiß und, tja, *sportlich*, mit dünnen Sohlen und sorgfältig gebundenen Schnürsenkeln. Er war irgendwie der kleine Junge geblieben, der stolz ist, wenn er sich allein die Schuhe zubindet. *Schnürsenkel* war bestimmt sein Lieblingswort. Ich taufte ihn *Herr Schnürsenkel* – seinen richtigen Namen habe ich mir nicht gemerkt, obwohl er mir sogar seinen Klappfix zeigte, als er sich vorstellte. – Herr Schnürsenkel also saß allein am Konferenztisch, und als ich eintrat, *lechelte* er, ein festgehaltenes, verkrampftes, hündisches Lächeln. Ich wurde bei der Stasi Hunderte Male mit diesem Lecheln angelechelt – ich habe nie begriffen, was es bedeutet. »Jaaa«, sagte Herr Schnürsenkel schließlich, um Verschwörergeste bemüht, »Sie wollen gar nicht Offizier der Nationalen Volksarmee werden – wenn unsere Informationen stimmen.« Und er lechelte wieder und setzte stolz hinzu: »Aber unsere Informationen stimmen immer.«

Wirklich raffiniert, wie Herr Schnürsenkel Eindruck auf mich machte, finden Sie nicht? Spielte unverhüllt gegen mich aus, daß er psychologisch bewandert ist. Mr. Kitzelstein, damals habe ich mich ja soooo überlegen gefühlt. Die Stasi bietet eine Schießbudenfigur als Werbeoffizier auf, zum Totlachen. – Natürlich war es Kalkül! Wenn die Werbung fehlschlägt, darf sich der Bürger an eine harmlose Stasi erinnern: Mein Gott, bei so possierlichen Mitarbeitern wie Herrn Schnürsenkel. Und daß der das Kunststück fertigbrachte, seinen Namen in Vergessenheit geraten zu lassen, obwohl er sich tadellos vorgestellt hat, wird wahrscheinlich jeder, der mit ihm zu tun hatte, als Zufall abtun. Es ist so leicht, es sich mit diesen Leuten so leicht zu machen. – Aber dann kriegte er mich doch, und meine Seele gehörte ihm, er traf mich an meiner verwundbarsten

Stelle, *Wir brauchen dich, du gehörst zu uns …* »Sie bekommen heute Ihren ersten konspirativen Auftrag von uns«, raunte er mir zu, und da war es um mich geschehen.

Was? Ich? Heute? Konspirativ? Auftrag? Den *ersten*? Von *uns*? Hinter Schnürsenkel stehen Mächtigere, die große Dinge mit mir vorhaben? Die mir auch meinen zweiten und meinen dritten konspirativen Auftrag zukommen lassen werden, vielleicht an noch größeren Konferenztischen? Bin ich schon mittendrin in geheimdienstlichen Abenteuern? Lebe ich ab heute gefährlich? Bewege ich mich im Fadenkreuz der Groß- und Supermächte? Muß ich jetzt eine Sonnenbrille aufsetzen?

Wissen Sie, was mein *erster konspirativer Auftrag* war? – »Kümmern Sie sich um eine Legende!« Eine *Legende*! Ich war noch gar nicht richtig bei der Stasi und schon Legende! – Mr. Kitzelstein, es ging darum, daß gewöhnliche Offiziersbewerber jedes Jahr Mitte August zur Offiziershochschule eingezogen werden und von dem Tag an Uniform tragen. Und ich? Wenn ich nun alte Bekannte treffe, die mich an der Offiziershochschule vermutet hätten? Ich brauchte also eine Legende, die erklärt, warum ich nicht gleichzeitig mit den anderen Offiziersbewerbern eingezogen werde. Eine Legende, die mich zu einem anderen macht! Grandios! Ein Mann geht durch die Stadt, und keiner weiß, wer er wirklich ist. Kennen Sie die Seeräuber-Jenny von Brecht? *Und sie wissen nicht, mit wem sie reden*. Ich, als lebende Legende unterwegs in historischer Mission, das hatte ich mir schon immer gewünscht.

»Und wie lange soll die Legende halten, ich meine, wann kommen Sie wieder auf mich zu und …«

»Fragen Sie nicht. Alles, was Sie wissen müssen, sagt man Ihnen. Sie wissen doch, wo Sie sind.«

Ich werde also hart angefaßt. Wie im Film! Ich mach den Job. Herr Schnürsenkel, sagen Sie Ihren Leuten, daß ich der Mann bin, den sie suchen. Und weiter? Soll ich nur meine Legende konstruieren und alles Weitere abwarten? Oder ob ich schon mal ein paar tote Briefkästen auskundschafte? Man kann nie wissen! Vielleicht geht alles bald sehr schnell? Was haben die mit mir vor? Für wen arbeite ich? Wie tief stecke ich drin? Wer steht dahinter? Mein Vater? Der Minister? Wer? Und warum ich? Wie sind die auf mich gekommen? Ist Schnürsenkel nur der Bote mächtiger Strategen, die mich auserkoren haben? Dann hat sich also jemand meines Schicksals angenommen; ich bin Teil eines großen Prozesses, ich werde geschützt, geführt und geleitet, ich muß nicht allein durch die nackte windige Welt irren. Jemand hält seine Hand über mich. Was auch geschieht – ich bin aufgehoben.

Aber meine Legende? Mit welcher Geschichte beginne ich mein Doppelleben? Ich grübelte tagelang. *Wochen*lang! Erhole ich mich von einer »üblen Magengeschichte«? Oder lieber Bauchspeicheldrüse? Gallenblase? Irgendwas, von dem jeder schon mal gehört hat, ohne sich genau auszukennen. Oder wie wäre *Eigentlich-darf-ich-nicht-darüber-sprechen-also-es-bleibt-unter-uns-ja?*, um dann etwas über ein kleines Feuerchen in der Offiziersschule zu lügen, das einen ganzen Schlaftrakt verwüstete? Aber dann machte ich *den Ahnungslosen*, eine Rolle, die man mir, dem weit und breit schlechtinformiertesten Menschen, jederzeit abkauft. Die perfekte Legende: *Ich habe keine Ahnung,* *warum – aber die haben mich wieder nach Hause geschickt. Die haben acht Namen aufgerufen und uns neue Einberufungsbefehle per Post versprochen. Punkt, aus. Ich habe keine Ahnung, was los ist.* Genau! Daß ich nie durchsehe, weiß jeder, der mich kennt. Ich würde mich bloß verdächtig machen, wenn ich erschöpfend Auskunft gebe.

Abgesehen davon – ich wurde nie gefragt. Ich lief mit meiner Legende herum, die niemanden interessierte. Aber gab es eine Wahrheit? Etwa, daß ich bei der Stasi anfange? Moment, Mr. Kitzelstein, *das* muß ich mir nicht in die Schuhe schieben lassen! Von *Stasi* war nie die Rede! Herr Schnürsenkel redete immer von *uns; unsere Informationen stimmen immer* und *Sie wissen doch, wo Sie jetzt sind.* Kein Wort von *Stasi.* Wußte ich wirklich, wo ich jetzt bin? Mein Vater behauptete, er arbeite im Ministerium für Außenhandel, und als ich ihn fragte, deutlich und unmißverständlich, *Sag mal, wo arbeitest du?*, antwortete er nur: *Na endlich hast du's rausgekriegt.* Haben Sie was von *Stasi* gehört? Ich nicht. Und als er mich mit den Worten »Du fängst doch auch bei uns an« beiseite nahm, da sagte auch keiner etwas von *Stasi.* Ich sollte mich auf seinen Rat hin als *Offiziersbewerber* ausgeben, und auf dem Wehrkreiskommando traf ich einen Herrn Schnürsenkel, der die Stasi auch mit keinem Wort erwähnte. Wenn ich nun auf der Straße gefragt werde, ob der Einberufungstermin der Offiziersbewerber nicht schon verstrichen sei – wie könnte ich da anfangen, von *Stasi* zu faseln? Von Stasi war nie die Rede! Wie könnte ich sicher sein, daß ich bei der Stasi anfangen werde? Unter diesen Umständen hätte ich doch unmöglich vor irgend jemandem behaupten können, ich finge bei der Stasi an! Herr Schnürsenkel hätte mich gar nicht zu einer Legende auffordern müssen – ich hätte mir auch von allein eine zugelegt. – Als ich schließlich in diese Organisation eintrat, von der ich vermutete, daß es sich um die Stasi handelte, blieb die Situation weiterhin ungeklärt. Die allgemeine Floskel war jene, die schon Herr Schnürsenkel benutzte: *Sie wissen doch, wo Sie jetzt sind.* Und es wurde uns Novizen immer wieder vorgehalten, daß wir doch wüßten, wo wir jetzt sind. »Sie werden sich in jeder Hinsicht umstellen müssen. Sie wissen doch, wo Sie jetzt sind.« – »Keinerlei Gespräche, Bemerkungen oder Andeutungen über Ihre Tätigkeit. Sie wissen doch, wo Sie jetzt sind.« – »Jede noch so kleine Schwäche wird der Gegner auf das erbarmungsloseste ausnutzen. Sie wissen doch, wo Sie jetzt sind.« – »Hier gelten andere Gesetze. Sie wissen doch, wo Sie jetzt sind.« Ich hätte es ungemein beruhigend gefunden, wenn einer nur ein einziges Mal erwähnt hätte, daß ich bei der Stasi bin. Nur um der Gewißheit willen. Zwar wäre es angesichts meiner unausrottbaren Ressentiments gegen die Stasi, die weiterhin tief in mir glommen, keine erfreuliche Nachricht, aber sie träfe mich nicht unvorbereitet. Ich hätte sie verkraftet. Aber so? Was soll ich davon halten? War ich wirklich bei der Stasi? Und wenn ja, gibt es einen Ich? Gibt es ein Leben nach dem Doppelleben?

Sagen Sie nicht, all das wäre albern. Wie war das denn mit den *Informellen Mitarbeitern*, als es *die Stasi* nicht mehr gab? War es nicht rührend, wie die sich gegen die Verdächtigungen wehrten? Die haben gehofft und gehofft und gehofft, daß sie nicht bei der Stasi waren, und als sich nichts mehr weghoffen ließ, haben sie sich von der Stasi ausgetrickst und hintergangen gefühlt. Wie hätten sie es denn gelten lassen? – »Guten Tag, Herr Schulze, ich bin der Herr Mielke vom Ministerium für Staatssicherheit, für das Sie, wenn ich Ihre eigenhändig verfaßte Verpflichtungserklärung richtig verstanden habe, als Informeller Mitarbeiter fungieren. Und eh ich's vergesse, möchte ich Ihnen auch heute wieder zu Beginn unserer Unterredung meinen Klappfix vom Ministerium für Staatssicherheit, der mich als Mitarbeiter der Staatssicherheit ausweist, zeigen, damit Sie auch bei Ihrem fünfundzwanzigsten Zusammentreffen mit der Staatssicherheit die Gewißheit haben können, mit einem Mitarbeiter der Staatssicherheit zu sprechen und nicht etwa einem der Polizei, der Stadtbezirksverordnetenversammlung oder der Staatlichen Versicherung, um nur die beliebtesten Verwechslungen zu nennen, denen Treffen mit Staatssicherheitsleuten anheimfallen.« Nein, so lief das nicht. Feste mitmachen wollte keiner, aber wer den schmierigen Annäherungen kein sprödes Nein entgegensetzen konnte, durfte seine Mitarbeit innerlich herunterspielen. Fragen Sie mal einen Inoffiziellen Mitarbeiter. *Ich habe niemandem geschadet. – Ich habe gewußt, was ich denen erzähle. – Also, alles habe ich denen natürlich nicht erzählt. – Was die von mir erfahren haben, wußten die sowieso. – Was ich denen erzählt habe, hätten die ohne weiteres auch selbst rauskriegen können.*

Von Stasi war nie die Rede, auch nicht, als ich mit der Post meinen Einberufungsbefehl bekam, auch nicht in dem militärischen Ausbildungslager in Freienbrink, wo sechshundert Rekruten in Kampfanzügen herumliefen, stundenlang exerzierten und jeden Tag Probealarm hatten. Soll das etwa die Stasi sein, die richtige, die echte, sagenumwobene Stasi? Brächte man uns bei der Stasi bei, was auf das Kommando »Gefechtsbereitschaft herstellen!« zu tun ist? Nein. Bei der Stasi würden sie uns in Geheimschriften instruieren und wie man Nachschlüssel feilt oder ein verstecktes Mikrofon am Körper anlegt. Und nicht, wie eine Gasmaske gereinigt und zusammengelegt wird. Wo auch immer ich hineingeraten war – die Stasi kann das nicht sein, sagte ich mir. Wie ausgebufft, mich in marschierenden Hundertschaften untertauchen zu lassen! Als ich nach dreieinhalb Wochen (ob Sie's glauben oder nicht) mit *Tripper* nach Hause geschickt wurde, hatte ich die Frage, ob ich wirklich bei der Stasi war, noch immer nicht geklärt – dafür begann ich langsam zu begreifen, was in meinem Vater vorging. Was blieb ihm denn anderes übrig, als mir das Märchen vom Ministerium für Außenhandel zu erzählen! Er hat Tag für Tag und Jahr für Jahr seine Existenz hinter Legenden und Ausreden versteckt; sollte er sich etwa vor einem naiven achtjährigen Piepel offenbaren, bloß weil der zufällig mal der Sohn ist? *Ich* als Anlaß, in sich zu gehen? Lächerlich.

Die Unterkünfte in Freienbrink waren Viermannzelte mit Doppelstockbetten, und tatsächlich – o Schicksal! – schon in der ersten Nacht wurden wieder Wissenslücken geschlossen. »Warum heißt der Zapfenstreich Zapfenstreich?« fragte Raymund vom Bett über mir, und niemand konnte es ihm sagen, aber dann beantwortete er selbst die Frage. »Der Zapfenstreich heißt Zapfenstreich, weil ich mir jetzt den Zapfen streich.« Worauf ein Geräusch einsetzte, das ich schon mal in einem Ruderboot gehört hatte – *floggflogg-*

flogg –, kein Zweifel, direkt über mir wurde gewichst. Ein paar Nächte später brachte es Raymund fertig, unseren einzigen Ehemann, René, achtzehn Jahre, berichten zu lassen, wie der es mit seiner Frau treibt. Was sind das für Zustände! Kennt hier niemand die *Gesetze*? Die *juristischen Konsequenzen*? Raymund masturbiert und zieht René mit rein, *Beihilfe zur Masturbation* – dieselbe Straftat, die ich beging, als ich im Ruderboot saß und ein ABBA-T-Shirt trug. Sollte *das* die Stasi sein? Tagsüber stolperten wir in *Schützenkette* über den Acker, nachts wurde gewichst – bei der Stasi? Außerdem hatte ich hier den halben Offiziersbewerber-Club der Heinrich-Hertz-Oberschule wiedergetroffen, und die waren alles, aber keine angehenden Geheimdienstler (wie ich zum Beispiel). Ich kannte sie von vielen Nachmittagen, als sie sich stolz ihre Taschenmesser zeigten, mit Bemerkungen wie *Hab ich in Minsk gekauft* oder *Meins hat achtzehn Details*. Oder die *Waffenkundler*, die sich alle sowjetischen Kriegsfilme ansahen und es *total unrealistisch* fanden, wenn der Film *angeblich* 1942 spielte, aber in einer Szene eine Pistole zeigte, die erst seit 1944 zur *regulären Fähnrichsbewaffnung* der Sowjetarmee gehörte. Oder die *Bastler*, die immer über das aktuelle Sortiment an Flugzeugmodellbaukästen informiert waren. Die sahen schon so aus, als ob sie *gewonnen* wurden. Mit jedem Jungen an jeder Schule wurden *Werbegespräche* geführt, unangenehm und krampfig, meistens im Arbeitszimmer des stellvertretenden Direktors, wo man von zwei Werbeoffizieren erwartet wurde, von denen einer in der Personalakte blätterte und sich ein Bild machte, während der andere eine aufgelockerte Atmosphäre herstellte (»Und?

Schon ’ne Freundin?«), bis schließlich die Frage kam, »eine ganz einfache Frage: Würde es Sie nicht reizen, später einmal mit *Menschen* zu arbeiten? Eine ganz einfache Frage. Geben Sie eine einfache Antwort: Ja oder Nein.« Wie gesagt, *jeder* Junge zwischen sechzehn und achtzehn saß irgendwann mal in diesen Werbegesprächen. Und wer kann schon nein sagen, wenn man so geradeheraus gefragt wird, ob man vielleicht mal mit *Menschen* arbeiten wolle? Ein Mensch – wie stolz das klingt! Und hat man sich schon einmal überlegt, Politoffizier der Nationalen Volksarmee zu werden und junge Menschen politisch zu bilden? Ist man denn nicht für den Frieden? Für den Sozialismus? Und wolle man nicht etwas dafür tun? *Ihr Vater,* streut dann der aktenkundige Werbeoffizier ein, *ist doch ein einfacher Arbeiter* (bzw. *Ihre Mutter ist doch ein einfacher Mensch*!). Habe man denn keine Dankbarkeit gegenüber der Gesellschaft, die einem diese hervorragende Ausbildung an dieser Eliteschule ermögliche? Wolle man sich etwa heraushalten aus den großen Kämpfen unserer Zeit, noch dazu im Beisein des protokollführenden Direktors? Ach, Förster wolle man werden? Man liebe die Natur? Na, das trifft sich ja hervorragend! Gerade als Kommandeur eines Panzerregiments ist man wegen der häufigen Schießübungen zu jeder Jahreszeit im urwüchsigen Wald der militärischen Sperrgebiete ... Mr. Kitzelstein, so plump ging das zu! Und mit denen, die darauf ansprachen, verbrachte ich während meiner Eliteschulenphase einen Nachmittag im Monat! Die gehörten sonstwohin, mitsamt ihren Taschenmessern aus Minsk und ihren Flugzeugmodellen – aber die hatten doch bei der Stasi nichts zu suchen! Daß ich sie in

Freienbrink wiedertraf ist ein Zeichen für meine Außergewöhnlichkeit, dafür, daß ich der Geheimste der Geheimen bin, denn je weniger mich bei der Stasi gesehen haben, desto weniger können mich verraten, wenn ich als Vollstrecker der historischen Mission eines Tages von riesigen Konferenztischen aus meine Befehle erhalte. Wo skrupellose Onanisten und anderer Bodensatz unserer Gesellschaft ist, kann nicht die Stasi sein, die mich, Klaus das Titelbild, haben wollte. Was hatte ich mit den Leuten in meinem Zelt gemeinsam? Nichts! Ich hatte eine Legende, ich hatte meinen ersten konspirativen Auftrag, ich saß schon mit der Stasi an einem Konferenztisch, vom bedeutsamen Tuscheln bei der Musterung mal ganz zu schweigen – ich war was viel Wichtigeres, Bedeutenderes, Besseres …

Nein, Mr. Kitzelstein, um ehrlich zu sein, ich war total neidisch auf Raymund, vom ersten Tag an. »Ich bin der Raymund. Mit Ypsilon.« Raymund, ein Mann von Welt und Stil, der ideale Schwiegersohn: athletisch, lächelnd, smart. Und sein Ypsilon im Vornamen! Ich werde mein Leben lang *Klaus* heißen müssen … Das englische Wort *Ray* bedeute *Strahl*, erklärte er mal, also sei Ray-mund eigentlich *Strahlemund*. Welch Gottesgeschenk: Strahlemund und Ypsilon! Und wie er von *Position*, *Karriere* und *Vorwärtskommen* sprach – man mußte es ihm einfach abnehmen! Wie flüssig und selbstverständlich ihm diese Worte über die Lippen seines strahlenden Mundes kamen! Kein Zweifel, das war seine Welt. Und sein Charme! Meine Brille beschlug regelmäßig in seiner Gegenwart – so neidisch war ich auf seinen Charme. Und wie er René dazu brachte, uns zu schildern, wie er es mit seiner Frau treibt, um sich dabei einen runterzuholen – Respekt, Respekt. René nervte von früh bis spät mit pausenlosem *Meine-Frau*-Geplapper. Seine Frau war fünf Jahre älter, »aber die Ehe wurde gleich genehmigt«. Hä? Die Ehe wurde *was*? »Ja, *genehmigt*. Ihr braucht nämlich eine Erlaubnis, wenn ihr heiraten wollt. Aber mit meiner Frau gab es keine Probleme.« Worauf Kai, der vierte im Zelt, knurrte: »Von jetzt an dürfen wir auch nichts mehr stechen, was nicht bewilligt wurde.« Einmal ließ René einen angefangenen Brief herumliegen, damit wir ihn lesen und neidisch werden, herrje! *Du gibst mir Flankenschutz, ich halte die Fahne hoch und Dir bedingungslos die Treue*. René sagte, als er sich vorstellte, er hätte »ein Strich überm zweiten e«, worauf Raymund nachbesserte »Ja, so ein *Accent aigu*«; im astreinen *parlez-vous-française*-Französisch. Ich war umgeben von Menschen mit Ypsilons und Accent aigus, und was mir zu meinen Unterlegenheitsgefühlen noch fehlte, war, daß Kai den Längsten hatte, wie sich beim Gemeinschaftsduschen herausstellte. Ich wichste nie und hatte den Kleinsten, Raymund wichste täglich und hatte nicht den Längsten – also wie hängt das zusammen? Fragen über Fragen.

Eines Abends, nach dem allgemeinen, aber noch vor seinem persönlichen Zapfenstreich, sagte Raymund: »René, wie ist denn deine Frau so? Ich meine, besorgt sie's dir auch ordentlich?« – »Was geht dich das an!« – »Erzähl mal, wie sie's macht. Erzählst doch sonst jeden Mist über sie.« – »Das geht dich gar nichts an!« kreischte René, der immer kreischte, wenn er unter Druck geriet. Er glaubte, durch sein Gekreische durchsetzungsfreudiger zu wirken.

»Komm«, sagte Raymund. »Erzähl uns, wie du sie fickst. Ich will mir nämlich jetzt einen kloppen.«

Einen kloppen? Den Ausdruck kannte ich noch gar nicht. Bedeutet er das, was ich vermute?

»Was ist?« fragte Raymund. »Erzähl uns, wie du sie nimmst. Oder wie du sie am liebsten nehmen würdest. Deine Traumnummer. Und wir beide keulen um die Wette, hä?« Keulen?

Nach einer Weile sagte René mit brüchiger Stimme: »Also – wir würden uns auf das Bett legen. Wir würden uns knutschen und uns gegenseitig die Knöpfe aufmachen.« Raymund legte los, *floggfloggflogg*. »Machst du mit?« fragte er René.

»Nein.«

»Und ihr?« fragte uns Raymund.

»Ich nicht«, antwortete ich. »Ich auch nicht«, sagte Kai.

»Ja, bin ich denn hier der einzige, der Freude am Wichsen hat?« rief Raymund.

»Also gut«, sagte Kai. Unglaublich!

»Wo war ich stehengeblieben?« fragte René.

»Bei den Knöpfen.«

»Wir würden die ganze Zeit das Licht anlassen. Und ich würde sie mal so richtig, so richtig – *anfassen*. Ich würde ihr mal so richtig über ihre Brüste bürsten, hoho.« – Raymund keuchte. »Das ist gut«, sagte er.

»Dann würde ich mit meiner rechten Hand ihre Scheide befühlen.«

»Ah, du würdest in ihrer Fotze kramen.«

»Ich würde rausfinden, wie sich ihre Schamlippen so anfühlen. Ich würde in ihrer Wolle spielen. Vielleicht ...« Er stockte.

»Ja?« keuchte Raymund.

»Vielleicht würde ich sogar mal ...«

»Ja? Sag schon!«

»... an ihrer Scheide riechen. Nicht bloß schnuppern, sondern richtig rein mit dem Rüssel.« Er holte tief Luft. »Dann würde ich ihr die Beine auseinanderbiegen ...«

»Ah, die Schenkel!« sagte Raymund.

»Meinetwegen, die Schenkel. Dann würde ich ...«

»Sie ficken!« sagte Raymund. »Bei ihr einbrummen!«

»Mit ihr schlafen«, sagte René. »Ich würde ein paar Stellungen probieren ...«

»Du würdest die Alte vor dir aufbocken und sie von hinten nehmen, ja?«

René lachte. »Ja, die Alte vor mir aufbocken ...«

»Und du würdest dir einen blasen lassen?«

»Ich würde ihr immer wieder die Beine auseinanderbiegen.«

»Damit du ihr zartrosa Mösenfleisch siehst«, vollendete Raymund.

»Ja, genau«, sagte René, halb fasziniert, halb frustriert. Dann sagte er eine Weile nichts. Wir hörten nur *floggfloggflogg*, und ich grübelte, ob ich irgendwas habe, das Jungs dazu bringt, sich in meiner Gegenwart immer einen runterzuholen. Was ist Besonderes an mir?

»Und wie machst du es wirklich?« fragte Raymund danach, leise, und, verdammt noch mal, echt *menschlich*.

»Wir machen immer das Licht aus. Es ist stockdunkel. Und sie will nicht, daß ich ihr zusehe, wenn sie sich auszieht. Ja. – Wir machen es nicht oft. Ziemlich selten.« Er heulte.

»Wie selten?« fragte Raymund, leise genug, um überhört zu werden.

»Selten, selten«, sagte René. »Seitdem wir uns kennen, vielleicht sechs- oder siebenmal.« Und das war immer noch übertrieben.

»Und du hast ihr niemals so richtig an die Titten gefaßt?«

Nein

»Und nie am Muff geschnuppert?«

Nein

»Aber warum nicht?«

Weiß ich nicht Ich habe Angst, daß sie es nicht will

Raymund hatte einen Riecher dafür, wie anderen etwas zu entlocken ist. Mich zum Beispiel erwischte es beim Zähneputzen, er stand plötzlich hinter mir, schaute in meinen Spiegel und raunte mir ins Ohr *Na, Klaus, du hast es doch auch noch nicht getan*, worauf ich erschrokken den Mund ausspülte und *Nein* stammelte. Raymund war es auch, der die Idee mit den *Mondscheinfahrten* hatte. »Frauen haben eine Schwäche für Romantik«, sagte er, weltgewandt wie Casanova persönlich, und ich wurde gelb vor Neid. Da rächte sich mein Naserümpfen in jenen Ferienlagernächten, als die dreizehnjährigen Jungs nachts in den Mädchenbungalow gesockt sind. Raymund war bestimmt der Anführer seiner Bungalowbelegung, während ich in all meiner Wohlerzogenheit damals immer in meinem Doppelstockbettchen blieb und Charakterfestigkeit durch unnachgiebige Hintenanstellung meiner fleischlichen Begierden unter Beweis stellte, vor mir selbst und dem Rest der Welt.

Raymund, ganz Routinier, entnahm dem Kalender das Datum der nächsten Vollmondnacht, beantragte

Gruppenausgang und buchte eine Fahrt auf der »Wilhelm Pieck«, dem Flaggschiff der *Weißen Flotte*. Dieser September sei mild, und wir hätten eine Nacht, in der der Vollmond scheinen würde, Lampions hingen überm Deck, Schnulzenmusik spielt, und Wellen plätschern. »Ich hab's zwar noch nie auf einem Schiff versucht«, sagte Raymund, »aber es *muß* einfach klappen.« Warum bin ich nicht von selbst darauf gekommen? Wie denkt der sich so was aus? Warum ist der so flexibel und ich nicht? Raymund holt sich einen runter, wenn ihm danach ist, und läßt sich von anderen die Textvorlage liefern. Wieso kann der das – und ich nicht? Der kann mit seinem Schwanz umgehen, der weiß, was er daran hat – und ich bin ständig auf der Flucht vor ihm. Ich stopfe mir einen Scheuerlappen in die Schlafanzughose, und Raymund kleckert eben mal seine Bettwäsche voll. »Schläfst du da drin?« fragte ich ihn fassungslos. (*Da drin:* Das sollte wahrscheinlich bedeuten, ob er in einer Art fünfzigmillionenfachen Fischsterbens ruhig schlafen kann. *Könntest du in einer leergepumpten Karpfenzucht schlafen, inmitten von fünfzig Millionen zappelnden Karpfen, die vergeblich nach Luft schnappen?*) »Die paar Tropfen ... Irgendwo muß es ja bleiben«, sagte Raymund. Genial!

Der Gruppenausgang wurde genehmigt, wir wurden mit einem Barkas nach Berlin gefahren, in Begleitung eines Major Schenk, der als Aufpasser mitkam. Er hatte sich darum gerissen, denn er lebte in Scheidung und wollte, wie er sagte, »mal wieder die Netze auswerfen«. Wir waren kaum an Bord, als er anfing, den Seemann zu spielen, zum Beispiel, indem er solche Worte wie »achtern« und »die Bar entern« benutzte. Um seiner männlich-herben Ausstrahlung nachzuhelfen, besoff er sich unsäglich, und das letzte, was er sagte, bevor er endgültig unter den Tisch sackte, war *Fickerlaubnis erteilt*.

Sie kam auf unser Deck gestolpert, um sich am Buffet Zigaretten zu kaufen. Raymund hatte mich sofort angestoßen. »Die Figur!« raunte er mir zu. »Die hat bestimmt mal Rhythmische Gymnastik gemacht.« Sieh an, dachte ich, Frauen haben also eine *Figur*, über die man reden kann und über die man sich so seine Vorstellungen machen kann. Was es nicht alles gibt! »Was denkst du?« fragte Raymund. Was dachte ich? Sie trug ein schwarzes Strickkleid, eng und kurz, und knallrote Pumps, mit denen sie nicht zurechtkam. Obwohl sie sich dauernd auf die Füße sah, strauchelte sie bei jedem zweiten Schritt. »Sie arbeitet vielleicht in einer Fabrik und muß immer um Viertel nach fünf aufstehen«, sagte ich ratlos.

Zumindest ihr Name hätte jedem Kind einer siebenköpfigen Arbeiterfamilie zur Ehre gereicht: *Marina*. – Als sie die Zigaretten bekam, steckte sie sich gleich eine an, und weil ihr schweifender Blick an unserem Tisch hängenblieb, fühlte ich mich aufgerufen, ihr den Aschenbecher unseres Tisches zum Buffet zu tragen, denn dort war keiner. Wie aufmerksam und hilfsbereit ich doch war! Sie lächelte mich an, und ich hielt es für passend, zurückzulächeln. Und tatsächlich: Sie lächelte erneut! Und ich auch – und so weiter. Sie zupfte mich am Ärmel, und ich folgte ihr auf ihr Deck, wo sie beim Kellner nach »Tschammpannja!« krähte. Der Kellner brachte die Flasche, Marina nahm sie ihm ab, stellte sie zwischen die Beine ... Nein, Mr. Kitzelstein, ich will die Dinge beim Namen nennen: *Sie machte es der Sektfla-*

sche mit der Hand! Sie *wichste* der Sektflasche einen! Sie klemmte sich die Flasche zwischen die Schenkel, entfernte mit spitzen Fingern den Draht und begann lachend, am Flaschenhals zu reiben, schnell und fest. Sie schnippte ein paarmal mit dem Daumennagel an den Korken, *und dann kam er.* Der Schaum schoß aus der Flasche, und sie hielt sich die Flasche rasch an ihre Lippen, allerdings ließ es sich nicht vermeiden, daß Sekt auf ihr Kleid tropfte. Als kein Schaum mehr kam, hielt sie die Flasche lachend hoch und küßte sie übermütig. Dann stützte sie ihren Kopf auf ihre Hände, betrachtete mich stolz, spitzte die Lippen und flötete: »Tüdelüdüdü, tüdelüdüdü …« Sie wußte, was sie tat!

Da fällt mir ein: Wie meine Eltern mit Sektflaschen hantieren. Und *wann*: Nur zu Silvester, was mit der Verruchung des Alkohols zusammenhängt. An etwas, das *enthemmt* und, wie in zahllosen Experimenten nachgewiesen, *aggressiv macht*, darf man sich nur ausnahmsweise heranwagen. Einmal jährlich ist vertretbar. Der Sekt (nix mit *Tschammpannja*) wird aus Sicherheitsgründen eisgekühlt, geöffnet wird er grundsätzlich in der Küche, und zwar, indem mein Vater, der einzige Sektflaschenentkorkungs-Berechtigte der Familie, die Flasche auf den Fußboden stellt, mit den Füßen einklemmt und – jetzt kommt's! – ein *Geschirrtuch* über die Flasche legt. Er tastet durch das Geschirrtuch nach dem Draht und löst ihn, schließlich lockert er langsam und *vorsichtig* den Korken, als ob er einen Fremdkörper aus dem Flaschenhals herausoperiert. Der Korken knallt nie. Und wenn trotz aller Behutsamkeit sich doch mal etwas Schaum nachzuschießen erlaubt, dann geht der ins Geschirrtuch. Wie nennt man das? *Safer Sekt?*

Wenn die Leute im allgemeinen so ficken, wie sie ihre Sektflaschen aufmachen – nein, ich weigere mich, diesen Gedanken fortzusetzen! Und die Sektkorken! Mr. Kitzelstein, Sie werden es nicht glauben, bis Sie es gesehen haben: Die sichergestellten Korken werden mit einer Jahreszahl beschriftet und bei den Familienfotos aufbewahrt, als Erinnerung an die Jahreswechsel. So geht das bei uns! Wie bei Schiffbrüchigen, die auf einer einsamen Insel sitzen und Kerben schnitzen! Da komme ich her! Das sind meine Eltern! Die haben mich – fragen Sie mich nicht, wie! – gemacht!

Nachdem ich ungefähr ein dutzendmal auf Marinas Lächeln zurücklächelte, wagte ich schließlich, sie zuerst anzulächeln, und – welche Überraschung! – auch sie lächelte zurück! So was! Warum hat mir das nie einer gesagt! Hat die Sache einen Haken, oder ist es wirklich so einfach, wie es aussieht? Und als ich sie nach zehn Minuten intensiven Hinundherüberlegens fragte, ob wir tanzen wollen, sprang sie auf und strahlte, als hätte sie die ganze Zeit darauf gewartet. Wir gingen aufs Oberdeck und tanzten, und als sie an meinem Hals hing und ihr warmes weiches Körperchen an mich schmiegte, schlotterte ich, so ergriffen war ich. Über dem Deck hing eine Lampionkette, ein kühler Wind wehte, wir hatten die Wangen aneinandergelegt und sprachen nicht. Wenn mich nicht alles täuscht, gibt es sogar ein Wort dafür: Wir *kuschelten*. Es war so schön, ich dachte, ich überleb's nicht. Die Band, vier übernächtigte Bulgaren mit weißen Showanzügen, spielte eine Schnulze nach der andern: *Yesterday* und *Strangers in the Night* und *Über sieben Brücken mußt du gehn*. »Mein Lieblingslied«, flüsterte Marina schwärmerisch und schmiegte sich noch enger an mich. Sie hatte ein *Lieblingslied*! Ich würde mich niemals zu irgend etwas unterhalb einer *Lieblingsoper* bekennen und auch dann nur mit dem Vorbehalt der dazugehörigen Inszenierung. Womit wird mich dieses buschige, duftende Tierchen noch verblüffen? Daß sie eine Lieblings*farbe* hat? Oder ein *Lieblingsessen*? Ein Lieblingswort? Tüdelüdüdü?

Als das Schiff angelegt hatte, nahmen wir ein Taxi und fuhren zu ihr. Sie legte ihren Kopf an meine Schulter und tastete nach meiner Nudel. Ohne mich um Erlaubnis zu fragen! Unglaublich! Nicht mal ich darf meine Nudel ohne triftigen Grund berühren!

In ihrer Wohnung packte sie mich am Hosenbund, sah mir tief in die Augen und zog mich in die Küche. Sie setzte sich auf den Küchentisch, strich mir mit spitzen Fingern über die Brust und knöpfte mir das Hemd auf. Um nicht untätig herumzustehen, machte ich mich an ihrem Kleid zu schaffen. Da allerdings machten sich Wissenslücken bemerkbar: Wie ziehe ich ein Kleid aus? Über den Kopf? Oder wird es heruntergezogen? Oder muß ich Marina auspacken wie ein Schokoladenosterhäschen? Ich habe doch nie für möglich gehalten, in Situationen wie diese zu geraten. – Hatte ich, Besitzer von vier verschiedenen Bibliotheksausweisen, übers Kleiderausziehen zumindest mal etwas gelesen? Und wenn ja, was? Daß da immer ein Reißverschluß ist, der klemmt. Und daß man in einem solchen Fall, von Gebierde, äh, von Begierde getrieben, das Kleid zerreißt. Ehe ich einen Reißverschluß gefunden hatte, der klemmen könnte, hatte sie ihn schon geöffnet, mit einem raschen Griff auf den Rücken. Ich zog ihr behutsam das Kleid über den Kopf – und tatsächlich: Es kamen zwei Titten zum Vorschein! Ich hatte es geahnt! Es ist also wahr: An ausgezogenen Frauen lassen sich echte Titten bewundern! Und als Marina ihre Frisur schüttelte, schwangen sie ebenfalls. Ich war überwältigt. Daß diese sagenumwobenen Glocken auf so profane Weise der Schwerkraft unterworfen waren! Wunderbar! – Wir zerrten ihr den Slip herunter, auf dem sie saß, und als ich in meinen Unterhosen mit den Rabenköpfen-Applikationen betört vor ihr stand, vollführte sie ein letztes unvergeßliches Kunststückchen: Sie zog die Beine an und fuhr mit ihren großen Zehen zielsicher in den Gummi meiner Unterhose und zog sie herunter, indem sie in sanften Hin- und Herbewegungen den Spann ihrer süßen Füßchen eng an meinen Lenden herunterschob. Synchron dazu fädelte sie sich meinen Schwanz ein. Wo hatte sie das gelernt? Können das alle Frauen? Ich war so fasziniert – *fassiniert* –, daß ich mein Vorhaben vergaß, nach einem etwaigen G-Punkt zu suchen; wie oft hatte ich in Gedanken und unter Hinzuziehung anatomischer Skizzen aus dem Biologiebuch (8. Klasse) Stellungen projektiert, die meinem Dildo die nötige Bewegungsfreiheit – Stoßtiefe und Rührwinkel – bei der systematischen Suche nach einem G-Punkt gewährleistet hätten. Was hatte ich mir unter einem *Geschlechtsverkehr* vorgestellt? Etwas, bei dem man sehr vorsichtig sein muß, ungefähr so, als ob man jemandem einen Fremdkörper aus dem Auge entfernt, oder *Tanzschule*, hölzernes Aneinanderklammern … Aber nicht, daß ich *Sektkorken*-Gefühle erlebe! Daß man die Dinge getrost sich selbst überlassen kann! Und tatsächlich: Nach einer Weile kam vorne auch was heraus! Sogar bei mir! So war das also gemeint, das *Happiness Is A Warm Gun.*

Marina stand auf, zog sich ein Hemd über und steckte sich eine Zigarette an. Dann stellte sie den Recorder an. Sie setzte sich auf einen Küchenstuhl und hielt mir die Zigarette hin. Ich nahm einen Zug. Wow! Wir hatten gevögelt, wir teilten uns *die Zigarette danach* und dazu lief Musik. Wie abenteuerlich! Sex and Drugs and Rock 'n' Roll! Meine Biographen werden eine Zäsur machen müssen: Klaus das Titelbild tritt ins Hippieleben. Ich werde die Zigarettenkippe aufbewahren, damit das *Klaus-Uhltzscht-Museum* nach meinem Tode meine erste *Zigarette danach* dokumentieren kann.

Ich lebte immer im Glauben, daß man vor, während und nach dem Vögeln *Ich liebe dich* sagen muß. *Vor* und *während* war vorbei. Was tun?

»Ich liebe dich«, sagte ich probeweise.

»Nun beruhige dich mal wieder«, sagte sie.

Was? Keine Liebe? War es der pure 6?

»War doch sonst nix da«, sagte sie und blies den Rauch aus. Da saß sie auf ihrem Klapp-Küchenstuhl, in einem langen Hemd, das nur mit den unteren drei, vier Knöpfen geschlossen war, die Beine lässig ausgestreckt, und degradierte mich zur 6maschine. Ich senkte beschämt meinen Blick – und was sah ich? Unter dem Küchentisch war ein Hamsterkäfig! Abgesehen davon, daß mir noch heute bei dem Gedanken unwohl ist, von einem *Hamster* beim Bumsen beobachtet worden zu sein, war *Hamster in der Küche* ein Ausdruck unvorstellbarer Verwahrlosung. Mit solchen Details könnte mein Mitleid für die Dritte Welt geweckt werden. In der *Küche*, also einem Raum, in dem *Speisen* zubereitet werden, Dinge also, die man verzehrt, hält sie sich ein Tier mit einem *Fell*, in dem sich sonstwas einnisten kann. Und der Hamster ist ein *Nagetier* – wie die Ratte! Bakterien, Zwischenwirte, Durchseuchung, Epidemien – die Hamsterpest bricht aus!

Wenige Tage später hatte ich keine Freude an meinem neuen Lieblingsorgan, besonders auf der Toilette. Wer wie ich immer vor 6 gewarnt wurde, weiß, was *Brennen beim Wasserlassen* bedeutet. Ich war fast erleichtert: Es gibt noch eine Gerechtigkeit! Ich suchte den Stabsarzt auf, ein Allgemeinmediziner mit dem schauderhaften Namen *Riechfinger* – die passende Einstimmung in das Vokabular, das mich die folgenden Wochen umschwirrte: *Abstrich … Gonokokken … Gonorrhöe … Penicillin … Schleimhaut …*

Gonorrhöe fiel nicht in die Zuständigkeit eines Allgemeinmediziners; Dr. Riechfinger schrieb eine Überweisung und schickte mich mit dem Hinweis nach Hause, daß im Ministerium eine Poliklinik sei, in der auch ein Facharzt für Haut- und Geschlechtskrankheiten praktiziere. Der Abschied im Ausbildungslager war ergreifend; der erste Tripperinfizierte von sechshundert Rekruten steht immer im Ruf, ein toller Hirsch zu sein. Von allen Seiten erntete ich Anerkennung, wildfremde Männer in Kampfanzügen klopften mir auf die Schulter und feierten mich als einen der Ihren.

Als ich meine Sachen gewechselt hatte, betrachtete ich mich im Spiegel. Schrecklich! Was andere Menschen *Klamotten* nennen, hieß in unserer Familie *Anziehsachen*, und genauso sahen sie auch aus: Sandbraune Windjacke, schwarze Feincordhosen, ein blaßgrünes Mischgewebehemd und Halbschuhe mit Specksohle.

Ich sah nicht aus wie einer mit Tripper, sondern wie Ziegenpeter. In Berlin holte ich mir ein paar Zeitungen mit Annoncenteil und fand über die *BZ am Abend* eine Jeans in meiner Größe, die ich kaufte und sofort anzog. Im erstbesten Laden kaufte ich mir außerdem ein rotviolett kariertes Flanellhemd, dessen Muster mich an das Hemd erinnerte, das Marina *danach* überzog. Flanell reimt sich auf Rebell! Und *Jeans* ist ein Konzentrat aus *James* und *Dean*. Bin ich noch von einem Terroristen zu unterscheiden? Meine Mutter hatte mir bisher meine *Anziehsachen* immer rausgelegt. Damit wird Schluß sein! Schluß! Schluß! Der Satz *Mama, ab morgen brauchst du mir keine Klamotten mehr rauszulegen* war ausformuliert und mußte nur noch ausgesprochen werden. Auf dem Heimweg dachte ich mir weitere schockierende Sätze aus, was nicht schwer war, denn meine Mutter ist eine Frau, die Roadie und Rowdy nicht auseinanderhalten kann, weil für sie beides ohnehin irgendwie dasselbe ist. *Mama, wenn ich morgen zum Bockbieranstich gehe und ein bißchen Pfennigskat spiele, kommt hier einer von meinen neuen Kumpels vorbei, so einer mit 'ner Nixen-Tätowierung am Hals, und will 'n Hunni für seine Sex-Pistols-LP, die ich im Suff liegenließ, als wir in einer Bahnhofskneipe den Auswärtssieg von Union feierten. Hab keine Angst, er ist auf Bewährung und weiß, daß er sich nichts leisten darf, wenn er nicht wieder einfahren will.* Ich betrachtete mein Spiegelbild in den Schaufenstern. Das war ich? Bisher lief ich herum wie die Zeugen Jehovas, nicht mal die Ärmel wagte ich hochzukrempeln – und dieser halbe Elvis im Spiegel, war *ich* das? War ich das wirklich? Kaum zu glauben, wie ein Fick einen Menschen verändern kann. Ich ging sogar so weit, die obersten Knöpfe meines Flanellhemdes offenzulassen, der Gefahr einer Bronchienverkühlung trotzend. Ich schnippte mit den Fingern und sang leise *A-wop-Bop-A-loo-Bop* ...

Als mir meine Mutter die Tür aufmachte, las ich in ihren Augen das schiere Entsetzen: *Das ist nicht mein Sohn!* Auf die Frage, warum ich heute schon komme, antwortete ich leichthin: Tja, hat sich so ergeben. Ich spazierte durch die Wohnung, ich lehnte mich in den Türrahmen, ich verschränkte die Arme über der Brust und gähnte, ohne mir die Hand vor den Mund zu halten, ich ließ mich in den Sessel plumpsen, und einmal wagte ich es sogar aufzustoßen – Gründe genug, enterbt zu werden. Von jetzt an werde ich mich nicht mehr bükken, wenn das Kabel des Staubsaugers aufzuraffeln ist! Ich werde im Stehen pinkeln und die Füße hochlegen und jedermann mit *Hi* begrüßen! Ich werde die Türen ranziehen, ohne sie zu klinken! Die geheiligte Ordnung der Sofakissen ignorieren! Und alles in Jeans!

Ich schlenderte ins Wohnzimmer, wo mein Vater saß und in der Zeitung blätterte. Ich sagte *Hello* und ließ mich, wie gesagt, in den Sessel fallen. In meinem früheren Leben hätte ich mich unterwürfig neben ihn gesetzt und darauf gewartet, daß er mich eines Blickes würdigt oder mir gar sein Ohr leiht und ich ihm aus meinem Leben erzählen darf, immer von der irrsinnigen Hoffnung getrieben, er möge mich doch endlich in sein Herz schließen, er möge sich doch endlich dazu durchringen, mich wie Fleisch von seinem Fleisch zu behandeln ... Schluß damit! Nie wieder! Soll er doch dasitzen und mit seiner hochwichtigen Zeitung rascheln. Meine Mutter, tiefbesorgt, schlich unter dem Vorwand des Blumengießens um mich herum. Oh, meine Mutter! Wie sie mit ihrer kleinen Gießkanne ihre *Pflänzchen* gießt! Wie sie achtzehnmal seufzt, durch die halbe Wohnung nach Wasser wandern zu müssen! Wie sie sich mit einem Seitenblick in das aufgeschlagene »1 × 1 der Pflanzenpflege« vergewissert, bevor sie vorsichtig die Zweige auseinanderbiegt! Wie sie Blättchen zupft! Wie sie sich aufopfert, um auch entlegenste Blätter zu besprühen – eine Mutter Teresa der Wohnzimmerflora! Zehn Minuten später testete sie, ob ich auf ihren Ruf »Ich brauche mal einen starken Mann in der Küche!« wie immer gelaufen käme – und siehe: Ich kam! Wie erleichtert sie war! Trotz Jeans reagierte ich auf ihre Rufe! Und damit nicht genug: Ich war auch ihr braver Sohn geblieben, der stets unaufgefordert aufspringt, wenn es gilt, die Mahler-Schallplatte umzudrehen. Kompromißbereit setzte ich mich sogar an den Eßtisch, nahm die Kuchengabel und »gönnte« mir Frankfurter Kranz, den meine Mutter »zur Feier des Tages« rasch eingekauft hatte. Warum auch nicht? Was sollte sie mir noch anhaben? Nie wieder werde ich mich am Eßtisch einschüchtern lassen. Dachte ich – bis meine Mutter mit bebenden Lippen sagte: »Klaus, ich hab da was gefunden, als ich deine Anziehsachen in die Waschmaschine gesteckt habe.«

Die Überweisung! Sie hat meinen Tripperschein gefunden! Sie weiß *alles*!

»Na, hurra«, sagte ich mit brüchiger Stimme. Die Spucke blieb mir weg, und der Kuchen im Mund begann zu klumpen.

»Wer war es denn? Kennen wir sie?« fragte meine Mutter.

»Sie heißt Marina«, flüsterte ich, und Krümel fielen mir aus dem Mund.

»Und weiter?« fragte mein Vater.

»Marina Paage.«

»Und was kannst du uns über deine Frau Paage erzählen?« fragte meine Mutter.

Ich zuckte die Schultern. Was konnte ich meinen Eltern schon von Frau Paage erzählen? Etwa, wie es sich so auf einem Küchentisch vögelt? Daß mir Frau Paage gezeigt hat, wo es langgeht? Daß ich ihn mir bei Frau Paage vor Begeisterung fast rausgerissen habe? Daß Frau Paage mit ihren großen Zehen zielsicher in meinen Slip gefahren ist? Daß sie es sogar einer Sektflasche zu besorgen weiß?

»Seit wann kennst du sie denn?« fragte meine Mutter.

»Ein paar Stunden«, röchelte ich, und weitere Krümel fielen mir aus dem Mund. Da meine Mutter nichts erwiderte, glaubte ich, sie hätte meine Antwort so verstanden, daß ich erst in »ein paar Stunden« darüber reden werde. Hatte sie mich nicht oft genug ermahnt, »im ganzen Satz« zu antworten? »Ich meine, wir haben uns nur ein paar Stunden gekannt.«

»Ein paar Stunden!« Sie rang die Hände. »Und dann gehst du gleich mit ihr ins Bett!«

Wenn sie wüßte. Wir trieben es auf dem Küchentisch, wo die Zwiebeln geschnitten wurden und auf den Mehlstaub gestreut wird.

»Ja, nun sag mal was dazu!« rief sie.

»Es war vielleicht ein bißchen früh dafür.« Ich konnte nicht länger mit dem klumpenden Kuchen leben und spuckte ihn auf meinen Kuchenteller. Der Aufschrei blieb aus. So ernst war es also, daß sogar das Ausspukken von Kuchen nebensächlich geworden ist.

»Klaus«, barmte meine Mutter, »es war wirklich zu früh. Weißt du denn, wo sie es herhat? Vielleicht hat sie es von einem Fernfahrer. Oder von einem Ausländer.«

»Genau«, bekräftigte mein Vater.

»Und wenn sie sich nun nicht mit – äh – infiziert hätte, sondern mit AIDS! Dann« – oh, Mama! Behalt es für dich! – »wärst du heute so gut wie *tot*!«

»Ja«, hauchte ich mit letzter Kraft, und noch heute ist mir dieses Wunder unbegreiflich: Ich habe gefickt und überlebt. Meine Mutter will mich nur davor bewahren, daß ich mein Schicksal dreist ein zweites Mal herausfordere. Sie meinte es nur gut mit mir! Sie meinte es immer gut mit mir! Aber lassen wir mal die billigen Witze, Mr. Kitzelstein, gehen wir der Angelegenheit mal auf den Grund. Worin besteht denn ihre Aura? Wieso stehe ich wie gelähmt vor ihnen? Kennen Sie sich da aus? Daß ich von meinen Eltern trotz unstrittiger sexueller Erfahrungen wie ein Kind behandelt werde und nichts entgegensetzen kann – wie machen die das? Haben die mir was ins Gehirn eingepflanzt, einen *Höre-auf-deine-Eltern!*-Prozessor? Wann werden sie begreifen (da ich es nie begreife, soviel ist sicher), daß es *mein* Schwanz ist und *meine* Angelegenheit, wo ich ihn reinstecke und was dranklebt, wenn ich ihn rausziehe. Muß ich sie erst erschießen, um endlich Ruhe zu haben?

»Ich habe auch noch was zu sagen.« Nun also auch mein Vater. Sein Gewissen, verstehen Sie, er konnte nicht länger schweigen. Er redete, wie immer, auf meine Mutter ein, obwohl er mich meinte. »Vielleicht hat Frau Paage den Wunsch, unsere Republik zu verlassen? Vielleicht hat sie keine Bindung zur Republik? Kann doch immerhin sein, er kennt sie ja kaum.«

Innerlich stöhnte ich auf. Papa, *Über sieben Brücken mußt du gehn* war ihr *Lieblingslied*! Sie ist nicht ganz ohne Bindung zu unserer Republik! Aber ich fiel ihm nicht ins Wort, und so erörterte er *die bösen Überraschungen, die schon manch einer erlebt hat*. »Denn stell dir mal vor« – er redete weiter auf meine Mutter ein – »sie kommt in den Westen und äußert in dem obligatorischen Gespräch mit feindlichen Geheimdienstleuten, daß sie Intimverkehr hatte mit dem Angehörigen der Sicherheitsorgane Klaus Uhltzscht. Da wollen die natürlich alles ganz genau wissen. Und damit wäre er *erpreßbar*!«

Mein Vater sah mich vielsagend an. Wie meinte er das? Womit wäre ich erpreßbar? Mit meiner Kleinen Trompete? »Uhltzscht, wir haben Erkenntnisse, daß Sie den kleinsten Pimmel haben. Das steht morgen auf der Titelseite der BILD-Zeitung – es sei denn, Sie verraten uns, wo Sie Ihre Agenten plaziert haben.« Davor wollte mich mein Vater warnen?

»Oder eine andere Möglichkeit«, fuhr er fort.

»Eberhard, *bitte!*«

»*Nein!*« sagte er störrisch. »Er ist im Begriff, einen großen Fehler zu machen! Er unterschätzt die Gefährlichkeit des Gegners! Eklatant!« Ich saß wehrlos im Stuhl, schwitzend und schwach, während er meiner Mutter die geheimdienstlichen Konsequenzen erläuterte. »Oder sie wird durch ihn schwanger, kommt daherspaziert und sagt: Du willst nicht Vater werden? Dann erzähl mir mal was über deine Arbeit und über dies und das – oder ich trag das Kind aus, und du darfst zwanzig Jahre lang zahlen.«

»Sie ist nicht so eine«, flüsterte ich.

»Genau!« rief mein Vater triumphierend. »Genau das meine ich! Da siehst du es! Er unterschätzt den Gegner. Das sagen nämlich alle, *Ach, so eine ist sie nicht* – aber hinterher ist das Gejammer groß.«

»Eberhard, er tut's ja nicht wieder«, sagte meine Mutter beschwichtigend.

»Hoffentlich«, sagte mein Vater.

Was sollte das heißen? Was würde ich hoffentlich nie wieder tun?

»Na ja«, meinte meine Mutter versöhnlich, »wir haben ja nichts dagegen, wenn du uns das nächste Mal diejenige vorstellst, die vielleicht dein Partner werden soll. Was meinst du, Eberhard?«

Mein Vater brummte: »Mm.« Meine Mutter strahlte. Habe ich nicht prachtvolle Eltern! Und so einfühlsam! *Hallo, Mama, hallo, Papa, ich möchte euch am nächsten Sonntag Fräulein Roßbaum vorstellen, sie soll vielleicht mein Partner werden. Ich habe sie im Museum kennengelernt, sie ist mir sofort aufgefallen, ob ihres sauberen Taschentuches. Wir gehen täglich ins Klavierkonzert, und an Regentagen blättern wir im Lexikon, aber als wir in der letzten Woche den Entschluß faßten, »Sinn und Form« zu abonnieren, fanden wir, daß die Zeit gekommen ist, euch miteinander bekannt zu machen.*

Mr. Kitzelstein, da habe ich das unglaubliche Kunststück fertiggebracht und allen Verteufelungen zum Trotz meinen verschüchterten Pinsel in einer traumhaften Möse untergebracht – und bin nicht *erlöst*? Warum bloß? Warum kann ich nicht mal an den Fick glauben, den ich selbst vollbracht habe? Weil *sie* sagen, daß es lebensgefährlich ist? Weil *sie* sagen, daß es unserer großen Sache schaden könnte? Weil ich ein Kind dieser

Eltern bin? Weil ich den kleinsten Pimmel habe? Weil ich Klaus heiße, letzter Flachschwimmer war, verschwitzt bin und nie durchsehe? Weil ich das Gefühl habe, immer etwas falsch zu machen, selbst wenn ich mal nichts falsch gemacht habe?

Wenn Sie denken, daß ich meinen Tripper in die Poliklinik des Ministeriums brachte, wie von Dr. Riechfinger empfohlen, irren Sie sich. Es hätte ja sein können, daß ich Minister Mielke in die Arme laufe, just in dem Moment, wenn ich aus der Tür *Haut- und Geschlechtskrankheiten* herauskomme. Minister Mielke vermutet das Schlimmste – und tatsächlich: Sein hoffnungsvolles Nachwuchstalent, ehemaliger Eliteschüler, ehemaliger zukünftiger Nobelpreisträger, das Titelbild hat *Tripper*!

Wo kann ich meinen Tripper behandeln lassen? Da gab es eine Adresse in der Greifswalder Straße. Greifswalder Straße! Mitten im Prenzlauer Berg! Wo die Altbauten stehn! Mit den Außenklos! Und den vielen Ratten! Ich mußte meinen Tripper ins Rattenviertel tragen! Hoffentlich geht das gut.

Bevor ich mich zu Fuß in die Nähe dieses Hauses wagte, fuhr ich erst mal mit der Straßenbahn daran vorbei. Von außen machte es einen völlig harmlosen Eindruck, und vor dem Eingang lagerten entgegen meinen Befürchtungen auch keine Syphilitiker im fortgeschrittenen Stadium, zwischen denen sich Hamster tummelten. Die Leute gingen an diesem Haus vorüber, als würden sie nichts Ungewöhnliches daran finden, daß es ein Haus gibt, in dem sich Menschen treffen, die wegen Ficken mit infizierten *Geh!-schlecht!*s-organen umherlaufen. Kein großes rotes blinkendes Warnschild forderte die Fußgänger auf, die Toreinfahrt nur in sicherem

Abstand zu passieren, da Zusammenstöße mit Geschlechtskranken drohten. – Wie ich hineinkam: Ich ging dicht an der Hauswand entlang und wollte einfach im Torbogen verschwinden. Der erste Versuch mißglückte, da ein Hausmeister im Torbogen fegte. Ich lief weiter, obwohl ich bereits einen halben Schritt in den Torbogen getan hatte. Wie entlarvend! Hatte jemand, der hinter mir lief, meine ursprüngliche Absicht erkannt? Und wenn ja, andere darauf aufmerksam gemacht? Bloß weg hier, ehe sich hinter mir eine hämische Menschentraube bildet. Ich bog in die nächste Straße ein und lief eine Runde ums Karree. Ich kam an einer Kneipe vorbei. Sollte ich etwas trinken? *Alkohol enthemmt*, und genau das brauchte ich, wenn ich es je zu einem Arzt, der mir Penicillin verschreibt, schaffen wollte. Aber bekanntlich gibt es kaum erforschte Wechselwirkungen zwischen Alkohol und Medikamenten! Ganz zu schweigen von meinem außergewöhnlichen Blutbild! Wer weiß, was droht, wenn ich Penicillin unter Alkoholeinfluß bekomme! Vielleicht werde ich gelähmt und muß für den Rest meines Lebens im Rollstuhl sitzen und kann nur noch lallen und die Augenlider bewegen! Man wird mich in Schulen rollen und den Klassen der Oberstufe vorführen – ich mit einem Pappschild um den Hals *Er wollte nur seinen Spaß, ohne an die Folgen zu denken*.

Ich ging einmal ums Karree, wofür ich mir eine Viertelstunde Zeit nahm – und dann bog ich in die Einfahrt. Sie war leer. Wohnen hier Menschen? Oder hat man erkannt, daß es selbst im Prenzlauer Berg unzumutbar ist, im Tempel der Geschlechtskranken unschuldige Menschen wohnen zu lassen? Ich mußte über einen

Hof. Wenn hier doch Menschen wohnen, dann stehen sie bestimmt hinter den Gardinen und beobachten schadenfroh die Tripperkranken, und wenn ich Pech habe, werden sie alle gleich wie auf Kommando die Fenster aufreißen, sich ein Megaphon vorhalten und mich auslachen. – Dann ein Treppenaufgang, als hätte ich es geahnt. Aus diesen Treppenaufgängen kommen einem doch immer Leute entgegen! Was dann? Ausreißen? Aufhängen? Jacke über den Kopf ziehen? Das Hinauskommen wird unkomplizierter, ich kann den Weg durchs Fenster nehmen.

Die *Zentralstelle zur Bekämpfung der Geschlechtskrankheiten* war in der ersten Etage. Hinter einer großen Tür, die ohne Summer und Wechselsprechanlage von jedem Infizierten selbst geöffnet werden sollte ... Aber die *Klinke*! Muß ich etwa eine Klinke anfassen, die für die Geschlechtskranken da ist? Eine Geschlechtskranken-Klinke anfassen? Ich? Mit den bloßen Händen? Ich berühre nicht mal meinen eigenen Pinsel ohne triftigen Grund und soll nun eine Klinke für Geschlechtskranke einfach so anfassen? Wo Millionen Bakterien draufhocken und nur darauf lauern, mich anzufallen? Ich konnte mir mit einem Briefumschlag helfen, den ich zufällig bei mir hatte. Hinter der Tür stand ein Abfallbehälter, so daß ich den verseuchten Umschlag schnell wieder los wurde. Ich stand auf einem Gang, der zehn, zwölf Türen hatte. So viele Zimmer? War Tripper so beschäftigungsintensiv? Gar ein Wirtschaftsfaktor? Werden durch unverantwortliches Fikken Arbeitskräfte gebunden, die in der Volkswirtschaft so dringend benötigt werden? Ist Gonorrhöe konterrevolutionär? Erwartet mich noch ein Parteiverfahren?

Ich tappte an die Aufnahme, legte meine Überweisung vor und bekam eine Nummer. Das Wartezimmer war *nicht* leer. Ich hatte so gehofft, der einzige zu sein, niemandem unter die Augen treten zu müssen … Als ich das nächste Mal kam, hatte ich einen Termin am Vormittag und war allein im Wartezimmer, was ebenfalls schwerste Selbstbezichtigungen auslöste: Daß *ich* es bin, der mit seinen Fickbazillen die Menschen hinter den vielen Türen beschäftigt!

Im Wartezimmer standen Stühle. Sollte ich meinen Arsch auf Stühle setzen, auf denen … Ich, der ich keine Klobrille berühre, ebensowenig, wie ich meine Hose auf ein bezogenes Bett lege, sollte mich setzen? Auf diese Stühle? Wieviel verirrte Bakterien sind auf diese Sitzfläche gepurzelt? Tausend? Millionen? Fünfzig Millionen? Hocken da, warten darauf, arglose Patienten anzufallen. O Heimtücke! – Und dieser Warteraum. Jeder wußte, daß jeder weiß, weshalb man hier ist, aber niemand wußte vom andern Genaues … *Glotzt mich nicht so an!* flehte ich innerlich. *Ich habe die Krankheit nicht weitergegeben! Ich habe mich bloß angesteckt! Ich bin unschuldig! Ich bin unschuldig! Ich bin unschuldig!* Ich war verloren unter Typen, mit denen ich nicht mal im selben Abteil reisen würde. Eine andere Welt, die Welt der Geschlechtskranken. Zum Beispiel waren da zwei Motorradrocker, die sich laut und heiser über die Beschaffung seltener Ersatzteile unterhielten. Meine neuen Freunde: Rocker, die ihre Öfen frisieren und in geschlossenen Ortschaften schneller als fünfzig fahren! Tätowiert waren sie auch! Tätowierte heisere gesetzesbrecherische Tripperkranke! – In einer Ecke saß ein kleiner Bodybuilder, der mit der Zunge schnalzte, als eine künstliche Blondine an ihm vorbei ins Sprechzimmer ging. Er hatte Tripper, sie hatte Tripper, sie war häßlich, ihre Hosen saßen schlecht – und trotzdem wirft er seine Netze aus! Was geht in so einem Menschen vor? Als ein Anzugmensch, Aktentasche unterm Arm, in den Warteraum kam, rief ihm der Bodybuilder zu: »Na, Krawatte, wieda zurück vonne Dienstreise?«

Ich suchte nach einer Möglichkeit, mich von diesen Vorgängen zu distanzieren, und interessierte mich für diese Tafeln, die an den Wänden hingen und über Geschlechtskrankheiten aufklärten. Zeichnungen mit einer Detailfülle, wie sie vom Biologiebuch nie erreicht werden. Der Bodybuilder bemerkte: »Tja, die hättste dir vorher ankieken müssen.« Ich wurde knallrot.

Die Motorradrocker verabschiedeten sich. »Mach's gut, Großer!« sagte der eine, und sie schüttelten sich auf ihre spezielle Art die Hände. »Man sieht sich.« Moment mal? Wieso trafen sich hier Kumpels? Warum ausgerechnet *hier*? Hatten die sich die Gonokokken von derselben Frau geholt? Oder hatte erst der eine eine Frau angesteckt, welche daraufhin den anderen? Hilfe! Wo bin ich? Fickt denn hier jeder mit jedem? Ist das der Prenzlauer Berg? Die Menschheit? Hat der deutsche Humanismus nicht solche Werke hervorgebracht wie »Die Erziehung des Menschengeschlechts«? Soll das alles umsonst gewesen sein? Und wenn Gorki hier gewesen wäre, hätte er weiter zu seinem Ausspruch *Ein Mensch – wie stolz das klingt* gestanden?

Endlich wurde ich aufgerufen. Ich war so scharf darauf, aus dem Wartesaal zu kommen, daß ich die Klinke des Behandlungszimmers blank berührte. Aber es war nicht die Klinke des Behandlungszimmers. Ich war bei einer Art Sozialarbeiterin. Ich hätte mir nie träumen lassen, daß ich so weit herabsinke, daß ich Gegenstand der Sozialarbeit des Prenzlauer Berges werde ... Überhaupt, *Sozialarbeiter* – waren das nicht die Bewährungshelfer und die Wiedereingliederungsheinis? Mr. Kitzelstein, mit anderen Worten: Kaum habe ich meinen Schwanz aus einer Möse gezogen, werden Resozialisierungsmaßnahmen erforderlich.

Sie fragte mich, bei wem ich mich vermutlich angesteckt hätte. *Vermutlich!* Was für eine Unterstellung! Natürlich wußte ich, wer mich infiziert hat: Marina Paage, irgendeine Straße, Nummer achtzehn. Der ganze Jammer meines Hirns bündelt sich in der Tatsache, daß ich mir, obwohl ich die Straße vergaß, die Hausnummer gemerkt habe. Sie blieb mir in Erinnerung, weil ich als ehemaliger Eliteschüler und zukünftiger Nobelpreisträger, Schachspieler und Zahlenfetischist sofort eine Assoziation hatte, als ich die *Achtzehn* betrat: Das, was wir jetzt machen, multiplizieren wir miteinander und dividieren es durch die Anzahl der beteiligten Personen: 6 mal 6 durch zwei macht ihre Hausnummer. So krudes Zeug geht mir durch den Kopf, andauernd, pausenlos, ununterbrochen – und niemand erlöst mich davon.

»Sicherlich *Duncker*straße achtzehn«, meinte meine Bewährungshelferin. Tatsächlich! Marina hatte sie dem Taxifahrer gesagt. – Was für eine Blamage! Gut, ich war der schlechtinformierteste Mensch, den man sich nur denken kann, aber daß meine Bewährungshelferin im Gegensatz zu mir sogar die Adresse der Frau kannte, die aus mir einen Mann machte ... Warum wissen immer die anderen alles, was ich nicht weiß? Ich habe das ganze Ausmaß dessen, was ich nicht weiß, nie erfahren, aber in solchen Momenten weht mich zumindest eine Ahnung an.

Ich wurde ins Nebenzimmer zu einer Ärztin geschickt, die *den Abstrich vornahm.* Ich mußte vor einer fremden Frau meine kleine Trompete entblößen. Einen Pimmel, auf dem sich üble Bakterien tummeln. Und sie berührte ihn. Mit ihren eigenen Fingern! Mit bloßen Fingern! Wieviel bezahlt man dieser Frau für so eine Arbeit? Oder wird sie gezwungen? Hat sie im letzten Studienjahr eine Wette verloren? Wissen ihre Nachbarn, was sie tagsüber tut?

Ich bekam eine Spritze und mußte wieder ins Nebenzimmer zu meiner Bewährungshelferin, die mir gleich drei weitere Termine auferlegte. Drei Termine! Sollte ich noch *dreimal* in diesem Warteraum sitzen? Als sie in ihrem Schreibtischkalender blätterte, fiel mir das Telefon auf. Ein *rotes* Telefon! Ein rotes Telefon auf einem Schreibtisch in der *Zentralstelle* – ist das die Direktverbindung mit dem Zentralkomitee? Dem Ministerium? Werden jetzt Krisensitzungen wegen meines haltlosen Lebenswandels anberaumt? Werden meine Ziehväter nicht mehr an mich glauben? Und daß ich bereits meinen ersten Auftrag an einem Konferenztisch erhielt – wird das alles nichts mehr zählen? Werde ich fallengelassen?

Daß ich alles so persönlich nahm! Ich war in der *Zentralstelle zur Bekämpfung der Geschlechtskrankheiten.* Diese Institutsbezeichnung war wie ein Keulenschlag. Schlimmer! Lassen Sie sich das mal auf der Zunge zergehen. Ich mit meinem kranken *Geh! Schlecht!* sollte also *bekämpft* werden, noch dazu von *zentraler Stelle.* Was muß ich Schreckliches getan haben? Wo ich doch immer der gesetzestreueste Bürger sein wollte. Es hätte mein Hobby werden können, *Gesetze einhalten*. Und nun so was: Vorladungen in die Zentralstelle zur Bekämpfung der Geschlechtskrankheiten. An allem war nur Marina schuld! Ich hätte es wissen müssen! Wie konnte ich nur! Auf dem Küchentisch! Wo Lebensmittel abgelegt werden, die zum Verzehr bestimmt sind! Und daß sie ausgerechnet in ihrer *Küche* ein Haustier hält, wo doch jedes Kind weiß, daß solche Viecher voll von Milben, Keimen und Bazillen sind ... Ich hätte mir ebensogut die Lepra holen können! Mit ein paar Gonokokken bin ich unter den Umständen noch glimpflich davongekommen.

Bei einem der Termine bat mich meine Bewährungshelferin an einen kleinen Clubtisch und bot mir einen Kaffee an. Ob ich was von Rundfunktechnik verstünde? Sie will sich einen Radiorecorder kaufen, kennt sich aber nicht aus. Ich verstand nicht. Sie fragt *mich*? Wieso glaubt sie, ausgerechnet mich, einen Tripperkranken, in einer ihrer persönlichen Angelegenheiten zu Rate ziehen zu sollen? Ist es eine Finte? Steckt mehr dahinter? Aber was? Warum sehe ich nicht durch? Wurde sie etwa durchs rote Telefon instruiert, mir in Sachen Rundfunktechnik auf den Zahn zu fühlen? – Mir blieb nichts anderes übrig, als ihre Frage scheinbar ganz normal zu beantworten, allerdings blieb ich etwas spröde. Als ich über *Dolby B* referierte, unterbrach sie mich, was das sei. *Ein Rauschunterdrückungssystem*, sagte ich. Und wie funktioniert das? Ich erklärte es ihr, worauf sie kichernd erzählte, daß sie immer glaubte, ein Rauschunterdrückungssystem soll psychische Rauschzustände, die beim Musikhören entstehen, unterdrücken. Zum

Beispiel beim Autofahren könne doch ein Rausch durch Musik gefährlich werden. »Ich dachte immer, ein Rauschunterdrückungssystem ist was für die Verkehrssicherheit«, sagte sie. Wollte sie mich auf den Arm nehmen? Und wieso kichert sie, als wäre dies kein Ort der Schande? »Verkehrssicherheit« – schon dieses Wort! Als ich meine Ausführungen beendet hatte und nicht wußte, was als nächstes passiert, sah sie in ihrem Terminkalender nach. »Wir können noch ein bißchen plaudern«, sagte sie. »Der nächste kommt erst gegen vierzehn Uhr dreißig.« Wir *plaudern*? Wie aufregend! Das gab es also wirklich! Ich hatte schon davon gehört, wurde aber nie mit den Einzelheiten vertraut. Man konnte es tatsächlich einfach so tun? Kaum zu glauben! Und ausgerechnet hier, wo eigentlich ... Nein, so was ... Plaudern! Und ich dachte, hier werden Geschlechtskrankheiten bekämpft!

Nein, nein, Mr. Kitzelstein, ich gab ihr keine Chance, mit mir zu plaudern. Wäre ich aufgetaut, hätte ich das mit dem Rauschunterdrückungssystem ganz ulkig finden können und ihr vielleicht einige meiner Mißverständnisse aufgezählt: daß der Premierminister ein Minister ist, der zu allen Premieren gehen muß, daß ich *Außenhandel* für Straßenhandel hielt und daß der *Weltmarkt* der größte Gemüsemarkt der Welt wäre. Es wäre vielleicht noch ganz nett geworden. Aber wie soll es nett werden, wenn ich mich in die Sesselritze quetsche und ihren Kaffee nicht anrühre?

Und wenn ich glaube, es müßte so sein?

Das 5. Band: wbl. Pers. Str. hns. trat 8:34

Vor meiner Abfahrt aus dem Militärlager Freienbrink holte mich der Kompaniechef der Ausbildungskompanie in seine Baracke, blätterte in einem Hefter und gab mir mit den Worten »Ihr Marschbefehl!« einen Umschlag, in dem eine Vorladung in die Berliner Bezirkszentrale der Staatssicherheit steckte. Dort meldete ich mich ein paar Tage später und bekam von einem *Kaderoffizier* meinen Klappfix und weitere Instruktionen. »Sie fahren jetzt in die Rigaer Straße fünfundsiebzig in zehn-fünfunddreißig Berlin. Sie melden sich dort beim Postzeitungsvertrieb, Abteilung Allgemeine Abrechnung!«

»Und was soll ich da?«

»Auf jeden Fall nicht soviel fragen. Sie wissen doch, wo Sie sind.«

Das klang vielversprechend! Aber was soll ich beim Postzeitungsvertrieb? Warten auf den Spezialeinsatz? Untertauchen bis zum Tag X? Ein normales Leben führen, mit Einkäufen und diesen Sachen – bis sie mich eines Tages holen, mir in der Plastischen Chirurgie ein neues Aussehen verpassen und mich drei Wochen später mit dem Fallschirm über der blauen Welt abspringen lassen?

In der Rigaer Straße fünfundsiebzig war in einer Erdgeschoßwohnung laut Türschild tatsächlich ein Büro des Postzeitungsvertriebs. Ich klingelte. Ein Mann, Mitte Dreißig, öffnete.

»Guten Tag«, sagte ich. »Ich soll mich hier melden.«

»Wer sagt das?« fragte er.

»Ich weiß nicht...«, sagte ich. Ich hatte ein Problem: Ich wußte nicht, ob ich bei der Stasi oder beim Postzeitungsvertrieb bin.

»Und worum geht es?« fragte er ungeduldig.

»Ich soll hier anfangen zu arbeiten, nehme ich an.«

»Arbeiten? Bei uns? Sind Sie sicher?«

»Martin, das ist er!« sagte ein Älterer, der aus einem Zimmer in den Flur trat. »Laß ihn rein.«

Als die Tür hinter mir geschlossen war, sagte der Ältere nur »Wunderlich« und reichte mir die Hand. Was *meinte* er damit? Wo bin ich? Wer sind diese Männer? Warum sagt man mir nichts! Warum bin ich immer der Dumme – immer! Immer! IMMER! – obwohl ich fast Nobelpreisträger geworden wäre! – Der Ältere ließ meine Hand nicht los und sagte, mit mehr Nachdruck, »Wunderlich, Harald, Major.« Ach so.

Dann stellte er mir den Mann vor, der die Tür geöffnet hatte. »Eulert, Martin, Oberleutnant.« Wir gaben uns die Hand.

Ein dritter Mann, der auch auf den Flur gekommen war, sagte: »Grabs, Gerd, Hauptmann.« Wir gaben uns die Hand.

Ich glaubte, die Gepflogenheiten zu durchschauen, und sagte: »Uhltzscht, Klaus, Offiziersschüler.«

»Schön«, sagte Major Wunderlich. »Wir duzen uns

hier und nennen uns beim Vornamen.« Er begann durch die Räume zu spazieren und winkte mir, ihm zu folgen.

»Also, draußen steht *Postzeitungsvertrieb, Abteilung Allgemeine Abrechnung*. Irgendwas muß man ja schreiben, sonst werden die Leute stutzig. Wir stehen in keinem Telefonbuch. Trotzdem kommen manchmal Leute, meistens aus der Nachbarschaft, und wollen ihr Abo kündigen. Oder sie beschweren sich, daß die Abrechnung nicht gestimmt hat. Wir schicken sie dann an die richtige Adresse. Wer ein Abo bestellen will, bekommt ein Bestellformular und den Hinweis, wo es abgegeben werden muß.«

»Es muß glaubwürdig aussehen«, sagte Oberleutnant Eulert.

»Genau«, bestätigte Major Wunderlich und gab mir nacheinander drei Klarsichthüllen. »Bis morgen wirst du deshalb auswendig lernen, A – wo die zuständigen Postämter sind, B – wie die Fristen bei An- und Abbestellungen sind und C – wie der Abonnent am Bankeinzugsverfahren teilnehmen kann.« Er tätschelte einen Umzugskarton. »Hier drin sind Formulare, die wir hier manchmal als Dekoration verteilen müssen, zum Beispiel, wenn Handwerker kommen sollen. Es muß alles absolut echt aussehen.«

»Das ist die Negation der Negation«, sagte Oberleutnant Eulert. »Es sieht absolut echt aus, ist es aber nicht. Die Negation der Negation, hähä.« Auf der Türschwelle raunte er mir zu: »Ich interessiere mich nämlich für Philosophie.«

Sie demonstrierten, daß sie gewillt waren, mich in ihrer Mitte aufzunehmen; zum Beispiel hatten sie die *Dienstbesprechung* verschoben, um mich, den Neuling, in die Planungen einzubeziehen. Major Wunderlich übernahm außerdem die halboffizielle Rolle des *betreuenden Genossen*, eine Art Mentor oder Zen-Meister. »Aber wir kümmern uns alle um dich«, sagte er. Hauptmann Grabs nickte, und Oberleutnant Eulert rief großzügig »Klar!«. Die Dienstbesprechungen fanden in einem engen Zimmer an einem kleinen wackligen Tisch statt, wodurch ich mich unterbewertet fühlte, da ich meinen ersten Auftrag bereits an einem Konferenztisch entgegengenommen hatte.

»Erstens«, sagte Major Wunderlich, der eine Tüte Salzstangen auf den Tisch legte. »Bei uns gibt es immer Salzstangen. Wir werden alle A – ein Auge darauf werfen, daß B – immer genug Salzstangen vorrätig sind.«

»Salzstangen«, wiederholte ich.

»Genau.«

Dann folgte ein längerer Vortrag von Major Wunderlich, in dem von *befehlsmäßiger Verankerung*, von *Referaten* und *595er Nummern* die Rede war. Wenn ich richtig begriff, erklärte er mir, was ich von der Stasi wissen sollte. Ich war also tatsächlich bei der Stasi – als ob ich es geahnt hätte!

»Ach, eh ich's vergesse«, sagte Wunderlich zum Feierabend, als ich mit den Materialien für Zeitungsabonnenten das Büro verlassen wollte. »Morgen ist Sport. Wir drehen ein paar Stadionrunden. Bring A – Sportsachen, und B – Duschzeug mit.«

Waaas! Sport? Hier? Ich denke, das ist die Stasi! Ich denke, ich bin hier in historischer Mission? Wieso laufen? Bin ich in meinem Leben nicht schon lange genug gelaufen! Ich habe mehr Zeit mit dem Laufen verbracht als alle anderen, denn ich war immer letzter und als solcher länger unterwegs – kann man das nicht würdigen, indem man mich begnadigt? Hat das nie ein Ende? *Ein paar Stadionrunden?* Was sind *ein paar*? Eine Runde mehr oder weniger kann mein Verhängnis werden! Was ist, wenn ich meine Runden nicht schaffe? Was wird mit meiner Karriere?

Sport war eine morbide Angelegenheit, allein die Tatsache, daß es im *Stadion der Weltjugend*, einem Riesenstadion, stattfand. Zehntausende könnten kommen und mich auslachen! Die BILD-Zeitung titelt: *OSTBERLIN LACHT: DER LAHMSTE LAHMARSCH DER STASI*, und bringt ein Foto von mir. Es machte mich so beklommen, in diesem Stadion zu laufen, die Traversen umzingelten und erdrückten mich. »Stell dir vor, das Stadion ist voll«, sagte Wunderlich und wies in das Rund. »Jeder Sitzplatz ist ein potentieller Zuschauer.« Mr. Kitzelstein, ich verbringe zuweilen Stunden damit, mir meine ruhmreichen Auftritte vor jubelnden Massen auszumalen – aber beim *Sport* gewinnen immer die anderen. Ich stand an der Startlinie, Innenbahn, und von den Rängen hörte ich das Gelächter fünfundsechzigtausend nichtanwesender Zuschauer. Warum darf ich mich nicht auf einem gewöhnlichen Sportplatz blamieren? »Laufen wir in der Gruppe?« fragte ich Major Wunderlich. »Jeder läuft sein Tempo«, sagte er zu meinem Entsetzen. »Brauchst keine Rücksicht auf uns alte Knacker nehmen.«

Unter »ein paar Runden« verstand Major Wunderlich fünf Runden. Nach eineinhalb Runden spürte ich jeden Muskel, nach zweieinhalb Runden wollte ich nicht mehr leben, und in der vierten Runde überrundete mich Wunderlich. Als er an mir vorbeizog, hatte er die Puste, um mir stoßweise zuzuröcheln: »Junge … du mußt … die Arme … A… runter … weiter runter … und B… parallel zum Kör… zum Körper … so!« Major Wunderlich, der Älteste der Abteilung Allgemeine Abrechnung des Postzeitungsvertriebes, war auch der Schnellste, und er liebte das Gefühl, seinem Körper Höchstleistungen abzupressen. Weit hinter ihm lief stoisch Hauptmann Grabs, ohne die Miene zu verziehen: Mund indianisch hart geschlossen, den Blick stur auf die Aschenbahn gerichtet. Mit Oberleutnant Eulert konnte ich immerhin zwei Runden mithalten, ehe ich ihn ziehen lassen mußte. »Du schaffst es!« ermutigte er mich mit einer Munterkeit, die frustrierend war. Ich japste nach Luft – aber *die* halten mir noch einen Vortrag, ehe sie mir die Hacken zeigen! Ich verfluchte mein Dasein, den Tag meiner Geburt und das Schicksal und hatte nur den einen vergeblichen Wunsch, nicht als letzter anzukommen. Wieso muß ich mich vor fünfundsechzigtausend nichtanwesenden Zuschauern demütigen lassen? – Unter der Dusche schwelgte Major Wunderlich: »Laufen ist herrlich.« Laufen? Herrlich? Das Wasser rauschte, und die Stimmen hallten im Raum – war es möglich, daß ich mich verhört hatte? Vielleicht *Saufen?* Oder *Lauschen?* Major Wunderlich shampoonierte sich die Eier ein, die selbstredend größer waren als meine, und setzte fort: »Und wißt ihr warum? Der Körper schüttet bei sportlicher Betätigung Morphine aus, und die versetzen dich in ein Glücksgefühl. Das ist wissenschaftlich nachgewiesen.«

»Man muß einfach weiterlaufen, wenn es anstrengend wird«, meinte Hauptmann Grabs. »Immer weiter, weiter, weiter.«

»Genau«, sagte Wunderlich. »Die Morphine sind die Belohnung.«

»Das ist die Negation der Negation«, sagte Oberleutnant Eulert. »Daß man sich quält, bis man glücklich ist. Die Negation der Negation.«

Und nächste Woche würden wir wieder *ein paar Runden drehen*. Und übernächste auch. Und so weiter. Und so weiter.

War ich jetzt wirklich bei der Stasi, bei der richtigen, echten, sagenumwobenen Stasi? Oder war ich in einem Verein, der sich nur Stasi nannte – damit die *echte* Stasi, die mich eines Tages rufen wird, um so besser getarnt bleibt? Bei der echten Stasi müßte ich keine Abo-Reglements auswendig lernen und keine ruinösen *paar Runden drehen*. Wo ich auch bin: Das *kann* einfach nicht die Stasi sein, die alles weiß, jeden drankriegt und über die nur geflüstert wird. Das sind ein paar Männer, die Salzstangen knabbern und sich einmal in der Woche auf dem Sportplatz tummeln. An Major Wunderlich war überhaupt nichts *Wunderlich*, einmal, als er das ND las, reichte er mir die Sportseite, auf der eine Chronologie der DDR-Rekorde im 800-Meter-Lauf abgedruckt war. »Hab ich vollständig im Kopf«, sagte er stolz. »Willste mal hören?« – »Ja«, sagte ich, und insgeheim fragte ich mich zum hundertstenmal, ob das die echte Stasi ist. Wenn Wunderlich die ganze lächerliche Liste sämtlicher DDR-Rekorde im 800-Meter-Lauf aus dem Gedächtnis herunterbetete oder mit ähnlichen Spezialeffekten glänzte, dann habe ich immer erwartet, daß sich daran ein Aha-Effekt für den Geheimdienst-Novizen anschließt, etwa, daß die Ziffernfolge der Rekorde zwischen 1950 und 1972 der Schlüssel zu einem komplizierten Codesystem waren, als er 1978 aus dem Keller des Brüsseler NATO-Hauptquartiers Funksprüche absetzte ... Aber Wunderlich sagte die Statistik auf – und aus! Dann wollte er bewundert werden für sein fabelhaftes Gedächtnis! Wozu bin ich hier? fragte ich mich immer wieder. Was habe ich hier zu suchen? Ich will groß rauskommen, ich will die Weltkarte rotmachen helfen, ich warte auf meinen Einsatz, ich würde den NATO-Planungschef entführen – wozu um alles in der Welt muß ich miterleben, wie mein Vorgesetzter, stolz wie ein Sechsjähriger, Sportstatistiken herunterbetet?

Gerd Grabs lief meistens mit zusammengebissenen Zähnen umher. Er war mit einer Lehrerin verheiratet und hatte zwei Kinder, und es war sein Ehrgeiz, daß alle seine Kinder einsilbige Vornamen, die mit G beginnen, haben sollten. (Wissen Sie, was meine Mutter dazu sagte, als ich ihr, selbstverständlich in strikt anonymisierter Form, davon erzählte? »Wie halten die ihre Handtücher auseinander? Alle dieselben Wäschezeichen!«) – Der Sohn hieß Götz Grabs, die Tochter Grit Grabs. Mr. Kitzelstein, wenn ich *Grabs* heißen würde, dann wäre das zwar besser als Uhltzscht, aber immer noch schlimm, und ich wäre über jeden Vornamen froh, wenn er nur den Nachnamen kaschiert. Grit Grabs – klingt wie ein Doppeltreffer bei einer Apfelsinenschlacht! – »Wie heißt eigentlich deine Frau?« fragte ich ihn einmal, und er antwortete verschämt: »Julia«. Es war ihm peinlich, daß sie nicht in sein System paßte. – Grabs kannte außer Götz, Grit und Gerd keine einsilbigen Vornamen mit G, und als ein drittes Kind unterwegs war, wurde er zunehmend unruhiger. Drei

Wochen vor dem Entbindungstermin brachen wir zu Durchsuchungszwecken in eine Wohnung ein, wo mir ein Buch mit dem Titel *Garp – und wie er die Welt sah* in die Hände fiel. Es war bei Durchsuchungen üblich, durch subtile Veränderungen ein Gefühl der Bedrohung zu hinterlassen: Mal wurde eine Vase zerschlagen, mal wurden die Vorhänge zugezogen oder Stühle hochgestellt. Grabs konnte demnach im Einklang mit den Dienstgewohnheiten *Garp – und wie er die Welt sah* mitgehen lassen, um bei der standesamtlichen Eintragung ins Geburtsregister einen Beweis zu haben, daß *Garp* ein gebräuchlicher Vorname ist. Er kam damit nicht durch, aber im letzten Moment half ihm ein Einsatz als Stimmungsmacher im Haus der Deutsch-Sowjetischen Freundschaft, anläßlich einer Podiumsdiskussion, die in eine Saaldiskussion übergehen sollte – was in Zeiten von Glasnost nicht sich selbst überlassen werden durfte. Einer der Podiumsgäste, und zwar der sowjetische Kulturattaché, erwähnte in einem absolut nebensächlichen Zusammenhang *Gleb Panfilow*, worauf Grabs sehr unruhig wurde und, ganz entgegen seiner Art, ans Mikrofon drängte: »Wie, sagten Sie, hieß dieser sowjetische Filmkünstler?« Als der Kulturattaché halb fragte, halb antwortete »Meinen Sie Gleb Panfilow?«, fragte Grabs mit leuchtenden Augen nach: »Gleb? Mit *G*?«, was den Kulturattaché sehr verwunderte, aber Grabs und ich hatten für jenen Abend ohnehin Order, zu verwirren und zu verunsichern.

Und dann war da noch Martin Eulert. Es hatte sich eingebürgert, ihn Eule zu nennen, was ihn überhaupt nicht störte. »Meine Freunde nennen mich Eule.« Wann immer ich mit ihm zu tun hatte, war mir klar, daß ich nicht bei der echten Stasi bin. Da, wo der ist, kann nicht die echte Stasi sein. Ein Martin-Eulert-Schlüsselerlebnis jagte das nächste. Womit anfangen? Mit seinen sprachlichen Auffahrunfällen? »Die Flugblätter und ihre Helfershelfer in westlichen Breiten.« Seinen polit-strategischen Konzeptionen? »Auch in unserer Gesellschaft ist Platz für konzessionell gebundende Menschen, zum Beispiel bei der Hege und Pflege unserer Kranken.« (»Meinst du *konfessionell*?« – »Na, so was wie gleubisch. So in der Art.«) Seinen philosophischen Einstreuungen? Seinen hundertprozentig mißratenen Beispielen, die er vorzugsweise mit dem Hinweis einleitete, daß man immer ein Beispiel parat haben muß – das hätte er auf einer Schulung in Gesprächspsychologie gelernt. – Als er mit Raymund und mir vor einem Haus in der Wilhelm-Pieck-Straße stand und wir aus einem Auto heraus observierten, ohne zu wissen, wen und warum, fragte ich Eule: »Wen beobachten wir eigentlich?«

»Werdet ihr noch früh genug erfahren«, antwortete Eule. »Aber Beobachtung ist wichtig. Den Täter zieht es immer an den Ort seiner Verbrechen zurück. Das ist wissenschaftlich nachgewiesen. Außerdem ist das die Negation der Negation.«

»Was ist das mit der Negation der Negation?« sagte ich. »Wollt ich dich schon immer mal fragen.«

»Negation der Negation? Ist doch ganz einfach. Du kennst doch auch *Das Lächeln der Sixtinischen Madonna* von Leonardo. – Denk mal drüber nach. Ich geh erst mal pinkeln.«

Wo ist da die Negation der Negation? *Das Lächeln der Sixtinischen Madonna, von Leonardo*. Es war verwirrend. Meint er *Das Lächeln der Mona Lisa* von Leonardo oder *Die Sixtinische Madonna* (die aber – und das weiß ein Sohn meiner Mutter und Besitzer von mittlerweile vier Bibliotheksausweisen – von *Raffael* ist)? Hat Eule die Sixtinische Madonna mit Mona Lisa verwechselt? Oder hat er der Sixtinischen Madonna ein Lächeln untergeschoben, um dann Leonardo mit Raffael zu verwechseln? Oder ging es ihm um die *Sixtinische Kapelle*? Dann käme Michelangelo ins Spiel, das *Lächeln* wäre in jedem Falle verkehrt, und er hätte *sowohl* die Madonna mit der Kapelle *als auch* Michelangelo mit Leonardo verwechselt.

Oder war alles Absicht, ein raffiniert konstruiertes Paradoxon, um die Negation der Negation zu verdeutlichen? (Dann hätte sich Martin Eulert mit Umberto Eco verwechselt.)

Nicht übel, was ich so (in einer Pinkelpause meines Observationslehrers) logisch durchdringe, finden Sie nicht?

Als Eule zurückkam, fragte ich ihn. »Also«, sagte er gedehnt, »du kennst doch *Das Lächeln der Sixtinischen Madonna* von Leonardo. Es steht in Dresden.«

Ist Negation der Negation, daß man einen Fehler wettmacht, indem man den nächsten begeht? Daß einer, der nur Scheiße baut, aber plötzlich seine Anstrengungen verdoppelt, nur doppelt soviel Scheiße baut? Die Negation der Negation. *Es steht in Dresden.* Wenn etwas Sixtinisches *steht*, dann ist es die Sixtinische Kapelle in *Rom*. In *Dresden* ist die Sixtinische Madonna, aber die *hängt* in der Galerie Alter Meister, wo sie genausowenig lächelt wie die Sixtinische Kapelle in Rom. Die Kunst der Renaissance, frei nach Martin Eule: *Das Lächeln der zwölf Apostel, von Pontius Pila-*

tus. Es steht in Babel. Setzen Sie sich ein paar Wochen neben Eule ins Auto, dann wissen Sie, was er damit meint: Er hat *Die zwölf Apostel* mit *Das Abendmahl* verwechselt, Pontius Pilatus mit Leonardo da Vinci, Babel mit Bibel, und die Renaissance hat *Das Lächeln* verursacht; Eule glaubt, daß alle Renaissance-Kunstwerke *Das Lächeln der ...* heißen.

»Die Sixtinische Madonna ist von Raffael«, sagte ich verunsichert.

»Ist doch egal«, erwiderte Eule. »Ich kann diese Burschen sowieso nicht auseinanderhalten.«

Und jetzt, Mr. Kitzelstein, die Negation der Negation, erklärt von Oberleutnant Martin Eulert – er sagte langsam, Wort für Wort: »Der Maler, der dieses Kunstwerk geschaffen hat, war sehr gleubisch. Unsere Menschen sind nicht mehr gleubisch. Aber trotzdem bewundern sie dieses Bild und erfreuen sich an seiner Schönheit.« Er sah mich triumphierend an und sagte feierlich: »Das ist die Negation der Negation.«

»So«, sagte ich mutlos.

»Und wenn du noch mehr über Philosophie wissen willst: Frag mich ruhig.« – Was muß ich Ihnen noch erzählen, damit Sie glauben, daß Eule nur die Attrappe von einem Geheimdienstmann war? Und daß ich glauben *mußte*, daß da, wo er ist, nicht die Stasi, zumindest nicht die *echte* Stasi ist?

Eule hielt es im Auto nie lange aus, er stieg oft unter irgendeinem Vorwand aus und vertrat sich die Beine. Da ging er, strotzend vor Selbstbewußtsein, weil philosophisch bewandert, Mensch unter unseren Menschen, und da er einen Sinn fürs Praktische hatte, trug er flache Schuhe mit griffigen Sohlen, denn die boten unbestreitbare Vorteile beim Fliehen, Verfolgen und Anschleichen. Und wenn man das zusammenrechnet: stolzes Einherschreiten in flachen Schuhen, dann hat man ihn, den zur Legende gewordenen *federnden Gang der Stasi*.

Eule sprach undeutlich, er sagte *Kirsche*, wenn er *Kirche* meinte, und wochenlang rätselten Raymund und ich, was er mit *Fammvertall* meint. Er benutzte dieses Wort immer, wenn irgendwo eine Frau zu sehen war, die mit ihrem Hund Gassi ging. (Ehe wir diesen Zusammenhang entdeckten, hatte Eule schon zwanzig-, dreißigmal *Fammvertall* gesagt.) Nach und nach reimten sich Raymund und ich zusammen, daß *Fammvertall* eine *Femme fatale* war und daß Eule diesen Begriff aufgeschnappt haben muß, als eine echte *Femme fatale* zufällig einen Hund ausführte – was ihn zu der Annahme verleitete, daß eine *Femme fatale* ein Frauchen mit Hundchen ist.

Bei irgendeinem Anlaß zum Besäufnis – ich glaube, es war die Jahresabschlußfeier – setzte sich Wunderlich neben mich, sturzbesoffen, legte mir die Hand auf die Schulter und erzählte mir die Geschichte von *Oberleutnant Klammer auf Unleserlich Klammer zu*. Ich verstand, wie immer, *nichts*. Aber war da überhaupt was zu verstehen? Wunderlich war mein *betreuender Genosse*, und da ist es etwas anderes, wenn von einem *Oberleutnant Klammer auf Unleserlich Klammer zu* gelallt wird. Also was redet der? Warum verstehe ich nichts? Weiht er mich verbotenerweise in einen Geheimauftrag ein, der mir eigentlich erst in einigen Wochen an einem riesigen Konferenztisch erteilt werden sollte? »Weissu dassu je'n Tach mit Oberleunant Klammer auf Unleserlich

Klammer ssu im Auto sisst? Kennsu die 'schichte mit Oberleunan Klammer auf Unleserlich Klammer ssu?« Wie verhält man sich da? Ist das ernst zu nehmen? Zuhören? Jajasagen? – Wunderlich erzählte, daß Eule vor zehn Jahren die Notizen einer wochenlangen Observation verlor, ausgerechnet vor dem Haus des Observierten, eines Schriftstellers (»Schiffeller«). Und der fand sie prompt. Wunderlich sah mich erwartungsvoll an.

»Peinlich«, sagte ich, um irgendwas zu sagen, obwohl mir klar war, daß diese Geschichte ausgedacht ist. So blöd Eule auch war – *so* blöd war weder er noch sonst einer.

»Moment … laß mich ausreden.« Und mit dem Arm auf meiner Schulter und nach Bier stinkend, mühte sich Wunderlich weiter durch diese abstruse Geschichte, von der ich erwartete, daß sie in einem großen Lallen, inklusive Besabbern der Tischdecke enden würde. Der Schriftsteller gab die Notizen als Kuriosum in den Westen, wo sie Wort für Wort veröffentlicht wurden – außer Eules Unterschrifts-Gekrakel, für das immer »(Unleserlich)« gedruckt wurde. Die Veröffentlichung übernahm *Der Spiegel*, ganz groß, mit Ankündigung auf der Titelseite. Mir rutschte das Herz in die Hose, und ich wußte, daß diese Geschichte stimmt. Sie wühlte meine Urängste auf: *Als Sachenverlierer auf die Titelseite der westlichen Gazetten!* Dieses erniedrigende Schicksal drohte auch mir! – Eule war bei einem seiner nächsten Einbrüche so flattrig (oder vielleicht hatte sich eine – begründete – feindselige Regung gegen den *Spiegel* geregt), daß ihm im Badezimmer der Fotoapparat aus der Hand rutschte und einen *Spiegel* zertrümmerte. Zu allem Unglück in der Wohnung einer Schriftstellerin, und man mußte aus Erfahrung davon ausgehen, daß ... Veröffentlichung ... Skandal ... Blamage ...

»Was meinßu, was wir da gemacht ham«, lallte Wunderlich. Ich sah ihn hilflos an. »Ir'nwas mussu ja machen, is schließlich 'ne Schiffellerin. Kann 'fährlich wern für uns. Ich wer dir sa'n, was wir gemacht ham. – Erdbehm.«

Was? Was ist Erdbehm, und wie macht man das und wozu ist das gut? »Was ist Erdbehm?« fragte ich. Was ist Fammvertall?

»Ein Erd-be-ben. Wirssu doch kenn'. Wo 'n Erbehm is, geht eh'm auch mal ein Spiegel ssu Bruch. Ham wir also beschlossen, daß wir 'n Erdbehm machen. Willsu wissen, wie man ein Erbehm macht? Hassu keine Idee? Paß auf, man setzt eine klissekleine Meldung in die Zeitung, daß gestern ein klissekleines Erbehm ein paar klissekleine Schäden angerichtet hat. Das issn Erbehm. Soll Madame doch hingehn un schrei'm, die Stasi hat mein Spiegel kaputtehaun, dann sagen wir, Moment, Madame, lesen wir denn keine Zeitung? Is Madame nich aufn Gedanken gekomm, daß ein Erdbehm ihrn Spiegel vonne Wand geholt hat? Tss, tss, tss, Madame sonst so schlau, is ja Schiffellerin! Aber daß beim Erdbehm Glasbruch gibt, darauf kommen wir nich, Madame?«

Waaas? Major Wunderlich – ein Erdbebenmacher? Dieser versoffene, lallende, hilflose Mann, der die *Glücksgefühle bei Erschöpfungszuständen, wissenschaftlich bewiesen*, preist, der Sportstatistiken auswendig lernt und nur in A, B, und C reden kann, ist der Herr der Erdbeben? Wie macht er Sonnenfinsternisse? Wie die Auferweckung von Toten? Wenn Wunderlich auf Zuruf Zeitungsmeldungen initiieren kann – hat dann mein Vater tatsächlich NBI-Titelseiten …? Ist das ganze Leben nur Kulisse – und die Stasi der Kulissenschieber?

Bei einer meiner ersten Dienstbesprechungen ging es um Flugblätter.

»Hier!« sagte Major Wunderlich und ließ das Flugblatt herumgehen. »Habe ich in unserem Briefkasten gefunden!«

Auf dem Zettel stand: Glasnost

»Die Dreistigkeit des Gegners wird immer dreister«, sagte Grabs. Eine Woche vorher hieß es bei ihm noch: *Die gegnerische Dreistigkeit wird immer gegnerischer.*

»Das beweist, daß wir das Fehdehandtuch nicht begraben dürfen«, sagte Eule. »Das war bestimmt wieder dein OV Induvidialist.«

Dann raunte er mir zu: »Das ist ein Deckname, und OV heißt Optimaler Vorwand.«

»Oppositioneller Vorfall«, verbesserte Grabs.

»Operativer Vorgang«, sagte Wunderlich. »Habt ihr eine Ahnung, welche Verbreitung dieses Flugblatt hat?«

»Nein«, sagte Grabs. »Aber das läßt sich doch rauskriegen.«

»Und wie stellst du dir das vor?« fragte Wunderlich.

»Befragungen des Wohngebietes«, sagte Eule. Er gehörte vermutlich auch zu denen, die sich, wenn sie nach der Straßenbahn rennen, auf die Türen konzentrieren und nicht auf den Fahrer.

»Also befragen wir einige Bürger des Wohngebietes«, sagte Wunderlich. »A – Polizisten, B – Lehrer, C – Arbeiterveteranen, vertrauensvolle Genossen und unsere IMs.«

»Interessante Mitläufer«, raunte mir Eule zu.

»Inoffizielle Mitglieder«, verbesserte Grabs. »Oder Informative Mitarbeiter?« Er war sich nicht sicher.

»Informelle Mitarbeiter«, sagte Wunderlich.

»Und die haben auch Decknamen«, raunte mir Eule zu.

»Meistens hat es mit ihrem Beruf oder so zu tun«, sagte Grabs.

»Die IMs können sich ihre Decknamen selbst aussuchen«, sagte Wunderlich.

»Wegen der Indenfitizierung«, sagte Eule.

»Wer sich nach einem Doppelleben sehnt, ist bei uns richtig«, sagte Wunderlich lechelnd. »Und damit jeder IM das Gefühl hat, es ist *sein* Doppelleben, darf er als erstes den Decknamen frei wählen.«

»Wir machen nur Vorschläge. Und dann erklären wir das mit dem Beruf. Ich mach das immer mit einem Beispiel, weil ich mal einen Lehrgang in Gesprächspsychologie besucht habe, wo sie uns gesagt haben, daß man immer mit einem Beispiel erklären soll. Wir haben also«, sagte Eule, an mich gewandt, »zum Beispiel einen IM Objektiv kadermäßig bearbeitet. Der ist Fotoreporter.«

»Das ist ein guter Deckname, denn jeder Fotoreporter hat ein Objektiv. Verstehst du?« sagte Grabs.

»Genau. Und wenn du eine Küchenfrau kadermäßig bearbeitest, dann kann sie meinetwegen IM Kochlöffel heißen.«

»Denn in jeder Küche gibt es einen Kochlöffel.«

»Es gibt sogar einen Dichter, der hat sich IM Hölderlin genannt«, sagte Wunderlich.

»Denn in jedem Dichter gibt es einen Hölderlin«, sagte ich leichthin.

»Gibt es einen Gott?« fragte Grabs plötzlich.

»Objektiv gesehen gibt es sowieso keinen Gott«, sagte Eule. »Hättste mal Lenin gelesen.« Er raunte mir zu: »Ich interessiere mich nämlich für Philosophie.«

»Ich meine: Gibt es einen IM Gott?« fragte Grabs. »Seit ein paar Wochen bin ich bei der kadermäßigen Bearbeitung von einem Theologiestudenten. Geht ganz gut, *Vertrauen wagen* und so, aber er hat noch keinen Decknamen.«

»IM Gott ist doch ein guter Deckname für die Frömmler«, sagte Wunderlich.

»Klar!« sagte Eule. »Denn in jedem Frömmler gibt es einen Gott, obwohl es ihn objektiv nicht gibt.« Er raunte mir zu: »Das ist die Negation der Negation.«

»Dann kannst du dich, sooft du willst, mit Gott treffen«, sagte Wunderlich.

»Gott spricht zu dir ...«, sagte ich und holte neue Salzstangen. In der Küche hörte ich, wie Eule sich empörte: *Flugblätter und ihre Helfershelfer in den westlichen Breiten.*

Als ich zurückkam, hielt Wunderlich das Flugblatt hoch. »Und was ist nun hiermit?« fragte er. »Wollen wir etwas dagegen unternehmen?«

»Kommt drauf an«, sagte Grabs nach einer Weile. »Wenn es von Individualist ist, lassen wir ihn noch ein paar solche Aktionen machen. Was wir im Moment haben, reicht vielleicht für eins acht...«

»Ein Jahr, acht Monate«, raunte mir Eule zu.

»... aber wenn wir uns noch ein bißchen Zeit mit ihm nehmen, kriegen wir ihn auf drei sechs.«

»Hm«, sagte Wunderlich nachdenklich.

Später erklärte mir Eule, daß Häftlinge mit einer

hohen Reststrafe beim Freikauf höhere Erlöse bringen als Häftlinge mit einer niedrigen Reststrafe. Es ging also ums Geld, um *Devisen*; deshalb dachte Eule, daß OV *Optimaler Vorwand* hieße. Dennoch müsse jeder mindestens ein Jahr absitzen, »denn sonst wäre Justitia nicht nur auf einem, sondern sogar auf beiden Augen blind«, wie Eule sagte.

»Und wenn es nicht von Individualist ist?« fragte Wunderlich.

»Dann sollten wir etwas dagegen unternehmen«, erwiderte Grabs.

»Und was?« fragte Wunderlich, aber plötzlich hatte er eine Idee. »Das fragen wir doch mal unseren jungen Genossen.«

Das war ich. Sollte *ich* ihnen sagen, wie man die Verbreitung subversiver Flugblätter verhindert?

»Also«, sagte ich nach einer Weile, »ich würde die Vervielfältigung erschweren.«

»Sehr gut«, sagte Wunderlich. »Das heißt konkret?«

»Keine Kopierer an privat verkaufen.«

»Das ist die augenblickliche Situation.«

»Importverbot für Kopiertechnik.«

»Gibt es schon. Und wird auch ernst genommen.«

»Kopierer in Betrieben und so weiter müssen gesichert sein, und nur ein sehr begrenzter Personenkreis darf Zugang haben.«

»Ist gängige Praxis.«

»Über Kopien in größerer Anzahl muß Buch geführt werden. Und sie müssen genehmigt werden.«

»Machen wir ohnehin.«

Mir fiel nichts mehr ein. Aber daraus wurden die Momente, in denen ich bei der Stasi reifte. Mir *mußte* etwas einfallen! Also: Auf zu neuen Ufern des Mißtrauens! Dem Argwohn neue Formen abgewinnen! Nie gekannte Gehässigkeiten entwickeln! In historischer Mission!

»Können wir trotz Einfuhrverbot ausschließen, daß es Kopierer in Privatbesitz gibt?« fragte ich.

»Nein«, sagte Wunderlich nach einer Weile. »Das können wir nicht ausschließen.«

»Dann dürfen wir kein Papier verkaufen! Wozu werden überhaupt 500 Blatt Schreibmaschinenpapier einfach so über den Ladentisch gereicht? Wer will denn so viel Papier kaufen? Doch kein unbescholtener Bürger! Doch nur ein Flugblatthersteller!«

»So habe ich das noch gar nicht gesehen ...«, sagte Wunderlich.

»Natürlich!« sagte ich keuchend. »Jede leere Seite ist ein potentielles Flugblatt! Alles andere ist eine Verniedlichung des Gegners!«

»Hört euch den an!« sagte Wunderlich. »Jede leere Seite ist ein potentielles Flugblatt! Manche brauchen zwanzig Jahre, um so zu denken.« Er machte sich eine Notiz.

»Ja!« rief ich. »Wozu brauchen wir *überhaupt* Papier? Für die Schulkinder? Können doch die Lehrer einzelne Blätter ausgeben! Kann man ihnen zumuten, sind doch Staatsdiener! Und wenn die für jeden erhaltenen Block unterschreiben, können die nichts beiseite schaffen, ohne aufzufallen!«

»Kopierer sind die Waffen, aber das Papier ist die Munition. Also müssen wir den Nachschub unterbinden«, sagte Grabs, der ein Problem gern im Frontberichterstatter-Stil formulierte.

»Genau!« unterbrach ich ihn, aus Angst, Grabs könnten plötzlich bessere Ideen als mir kommen. »Wofür kauft man Papier? Für Briefe? Dann nur teures Briefpapier verkaufen! Jeder Flugblatthersteller muß ein Kostenproblem haben! Wenn zwanzig Bögen Briefpapier soviel kosten wie fünfhundert Schreibmaschinenseiten, sind wir einen Schritt weiter! Wir werden das Problem nie ganz lösen können«, sagte ich kraftlos. »Aber...«

»Aber wir können dem Gegner immer um den entscheidenden nächsten Zug auf den Fersen sein«, sagte Eule. »Das ist die Negation der Negation.«

Am Nachmittag sah ich Major Wunderlich im Stehen telefonieren, was bedeutete, daß er mit einem seiner Vorgesetzten im Ministerium sprach. »Wenn wir alles Schreibmaschinenpapier verbannen ... Der unbescholtene Bürger...«, hörte ich ihn sagen, und: »Jede leere Seite ist ein potentielles Flugblatt! Alles andere ist eine Verniedlichung des Gegners!«

Das war *meine* Idee! Meine Idee lebt! Sie wird weitergegeben, nach oben gegeben! Vielleicht sogar bis zu Minister Mielke! Und wenn er handelt, wenn er durchgreift, werden *alle* meine Ideen zu spüren bekommen! Dann bin ich endlich bedeutend, dann werde ich (mit Foto) in die Geschichtsbücher eingehen, als der Mann, der dem Flugblattunwesen ein Ende setzte! Und vielleicht ist das erst der Anfang, vielleicht wird mich das für größere Aufgaben empfehlen, vielleicht befassen sich ab jetzt die größten Konferenztische des Landes mit mir, und vielleicht wird sogar Minister Mielke die Brauen heben, wenn er meine Idee auf seinem Schreibtisch findet, vielleicht wird er sich sogar wundern und herumfragen, von wem diese ungewöhnlich schwungvolle und frische Idee stammt; gibt es etwa einen erztalentierten, ehrgeizigen Neuling in den Reihen der Stasi? *Das ist die Idee, auf die ich warte, seitdem ich hier sitze!* wird er ausrufen (und das will was heißen; er sitzt dort schon über dreißig Jahre). *Wer ist der Urheber? Schafft ihn her, aber schnell, ich will ihn sofort kennenlernen!* Und wenn ich, wie in solchen Fällen üblich, drei Wünsche frei habe, dann werde ich mir wünschen, daß ich, *erstens*, mit einem neuen Namen zu einem Geheimauftrag in die blaue Welt geschickt werde, *zweitens*, daß meine treue Rückkehr auf allen Titelseiten gefeiert wird, und *drittens*, daß ich endlich erfahre, was mein Vater macht. Ich wurde nicht zu Minister Mielke gerufen, aber das hatte vielleicht seinen Grund. Vielleicht wollte er nicht, daß jemand weiß, daß er mich kennt, obwohl ich schon als seine Geheimwaffe im Kampf der Systeme gelte? Ich meine, wenn ich mit ein paar Wochen Diensterfahrung quasi im Handumdrehen das Flugblattunwesen eliminieren kann – darf ich dann nicht auf höhere, auf *höchste* Aufgaben hoffen?

Ich kann Ihnen sagen, wie ich meine Situation verstand. Wie Sie wissen, war ich berufen, Großes zu vollbringen. Natürlich gab es in allem, was ich tat, einen tieferen Sinn, ein Sinn, der mir allerdings noch verborgen blieb. Aber die Stunde würde kommen, in der er sich offenbart. Irgend jemand verbindet eine Absicht damit, mich an einen unscheinbaren Ort zu versetzen und Dinge tun zu lassen, die eines Meisteragenten unwürdig sind. Jemand mit viel Macht und Weitblick, jemand, auf dessen Schreibtisch viele Telefone stehen, jemand, in dessen Händen alle Fäden zusammenlaufen und der sich mir zu erkennen gibt, wenn er die Zeit für gekommen hält. Mein Part in diesem Spiel war, auszuharren, meine Rolle zu spielen und mir nicht anmerken zu lassen, daß ich ein verwunschener Topspion bin. Der Herr meiner Geschicke versichert sich nur meiner Geduld und meiner Ergebenheit, und je härter und erniedrigender die Proben sind, die mir auferlegt werden, desto bedeutender wird meine Mission. Wozu noch Fragen stellen? Außerdem war ich als schlechtinformiertester Mensch darin erfahren, in Ungewißheit und Andeutungen zu leben. Es reichte, daß *er* (wer auch immer das sein mochte – Minister Mielke?) und ich wissen, daß ich etwas Besonderes bin und daß alles, was ich jetzt durchlebe, nur Vorläufigkeiten sind. Jemand hatte *Pläne* mit mir, und alles, was mir geschieht, sind Mosaiksteine, die sich zu einem Bild fügen und einen Sinn ergeben werden. Ich fühlte mich so aufgehoben. Ich war gewiß, daß ich nur tun muß, was man mir sagt, und daß darüber hinaus nichts in meiner Macht steht. *Ich* warte, und nichts von dem, was ich in dieser Zeit tun werde, ist von mir so gemeint oder beabsichtigt. Ich habe deshalb auch niemandem geschadet. *Ich war das nicht*, der einbrach, kidnappte, verfolgte, verunsicherte, verängstigte. *Ich* habe nur gewartet.

An einem Morgen im November klingelte es um sieben an der Haustür. Eule sprach aufgeregt in die Wechselsprechanlage; ich bekäme ab heute eine neue Aufgabe und solle sofort mitkommen. So stellte ich mir meinen Tag X immer vor: eine unscheinbare, unangekündigte Aktion an einem grauen und verregneten Tag. Eule setzte mich in sein Auto und fuhr ins Stadtzentrum. Unterwegs sprachen wir nicht, aber wer die Romane kennt oder

»Das unsichtbare Visier« mit Armin Mueller-Stahl gesehen hat, der weiß, daß bei solchen Anlässen wenig oder gar nicht gesprochen wird. Eule fuhr zum Spittelmarkt und parkte den Wagen vor der *USIMEX Außenhandelsgesellschaft mbH.* Nach einer Minute kam Raymund aus dem Haus und stieg ein. Genau, *der* Raymund, Strahlemund mit Ypsilon, Komme-was-da-wolle-Onanist, der Mondscheinfahrten-Organisator. Was ist los? Was wird da gespielt? Wieso steigt der bei uns ein? Darf ich vor Eule zu erkennen geben, daß ich Raymund kenne? Soll meine Kaltblütigkeit getestet werden? (Wie reagiert unser hoffnungsvollstes Nachwuchstalent, wenn es in Gegenwart Dritter mit alten Bekannten konfrontiert wird?) Ich schaute zunächst nur aus dem Fenster und analysierte dabei fieberhaft die Situation. Ich: äußerlich gelassen und desinteressiert, aber innerlich hellwach und hochkonzentriert. Aus so einem wie mir *muß* eines Tages einfach etwas werden!

Eule startete den Wagen und fuhr in die Leipziger Straße. Wir näherten uns dem Checkpoint Charlie. Als ob ich es geahnt hätte. Sie werden mir ein A4-Kuvert geben und mir sagen, daß ich die Unterlagen studieren soll. Sie werden mir eine halbe Stunde Zeit geben. Dann bekomme ich einen falschen Paß – mit einem neuen Namen! – und letzte mündliche Instruktionen. Bevor ich durch die Sperre gehe, drehe ich mich kurz um, und sie werden mich aus sicherer Entfernung mit Kampfesfaust verabschieden. Und ich werde, wie Teddy beim Hofgang, mit unmerklich erhobener Faust zurückgrüßen. Wenn nicht, muß das in der Filmversion nachgeholt werden.

Aber der Wagen bog nicht nach links ab, zum Checkpoint Charlie, sondern nach rechts, in die Friedrichstraße. Sie fahren mich zum Bahnhof Friedrichstraße, kombinierte ich. Dort kreuzten sich Ost- und West-S-Bahnen, und es hielten sich Gerüchte, wonach es da irgendwo eine Agentenschleuse gäbe, ein unscheinbares Türchen; unbewacht, aber fest verschlossen, dahinter ein staubiger Gang, der von einem unterirdischen S-Bahnhof direkt auf die Straße führt. Dieses Gerücht ist also wahr, dachte ich, denn heute werden sie *mich* in westlicher Richtung durch jenen Gang schicken, Eule hat den Schlüssel für das ominöse Türchen im Handschuhfach, und ich werde bald in eine der U-Bahnen oder S-Bahnen steigen, die im 10-Minuten-Takt unter der Stadt und dem Todesstreifen hindurchfahren. Ich müßte lügen, wenn ich behaupte, ich sei nicht aufgeregt gewesen.

Mr. Kitzelstein, da ich gerade von der Friedrichstraße rede, will ich Ihnen endlich erzählen, wie ich als Achtzehnjähriger, von sexuellen Nöten gepeinigt, dem verbotenen Westen ganz, ganz nahe kommen wollte, wie ich ihn spüren, riechen, hören, tasten wollte. Ich stellte mich nicht ans Brandenburger Tor – da war der Westen noch einhundertzwanzig Meter entfernt –, nein, ich kauerte mich auf einen U-Bahn-Schacht, und immer wenn eine U-Bahn unter mir hindurchfuhr, war der Westen ganze vier Meter weg ... Ich verbrachte *Stunden* auf den Lüftungsgittern der U-Bahn-Schächte, *natürlich* aus sexuellen Nöten, welche durch meine erste Bekanntschaft mit dem Quelle-Katalog ausgelöst worden waren. Ein Mitschüler feierte seinen achtzehnten Geburtstag, Big Party, und da lag dieses Ding in seiner

Wohnung, achthundert Seiten Vierfarbdruck auf Hochglanzpapier – oder so ähnlich. Ist *das* der Westen? Sieht es im Westen aus wie im Quelle-Katalog? Oder gibt es einen Unterschied zwischen beiden? Die Hi-Fi-Anlagen! Die Fahrräder! Die Fotoapparate! Ich bekam ein völlig neues Bild vom Westen. Die können ja alles! Der Sozialismus ist dem Westen selbstverständlich historisch überlegen, aber Fahrräder mit einundzwanzig Gängen gibt es nur im Quelle-Katalog! Fortan begegnete ich dem Westen in Ehrfurcht, und sein Name wurde nur noch geflüstert. Von Stund an war ich davon überzeugt, nur der *Weststrom* liefere eine stabile Wechselspannung von präzise 50 Hz. Und den Otto-Waalkes-Witz, wonach ein Mann mit einem halben Brathähnchen zum Tierarzt kommt und fragt, ob da nicht noch was zu machen sei – den verstand ich nicht. Ich traute nach der Lektüre des Quelle-Katalogs einem West-Tierarzt zu, daß er ein halbes Brathähnchen gesund pflegt, auf daß es wieder gackert und noch viele West-Eier legt. Aber die Fahrräder und Fotoapparate waren nichts, *gar nichts* im Vergleich zu dem, was ich auf den Seiten mit der Damenunterwäsche sah: Westfrauen! So sahen sie aus? Solche Frauen liefen im Westen herum? Unglaublich! Diese lächelnden Gesichter! Dieses spielerisch herabfallende Haar! Diese Figuren! Diese Haut! Diese liebreizenden Augen! Von den Wimpern ganz zu schweigen! Hinreißend! Atemberaubend! Schlichtweg *betörend*! Ich schmolz dahin. Ich war ihnen verfallen. Es zog mich zu ihnen, diesen verwirrend schönen Westfrauen. Abgesehen davon, daß ich mich während der Geburtstagsparty nicht von den Seiten mit der Damenunterwäsche losreißen konnte und mir schließlich sogar vier Doppelseiten heimlich herausriß – erste Anzeichen für meine triebtäterische Veranlagung –, ich wollte diesen Frauen auch *nahe* sein, auf daß ich ihr Parfüm – ihr *Ph-ffng* – erschnuppere und sie crosse Chips knabbern höre. Aber wo im Osten kann man Westfrauen schon nahe sein? So nahe, daß es näher nicht geht? Genau, in der Friedrichstraße, über der U-Bahn. Ich kam auf vier Meter an sie ran. Ich sah sie zwar nicht, aber ich hatte meine vier Doppelseiten, die ich in vier Klarsichthüllen schonend aufbewahrte. Ich verbrachte Stunden auf dem Gitter der Lüftungsschächte, und jedesmal, wenn ich eine U-Bahn unter mir rumpeln hörte, warf ich einen lechzenden Blick auf die Quelle-Frauen meiner vier herausgerissenen Doppelseiten und wußte, daß die U-Bahn, die gerade unter mir hindurchfährt, voll von solchen Frauen ist. Meine Nase und meine Ohren waren gefordert: Vielleicht wird der Luftzug der U-Bahn ein winziges Wölkchen *Eau de Toilette* zu mir hinaufwehen, vielleicht ist ein Klappfensterchen angekippt, durch das die Düfte direkt von einer Westfrauenhaut in meine Nase aufsteigen? Oder, wenn das Fenster schon angekippt ist – vielleicht dringt durch den U-Bahn-Lärm gar ein Original-Westfrauenkichern? Und nicht nur, daß sie aussahen, wie die Frauen in meinen Klarsichthüllen – sie hatten vermutlich auch jene sagenumwobenen G-Punkte. Und alles lächerliche vier Meter unter mir! Es war unglaublich! Wäre ich bereits damals von denselben perversen Energien getrieben gewesen wie nur wenige Jahre später, hätte ich das Lüftungsgitter vergewaltigt. Aber mit achtzehn hatte ich noch Skrupel. So kann ich nur beteuern: Ich habe nie auf der

Mitte der Friedrichstraße gelegen und mit einem Lüftungsgitter gebumst.

Nun also fuhren Eule und Raymund mit mir die Friedrichstraße hoch, von der Leipziger Straße in Richtung S-Bahnhof, vorbei an den Stätten meines jugendlichen Sehnens, den stummen Zeugen meines erwachenden Verlangens. Ich wurde ein bißchen sentimental, aber das gestand ich mir zu. Und ich erwartete, durch das ominöse Türchen in den Westen geschickt zu werden und in wenigen Minuten inmitten der Schönheiten des Quelle-Kataloges zu sein, inmitten von Frauen mit G-Punkten und Frauen, die sich mit einem Schwanz im Mund fotografieren lassen … Das waren Aussichten! Und so poetisch!

Doch der Wagen fuhr auch am Bahnhof Friedrichstraße vorbei. Waaas? Kein Agententhriller? Keine Quelle-Frauen? Oder fahren wir zu einem anderen Grenzübergang? Es kämen noch zwei, der eine an der Invalidenstraße, der andere in der Chausseestraße, also der verlängerten Friedrichstraße.

Aber der Wagen bog rechts in die Wilhelm-Pieck-Straße ein, und meine Hoffnungen auf einen Einsatz in der Blauen Welt zerstoben. Nach zweihundert Metern wendete Eule, fuhr rechts ran, stellte den Motor ab, gab uns Klemmbrett, Papier und Bleistift und steckte sich eine Zigarette an.

»So«, sagte er, nachdem er den Rauch ausgeblasen hatte, »dann beobachtet mal.«

Wie? Was? Passiert jetzt was? Was gibt's denn hier zu sehen? Was meint er?

»Das sieht sehr alltäglich aus«, sagte ich etwas ratlos.

»Trotzdem beobachten«, sagte er. »Und alles aufschreiben.«

Wir saßen stundenlang rum, schwiegen und machten Notizen darüber, was passierte. Meistens passierte nichts. Aber darum ging es nicht. Ich wußte, es war Teil meiner Probe, Langeweile zu ertragen. Ich hatte bereits auf den Nobelpreis verzichtet, um eine Laufbahn als historischer Missionar einzuschlagen; jetzt mußte ich zeigen, daß ich mich ohne Murren in stoische Geduld fassen kann. Es mußte doch einen Sinn haben, daß wir wochenlang vor diesem Haus saßen, eine Tätigkeit, nein, *Un*tätigkeit, bei der selbst buddhistische Mönche durchdrehen würden. Raymund maulte oft, es sei so langweilig und so sinnlos, aber das hielt ich für inszenierte Beschwerden, die mein Beharrungsvermögen zermürben sollten. So clever wie die war ich allemal, also ließ ich mich nicht provozieren und observierte gewissenhaft, während sich Raymund und Eule in den Haaren hatten.

»Warum sitzen wir hier? Warum müssen wir zu dritt ...«

»Observation ist wichtig! Zum Beispiel gibt es eine kriminalistische Grundregel: Den Täter zieht es immer an den Ort des Verbrechens zurück.«

»Na und?«

»Das ist wissenschaftlich nachgewiesen. Deshalb ist Observation wichtig.«

»Na, meinetwegen! Aber wo hat hier ein Verbrechen stattgefunden!«

»Oder stell dir mal vor, daß du eines Tages die Chance hast, an die Mikrofische des NATO-Generalsekretärs zu gelangen.« Eule stockte, korrigierte sich rasch, »Nee, das ist ein blödes Beispiel« und brachte ein neues, aber ich horchte auf. Eule hatte sich verplappert.

Hat er aus Versehen etwas über meinen *richtigen* Auftrag preisgegeben? Warum sonst wollte er seine Bemerkung ungeschehen machen? Aber was meinte er? Was sind *Mikrofische*? Warum kenne ich dieses Wort nicht? Hat das wieder mit den Dingen zu tun, über die ich immer zu wenig erfahren habe? *Mikrofische*, sind das etwa Fische, die sehr klein sind? So klein, daß man sie nur unter dem Mikroskop erkennt? Dann wären also die Mikrofische des NATO-Generalsekretärs … Au weia! Und die soll *ich* eines Tages, *irgendwann*, holen? Wie stellen die sich das vor? Wie soll ich eine Ampulle mit den Mikrofischen des NATO-Generalsekretärs erbeuten? Und was wollen unsere damit? Wollen die vielleicht aus den Erbinformationen, aus den DNS, einen zweiten NATO-Generalsekretär klonen? Einen Doppelgänger? Den sie nach Brüssel schicken und der kraft seiner Befehlsgewalt die NATO kapitulieren läßt? Was für ein Coup! Von einen Tag auf den anderen wäre fast ganz Europa rot, und Nordamerika gäbe es gratis dazu! Ohne Blutvergießen! Und dafür soll ich die Mikrofische erbeuten, ohne die kein hundertprozentiger Doppelgänger gebaut werden könnte? Geht das? Kann ich das glauben? – *Natürlich* habe ich geglaubt, daß sich künstliche Menschen herstellen lassen, wenn es drauf ankommt. Was haben Sie erwartet? Ich lebte immerhin in einer Stadt, durch die ein Todesstreifen hindurchging, und nicht einmal längs eines Flusses, sondern mitten durch das dichteste Zentrum. Würde ich *das* glauben, wenn ich es nicht gesehen hätte? Und unter diesem Todesstreifen fuhren Tag für Tag, zuverlässig nach Fahrplan, U-Bahn und S-Bahn hindurch. Würde ich *das* glauben, wenn ich die Züge nicht selbst gehört hätte (und ihren Fahrtwind gerochen)? Wie düster muß Phantasie denn noch sein, um bloße Phantasie zu bleiben? Und einen Menschen zu bauen ist ein Klacks, wenn *die* es nur wollen. Wer eine todsichere Grenze mitten durch das Zentrum einer normal funktionierenden Stadt ziehen kann, der kann einfach alles – einen einzigen Menschen zu bauen müßte dagegen ein Kinderspiel sein –, sofern *ich* die nötigen Mikrofische auftreibe. In einem geheimen Bunker wartet ein Team auf die Ampulle; der Rest ist eine Sache von Tagen, es wird nicht mal Tote geben, wegen dem Humanismus und so, und bei der Siegesparade auf dem Broadway werde ich auf der Ehrentribüne stehen und winken, nach mir werden Straßen benannt, ich komme auf die Titelseiten …

Zum Feierabend verglichen wir unsere Aufzeichnungen. So wurden wir in Observation ausgebildet.

Es ging um einen Mann, den ich auf Anfang Vierzig schätzte. Er war klein und drahtig und hatte einen Gelehrtenschädel. Seinen Namen erfuhren wir nicht; als Decknamen gab uns Eule *Harpune* an. Warum dieser schauerliche Deckname? Beobachteten wir einen Terroristen, der mit einer Harpune sein Unwesen trieb? Dann müßte sich ein heutiger Kleiner Trompeter bei der Opferung seines nebensächlichen Lebens von einer *Harpune* durchbohren lassen? Geht das nicht ein bißchen zu weit? Ich will mich ja nicht drücken, aber in der Hinsicht bin ich etwas eigen, und die Aussicht, daß mir ein Spieß in der Brust steckt, der auf dem Rücken wieder herausschaut, dämpft meinen Opfermut; meine bedingungslose Hingabe wäre nicht mehr ganz so bedingungslos. Oder war *Harpune* ein metaphorischer Deckname? Hatte das mit dem *sich weiterhin zuspitzenden*

Klassenkampf zu tun? Oder anderen Zuspitzungen? War *Harpune* jemand, der eine *Speerspitze* gegen die sozialistische Staats- und Gesellschaftsordnung darstellte? Ein Dorn im Auge? Ein Pfahl im Fleische? Ich fragte nicht. Ich wußte doch, wo ich war. Aber es klärte sich an dem Tag, als wir den Auftrag bekamen, die Post aus Harpunes Briefkasten herauszuholen. Eule wollte uns den wahren Namen von Harpune nicht sagen, »mal sehn, ob ihr ihn von alleine raten könnt, hähä! An unsere Art von Humor muß man sich auch erst gewöhnen, hähä!« Raymund und ich gingen an die Briefkästen und stießen auf einen *Fred Armbruster*. Das mußte *Harpune* sein. Ich stand Schmiere, Raymund angelte die Post aus dem Briefkasten.

»Und?« fragte Eule, als wir wieder im Auto waren.

»Nichts. Ein paar Weihnachtsgrüße. Ein Brief«, sagte Raymund.

»Ein Brief? Steht was drin?«

Er riß ihn auf, verdrehte die Augen und nach einer halben Minute gab er ihn mir. »Kannst du das lesen?«

Ich versuchte es. »Und?« fragte Eule ungeduldig. »Steht was drin?«

»Was soll denn drinstehn?«

»Irgendwas Interessantes. Manchmal steht drin, wo man sich nach Karten für irgendwas anstellen muß.«

»So was steht nicht drin.«

»Ich war sogar bei Peter Maffay und Mary & Gordy«, sagte Eule stolz.

»Nee, über Karten steht nichts drin.«

»Trotzdem abfotografieren. Alles, auch die Postkarten, mit Vor- und Rückseite.« Er gab mir einen Fotoapparat. Ich waltete meines Amtes. »Müßt ihr alles mal gemacht haben.« Eule stopfte den Brief zurück in den aufgefetzten Umschlag und ließ Raymund die Post zurückbringen. Ein paar Tage später werteten wir die Qualität der Fotos aus, besprachen die Mängel und fotografierten eine weitere Ladung Post für Fred Armbruster. Eule nahm die Zeit, wir lagen im Limit, und die Fotos stellten sich als gelungen heraus. Wir mußten nie wieder *die Post holen*, wie Eule es nannte.

Nach zwei Wochen Observation fragte Raymund, warum wir Harpune beobachten.

Eule seufzte. »Schaut mal nach rechts«, sagte er. »Wo stehen wir?«

»In der Wilhelm-Pieck-Straße.«

»Richtig. Und was sehen wir hier, gleich auf der Ecke?«

»Eine Kinderbibliothek.«

»Richtig. Und wenn du nach vorn schaust, ungefähr hundert Meter vor uns, auf der linken Straßenseite, was siehst du da?«

»Die Ständige Vertretung der BRD.«

»Falsch. Die ist erst in zweihundertfünfzig Metern. Aber was siehst du in hundert Metern?«

»Den Jugendklub?«

»Richtig. – Und was ist auf der ganzen linken Straßenseite?«

»???«

»Na was ist da wohl?«

»Häuser?«

»Na ja doch! Und was schätzt du, wie alt diese Häuser sind?«

»Die sind neu. Höchstens drei, vier Jahre.«

Und jetzt kommt's. Noch mal Eulert, Martin, Oberleutnant: »Und obwohl wir alles für unsere Menschen tun – sie haben Kinderbibliothek, Jugendclub und neue Häuser –, gibt es mitten in unserer Mitte leider auch einige Elemente, die gegen unsere Ordnung eingestellt sind und unser Zusammenleben stören. Um die kümmern wir uns.« Raymund brachte die Leute zum Reden, und wenn ihm Eule das sagte, dann meinte er es auch. Na, Hilfe! So reden Aufpasser auf Vorzeigespielplätzen; *Wir haben so schöne Schaukeln und so ein schönes Klettergerüst, wo alle Kinder fein spielen – nur Uwe ist noch manchmal ungezogen und schubst die anderen Kinder in den Sand.* Nochmals Eule, mit Blick auf die neuen Häuser, höchstens drei, vier Jahre alt: »Warum dieses Gesockse überhaupt in so einer schönen Wohnung leben darf. Die wissen gar nicht, wie gut es ihnen geht.« Eule bekam bei dem Gedanken richtig schlechte Laune. Nicht mal die Negation der Negation konnte ihn trösten. So übel war die Welt.

»Und was hat Harpune getan?« fragte Raymund. »Oder *vielleicht* getan?«

»Das weiß ich doch nicht«, sagte Eule. »Woher soll ich das wissen? Außerdem ist das doch egal! Es geht doch nicht um ihn, sondern um euch! Ihr sollt lernen, einen Observationsbericht zu schreiben, und zwar, ich will es mal so nennen, in einer *neuen* Sprache. So lange werdet ihr hier sitzen.«

»Geht es hier nur um *Sprache*?« fragte ich fassungslos.

»Na, was denn sonst«, antwortete Eule.

Am ersten Tag unserer Observation, zehn Minuten nachdem Eule *Dann beobachtet mal* sagte, passierte es: *Eine Frau kam aus dem Haus.* Ich bekam nasse Hände.

Was soll ich jetzt schreiben? Über wen? Eine Frau? Eine weibliche Person? Eine Person weiblichen Geschlechts? Ein Femininum? Eine weibliche Kreatur? Ein weibliches Wesen? Eine sie? Oder doch Frau? Wie schreibt man *Eine Frau kam aus dem Haus*, wenn man für die Stasi arbeitet? Kam sie aus dem Haus? Oder aus einem fünfstöckigen Gebäude? Verließ sie das Beobachtungsobjekt? Trat sie auf die Wilhelm-Pieck-Straße? Und die Uhrzeit – ist sie wichtig? Wie genau muß sie sein? Reicht »ungefähr halb neun«, oder muß es auf die Minute genau sein? Oder was dazwischen? Oder gar nicht? Und muß ich diese Frau beschreiben? Wie sie aussieht? Was sie anhat? Ob sie ausgeruht wirkt? Daß sie Ovo-Lakto-Vegetarierin sein könnte? Oder völlig ignorieren?

Schließlich notierte ich *wbl. Pers. Str. hns.-trat 8:34*

Wenn ich die Mikrofische erbeutet habe, die Welt rot ist und ich berühmt bin, wird dieser Eintrag im Traditionskabinett (oder im Museum für Deutsche Geschichte oder im Klaus-Uhltzscht-Museum) ausgestellt sein, und bei Führungen wird heiter darauf verwiesen, daß jeder mal angefangen hat. Aber finden Sie nicht, daß *wbl. Pers. Str. hns.-trat 8:34* Ehrgeiz erkennen läßt?

Jeder Ausbildungstag endete damit, daß wir unsere Notizen verglichen.

»So, Raymund, dann lies uns mal vor!« sagte Eule.

»Sieben Uhr fünfzehn: Einnehmen des Standorts in der Wilhelm-Pieck-Straße auf Höhe der Hausnummer 204.«

»Klaus?«

»Sieben Uhr fünfzehn: Dienstbereitschaft zur Beobachtung von Harpune. Standort: Parkstellplatz in der Wilhelm-Pieck-Straße vor Haus Nummer 204.«

»Sehr gut! Präzise formuliert: Dienstbereit zur Beobachtung von Harpune. Raymund, deins bedeutet gar nichts! Was heißt denn, Standort eingenommen? Was beobachtest du? Den Sonnenaufgang?«

»Harpune.«

»Vermerken, Raymund, vermerken! – Weiter.«

»Zehn Uhr vierzig: Harpune verläßt Haus in Begleitung einer zirka fünfunddreißigjährigen Frau, flachbrüstig, hahaha ...«

Nach dreieinhalb Stunden Beobachtung die erste Notiz. Den ganzen Tag hat er darauf gewartet, seinen Witz loszuwerden. Und diese amateurhafte Auswertung. Die Stasi war das nicht, zumindest nicht die echte.

»Raymund, lach nicht so dreckig! – Weiter!«

»... flachbrüstig, Blue Jeans ...«

»Flachbrüstig! Was du nur mit diesem *flachbrüstig* hast! Wir sind hier nicht auf einem Schönheitswettbewerb! Wenn es dir so wichtig ist, den Genossen mitzuteilen, daß die Person flachbrüstig ist, dann gib ihr Decknamen, zum Beispiel *Flachland* oder *Flachbatterie.* Raymund, zum letztenmal: Lach nicht so dreckig! Wir sind hier nicht im Kabarett! Oder willst du den Inhalt von Harpunes Mülleimer protokollieren? Mal sehn, wer dann lacht! Du wärst nicht der erste, den ich in Müllcontainer hopsen lasse!«

Raymund holte tief Luft. »Also, Frau, fünfunddreißig, Blue Jeans, umbrafarbener Mantel ...«

»Deine Farben! Deine Farben sind eine Katastrophe! Es heißt nicht Pluhchiens, wir sind hier nicht in Amerika. Es heißt: blaue Drillichhosen. Der Mantel ist nicht umbra, sondern ocker.«

»Er ist umbra.«

»Wir sind hier nicht im Modeinstitut! Für den

Dienstgebrauch haben wir einen Farbkatalog mit neununddreißig Standardfarben. Das könnt ihr natürlich noch nicht wissen. *Umba gibt es nicht!* Diese Farbe heißt *ocker*! Wie ihr sie zu eurem Privatvergnügen nennt, ist eure Angelegenheit.« Eule steckte sich eine Zigarette an. »Wenn ihr die Genossen mit, ich will es mal so nennen, völlig utopischen Farben konfrontiert, haben wir nur Durcheinander. Ich will es mal mit einem Beispiel erklären, denn ich habe mal einen Lehrgang über Gesprächspsychologie besucht, und da haben wir gelernt, daß man immer mit einem Beispiel erklären muß. Stellt euch also vor, ihr sollt eine Fußballmannschaft beschreiben, also Bayern München zum Beispiel, weil die im Europapokal gegen eine DDR-Mannschaft spielen. Und deshalb brauchen wir Trikots von den Gegnern. Das geht nur, wenn ihr die Farbe vorher exakt wie im Katalog beschrieben habt. Wenn hier jeder seine Farbe nennt, haben die Genossen nur Durcheinander.«

»Wozu brauchen wir Trikots von Bayern München?« fragte Raymund.

»Na zum Beispiel ... zum Beispiel für die Auswechselspieler.«

»Auswechselspieler?«

»Ja, die Auswechselspieler. Man schickt einen von uns in einem Trikot von Bayern München aufs Spielfeld, die Bayern erkennen ihn nicht – na ja, ist vielleicht kein gutes Beispiel, aber du verstehst, was ich meine«, lenkte Eule ein.

»Und außerdem braucht man die nicht zu beobachten, sondern nur den Fernseher einzuschalten«, sagte Raymund.

»Das würde ich nicht raten«, sagte ich, denn ich sah

eine Möglichkeit, wieder Punkte zu sammeln. »Bekanntlich setzt der Gegner die elektronischen Medien zur Desinformation, auch unserer Bevölkerung, ein.«

»Aber doch nicht bei den *Trikotfarben*!« sagte Raymund.

»Wir sollten uns davor hüten, den Gegner zu unterschätzen«, erwiderte ich und schaute Eule an, damit er den Schiedsrichter spielt.

»Ich hab doch schon gesagt, daß es kein besonders gutes Beispiel war«, sagte Eule entmutigt. Eule war nicht Wunderlich, aber wenn er Wunderlich davon erzählt, wird der mir wieder zu Füßen liegen. *Manche brauchen zwanzig Jahre, um so zu denken.*

Abgesehen davon war mir sonnenklar, daß irgend jemand Pläne mit mir hatte, denn was wir taten, konnte doch nicht so sinnlos sein, wie es äußerlich wirkte! Sprache! Auswechselspieler! Farbkatalog! Eine solche Lächerlichkeit wäre unvorstellbar! Dahinter muß sich ein Plan verbergen!

Eule las uns jeden Tag sein Beobachtungsprotokoll vor, und wenn er fertig war, sah er uns triumphierend an.

»Das lern ich nie«, sagte Raymund.

»Nur keine Angst. Irgendwann ...«, sagte Eule, und man merkte, wie sehr er unter der Last der Verantwortung litt. »Ich meine, dafür sitzt ihr ja hier.«

Die Last der Verantwortung muß es auch gewesen sein, die ihn dazu veranlaßte, mit uns den Schatz seiner Erfahrungen zu teilen; fast jeden Abend mußten wir auf dem Rückweg wegen einer roten Ampel am Friedrichstadtpalast halten, und Eule zeigte erklärend in der

Gegend herum: »Hier haben wir auch mal gestanden«, sagte er seufzend. »Da wollt ich gar nicht mehr weg. Das Scheißhaus in der Nähe, auf der anderen Straßenseite eine Bockwurstbude, und wo heute die Passagen sind, war ein großer Parkplatz. Wir konnten den Wagen so stellen, daß wir uns nicht den Kopf verrenken mußten. Ich denke, ihr werdet den Wert eines solchen Stellplatzes zu schätzen wissen, wenn ihr erst mal ein paar Wochen observiert habt …«

»Haben wir doch schon«, sagte ich.

»Dann eben ein paar Monate«, erwiderte Eule gähnend. »Oder Jahre.«

Ich habe niemals auf der Friedrichstraße gelegen und ein Lüftungsgitter vergewaltigt. Das nicht, aber ich habe in der *Chausseestraße*, der verlängerten Friedrichstraße, in vielen kalten Winternächten auf eine Gelegenheit zum Fick gewartet, Raymund hatte gesagt, *Da mußt du dich hinstellen*, und der mußte es ja wissen, und obendrein hatte er Gründe, die so plausibel waren wie die Gründe für seinen Dreh mit den Mondscheinfahrten: Die Taxifahrer machen es auch so, und wenn sich jemand in der Stadt auskennt, dann sind es die Taxifahrer. Wie machen es die Taxifahrer? Sie lauern in ihrem Taxi vor dem »Altberliner Ballhaus« oder vor »Klärchens Ballhaus«, und wenn die Stühle hochgestellt sind und eine einzelne Frau ins Taxi steigt, hat sie meist daran zu knabbern, daß sie leer ausging und ihre Reize vergänglich sind und daß es im Leben nicht zugeht wie im Groschenroman – und was sie dann braucht, ist ein Tröster, ein Ranschmeißer, ein Torero. Das leuchtete mir ein. Warum bin ich nicht selbst darauf gekommen?

Es mußte das »Altberliner Ballhaus« sein, ein Hinterhausetablissement in der Chausseestraße, und nächtelang stand ich davor und wartete und fror und hörte diese Bumsschuppen-Musik aus dem Tanzsaal und geilte mich mit dem Gedanken auf, daß der ganze Saal voller läufiger Frauen ist, während vier Meter unter mir U-Bahnen voller Westfrauen hindurchfahren. Wo sonst im gesamten Ostblock gibt's einen solchen Ort! Ich war am heißesten und verruchtesten Punkt, im *Lustzentrum* der Warschauer Paktstaaten. Erst neunzehn und schon so verdorben!

Nächtelang lauerte ich frierend auf meinen Fick, ich mußte mich innerhalb weniger Sekunden entscheiden (also eine Situation wie geschaffen dafür, mich darin überfordert zu fühlen oder – verraten Sie das Wort nicht meinem toten Vater – zu *versagen*). Die Zeit begann zu laufen, wenn die Tür zum Hof aufging, und die Chance war vertan, wenn die Kandidatin ins Taxi stieg. Eine halbe Minute, in der mir immer alle Gründe gleichzeitig einfielen, es nicht zu tun: *Junge, wie tief bist du gesunken, daß du, strahlendes Titelbild, dich nachts um zwei auf einem Hinterhof herumdrückst, nur darauf aus, irgendeine Frau, ungeachtet ihrer Alters- und Gewichtsklasse abzufangen und zu pimpern, obendrein noch ohne Fickgenehmigung, Karriere im Eimer, nix mit Geheimauftrag, und sieh sie dir doch mal an,* so *abgemagert wie sie ist, hat sie bestimmt AIDS, und dann guckt sie so ängstlich, wenn du sie ansprichst, schreit sie um Hilfe und du wirst verhaftet, und denke dran, wie es beim letztenmal ausgegangen ist, als du in der Greifswalder Straße ums Karree geschlichen bist, und überhaupt, was würden eigentlich deine Eltern dazu sagen, wenn sie wüßten, daß ihr Sohn all ihre Ratschläge leichtsinnig mißachtet, und woher willst du wissen, daß das hier wirklich ein Ballhaus ist und keine Attrappe wie der Postzeitungsvertrieb, Abteilung Allgemeine Abrechnung oder die USIMEX Außenhandelsgesellschaft mbH …* Und wenn der Taxifahrer seinen Wagen startete und mit seiner Beute von dannen fuhr, machte ich mir Vorwürfe der anderen Art: *Du Idiot, wozu stehst du hier und schlägst dir die Nacht um die Ohren, du bist nicht gekommen, um Taxis abfahren zu sehen, sei ein Mann und handle und scheiß auf AIDS, du hast dir doch den Dreierpack Mondos eingesteckt, und scheiß auf die Angst vor der Greifswalder Straße, deine Bewährungshelferin war sehr nett, und ein neuer Tripper bringt Wiedersehensfreude, und scheiß auf die Angst vorm Karriereknick, ein Ruf als Rammler macht dem Minister die Entscheidung leichter, dich auf die Vorzimmerdamen des Gegners anzusetzen, und scheiß auf alles, was dich hindert, es zu tun, gegen die Angst vorm Autofahren hilft nur Auto fahren, also was willst du denn noch, du stehst mitten im Lustzentrum der Roten Welt, auf Raymunds Empfehlung …*

Es durfte die Erstbeste sein – solange sie nur allein über den Hof ging. Das einzige Kriterium! Wenn aber eine allein kam, dann hielt der Skeptiker in mir seinen Monolog, und wenn sie weg war – aber wozu soll ich mich wiederholen. Die meisten Frauen waren, wenn sie nicht als »Huuuch!«-kreischende Grüppchen über den Hof gingen, in Begleitung von Männern, die durchweg so taube Witze rissen, daß sogar einem Unbeteiligten (mir zum Beispiel) schlecht wurde. So wartete ich auf meine Gelegenheit und fühlte mich als Chronist zwischenmenschlichen Elends.

Es geschah in einer Vollmondnacht; ich beschönige nichts. Sie stolperte grimmig über den Hof. Sie war klein und dicklich, als wäre sie aus verschiedenen Wurstsorten gefertigt – weshalb ich sie in meinem Gedächtnis sofort als »die Wurstfrau« eintrug. Ihr Alter wollte ich lieber nicht schätzen, ich war neunzehn, und sie … Nein! Nein! Ich will es mir nicht ausmalen! Ich hoffe noch heute inständig, daß ihr vierzigster Geburtstag nicht allzu viele Jahre zurücklag …

Ich ging auf sie zu. »Na, warum denn so allein?« fragte ich. Die Antwort konnte ich mir selbst geben: *Weil ich eine frustrierte, geschiedene, mausgraue Bürotussi bin, die jeden Abend bis zum Sendeschluß fernsieht und zu viel Süßigkeiten frißt.* Sie sah treuherzig auf, viel zu blau, um zu antworten. Ich legte den Arm um ihr Fett. »Tjaaa …«, sagte ich und sah sie an. Es war ihre letzte Gelegenheit, »Hilfe!« oder so was zu schreien, aber sie blickte mir sehnsüchtig in die Augen und plinzelte klücklich. Ehe es zu Küssen oder anderen Unappetitlichkeiten kommen konnte, machte ich mich daran, sie abzuschleppen, das heißt, ich bugsierte sie vom Hof. Sie umschlang mich mit ihren wurstigen Armen, stolperte neben mir her und sah stolz zu mir auf. Als wäre ich ihr Retter. Ein Moment wie aus einem Katastrophenfilm.

Wir fuhren mit der Straßenbahn in unser Liebesnest; beim Warten auf die Bahn mußte ich Putschiputschi sagen und mich abküssen lassen. Wollte sie zarte Bande knüpfen? »Die Bahn kommt«, raunte sie, mit einer Stimme, die zu Teewurst verarbeitet werden könnte.

Na ja, dachte ich, wenn ich mit der kann, kann ich mit jeder. Mit Marina zu vögeln war das reinste Vergnügen, aber wie garantiere ich meinen Dienstherren, daß ich mit *jeder* Vorzimmerdame des Gegners könnte? Mit der Wurstfrau als Ekelgrenze; alles andere wäre eine Verniedlichung des Gegners. *If you can make it there, you can make it everywhere.*

Nach zwanzig Minuten Straßenbahnfahrt stiegen wir aus, an der Bornholmer Straße. Sie umschlang mich erneut und gab die Richtung an, indem sie ihr Gewicht mal nach der einen, mal nach der anderen Seite riß, wie ein loses Faß, daß an Deck hin und her rollt.

Sie wohnte im ersten Stock. An ihrer Tür war eine Laubsägearbeit, *Haxn abkratzn*. Ich wurde mir schlagartig der Tragweite meines Tuns bewußt. Ich würde jemanden ficken, der sich *Haxn abkratzn* an die Tür nagelt? Ich würde meine Rote-Seife-Region von der Möse einer wildfremden, betrunkenen und mehr als doppelt so alten Bumsschuppen-Besucherin umschließen lassen? Mein Gott, und dann diese Assoziationen, die einem Inhaber von vier Bibliotheksausweisen so kommen: *Haxn abkratzn* heißt bei manchen Literaten auch *Schuhe abstreichen*; ich sollte also einen *Abstrich* meiner Schuhe vornehmen, und überhaupt: Wer ist vor mir über diese Schwelle getreten, nachdem er einen Abstrich seiner Schuhe vornahm? Und wieso sollte ich annehmen, der Anlaß seines Abstrichs war ein anderer als meiner … Wann war das? Sicher nicht allzulange her, denn warum sollte sie sich die Mühe machen, *Haxn abkratzn* an ihre Tür zu nageln, wenn sie nicht häufig Besuch empfing?

Wie dem auch sei, ein paar Minuten später saß ich auf ihrem Sofa und hatte mein Gesicht in ihrer Schulter eingegraben, wo ich mich vor ihren Küssen sicher fühlte. Ferner tatschten meine Hände auf ihr herum, und ich dachte an *Wurstsorten*: Bockwurst, Bierschinken, Sülze – das ganze Sortiment. Ich zog die Schleife ihrer Bluse auf. Sie öffnete mir die Hose und fing an zu lachen.

»Ist der aber klein«, sagte sie und lachte. Peinlich, peinlich.

»Mußt was mit machen«, schnaufte ich lüstern. »Dann wird er größer.«

Sie sah ihn an und lachte.

»Na los, mach was«, stöhnte ich ihr ins Ohr und nuckelte an ihr herum, in der Hoffnung, auf eine erogene Zone zu stoßen, aber sie kicherte bloß. Ich fummelte ihren BH auf, patschte ihr auf der Brust – *Sülze* – herum und erwartete, davon eine Erektion zu bekommen. Daraus wurde nichts. Meine Intimreflexe waren auch nicht mehr das, was sie mal waren. »Na los«, schnaufte ich, weiter um einen brunstfiebrigen Tonfall bemüht. »Nimm ihn schon.«

Sie saß da und ließ sich die Brust betatschen, und einen Moment später sagte sie: »Ach, laß mich.«

»Wieso?« sagte ich. »Mach doch einfach was. Na los!«

Aber sie sagte trotzig »Nein!«. Sollte das heißen, daß all die Küsse, die ich über mich ergehen ließ, umsonst waren? Dann hätte ich mich sexuell mißbrauchen lassen, ohne selbst zu mißbrauchen? Das ist nicht fair! Außerdem war sie blau, und Alkohol enthemmt! Das ist wissenschaftlich nachgewiesen! In *Dutzenden* Experimenten! Und ich erst, soll ich in zahllosen Winternächten umsonst gefroren haben? Ich, historischer Missionar, der ich an meiner sexuellen Vervollkommnung arbeite, werde mich doch am Menschenmaterial eines Bumsschuppens ausprobieren dürfen! Sie ist *sitzengeblieben*, niemand hat sie abgeschleppt, nur ich! Ich habe Putschiputschi gemacht und hätte ihr sogar ein Liebesgedicht ins Ohr gewispert (und behauptet, es wäre für sie) – also Romantik ist ja in Ordnung, aber ums Ficken kommt sie nicht herum (und ich auch nicht). Ich geriet in Panik. »Außerdem haben wir heute Vollmond! Das ... ist ... auch ... wissenschaftlich nachgewiesen!« Was ist los mit mir, dachte ich entsetzt. Sinnlose Sätze herumzuschreien! Das ist mir noch nie passiert! Ist es Liebe?

Sie zog sich weiter an. Da fiel ich über sie her.

»Laß mich!« keifte sie. »Laß mich jetzt!«

Wir wälzten uns auf dem Boden, und vielleicht lag es daran, daß ich immer mit einer Art Ringkampf rechnete oder einer Tätigkeit, die anstrengend ist wie das Verladen von Schweinehälften – aber plötzlich kam er mir hoch. Ich hätte wahrscheinlich bis zum Jüngsten Tag ihre Brust abtasten können, ohne Fortschritte zu machen.

»Na!« sagte ich, stand auf und zeigte ihr meinen Ständer. »Okay?«

»Hau ab!« sagte sie.

Was? Diese alte Haxn-abkratzn-Wurstfrau, die im Altberliner Ballhaus leer ausging, will selbst im Zustand alkoholischer Enthemmtheit mich, einen jungen, geilen Fast-Nobelpreisträger, ein Titelbild mit einsatzbereiter Erektion, von der Bettkante schubsen?

»He!« rief ich. »Wir können!«

Sie sah sich meine Latte an und lachte sie aus. Ich fiel erneut über sie her, sie wehrte sich und strampelte mit den Beinen. Das machte mich noch wilder, und ich hoffte nur, daß sie nicht wieder auf den Gedanken kommt, ihre Zunge in meinem Mund zu versenken.

»Nein!« keuchte sie. »Ich will nicht! Laß mich!«

Ich hatte ihr den BH zur Hälfte heruntergezogen und mühte mich mit ihrem Rock ab. So wie sie strampelte, würde ich noch eine Weile damit verbringen. Und dann wären die Schlüpfer an der Reihe. Und während ich das vor mir liegende Pensum durchdachte, durchfuhr mich plötzlich ein Gedanke: Was tun wir da? Was mache ich? Ich bin dabei, eine Frau gegen ihren Willen zum Geschlechtsverkehr zu zwingen! Sie hat *Nein!* gesagt! Sie hat *Ich will nicht!* gesagt! Wie nennt es der Staatsanwalt? *Vergewaltigung!* Ich bin dabei, eine Frau zu vergewaltigen! Ich, ein Vergewaltiger! Mein Phantombild wäre in allen Zeitungen, und bei der Gegenüberstellung auf der Polizei würde sie mit dem Finger auf mich zeigen und ausrufen: »Der war's!« Alle Polizisten des Reviers würden unter einem Vorwand herbeikommen, um einen Blick auf den neunzehnjährigen Vergewaltiger einer vierundvierzigjährigen Wurstfrau zu werfen. Psychologen würden sich darum reißen, mit meinem Fall zu promovieren. Und meine Eltern! Was würden sie von mir denken? – Der Gedanke an meine Eltern veranlaßte mich, die Vergewaltigung abzubrechen. Was für ein wohlgeratener Sohn ich doch war! »Mama, Papa, letzte Woche war ich gerade mitten in einer Vergewaltigung, aber als mir einfiel, wie sehr ihr so was mißbilligt, habe ich sofort zu vergewaltigen aufgehört.« Welche Eltern wären nicht stolz auf einen Sohn wie mich?

Ich griff meine Sachen, floh barfuß und zog mich vor der Wohnungstür an. Ich kannte mich nicht mit den juristischen Feinheiten aus, glaubte aber, der Staatsanwalt könne mir im Namen des Volkes schlimmstenfalls *versuchte* Vergewaltigung anhängen. Ich habe mich von keinem einzigen meiner fünfzig Millionen Mikrofische getrennt! Ob mir meine Eltern noch mal eine Chance geben? Ob sie mir wenigstens hin und wieder ein Päckchen ins Gefängnis schicken? Werden sie meine verzweifelten Briefe lesen? *Mama, dein Sohn ist garantiert außer Lebensgefahr, sofern durch Küssen kein AIDS übertragen werden kann! Papa, dein Sohn hat keine Vaterschaftsklagen zu befürchten!*

Mr. Kitzelstein, ich stand in diesem Treppenhaus und versuchte mich anzuziehen, ich hatte einen Ständer, der rebellierte, der wollte nach wochenlangem Warten in kalten Winternächten endlich auf seine Kosten kommen, und irgendwie verstand ich ihn; so ein Schwanz ist doch auch bloß ein Mensch. Ich bin nun dank meiner vier Bibliotheksausweise so veranlagt, daß in Momenten wie diesen große Menschheitsdichtungen auf mich einstürzen, zum Beispiel die »Odyssee«, wo der Held bei den Sirenen auch nicht durfte, weil die Frauen sein Verderben gewesen wären. Die Sache ging bekanntlich so aus, daß ihm nur blieb, verzweifelt am Mast zu scheuern, an dem er festgebunden war. Am Mast scheuern ... Ich rannte treppauf, ganz nach oben, der Dachboden war abgeschlossen, also blieb ich auf dem obersten Treppenabsatz und holte mir – *floggfloggflogg* – einen runter. *Mama, Papa, bitte! Ehe ihr schimpft, bedenkt, daß ich nur onaniere, um nicht zu vergewaltigen!*

Traubenschwere Tropfen flogen durchs Treppenhaus und landeten mit einem unvergeßlich weichen Geräusch auf den Stufen. Ein Naturschauspiel wie der Sonnenuntergang. Die ersten Mikrofische, die ich eigenhändig zutage förderte. Augenblicklich nagte wieder das schlechte Gewissen: Die paar Tropfen sollen er wert sein, daß ich Kopf und Kragen riskiere? Wenn die Wurstfrau die 110 ruft; *Ich bin von einem fremden Mann in meiner eigenen Wohnung angefallen worden, schnappen Sie ihn, er ist noch im Haus* – ich wäre geliefert! Eine Hundertschaft Polizisten verhaftet mich, wegen versuchter Vergewaltigung und Exhibitionismus, sie lesen mir meine Rechte vor und sperren mich mit Tätowierten in eine Zelle! Mein Doppelleben käme ans Licht: Tagsüber ein unbescholtener Bürger und treuer Stasi und nachts ein Outlaw, ein Frauenschänder und Treppenbekleckerer! Die Spurensicherung kratzt millionenfache Beweise von der Treppe, und wenn sich der Blick des Sachverständigen wieder vom Mikroskop hebt, wird er betroffen den fürchterlichen Satz aussprechen: *Das hätte einmal ein Mensch werden können*. Ein Mensch – wie stolz das klingt! Ein *Mensch* hätte das werden können, ein süßes Kind, »unser kleiner Liebling«, der sich an Pusteblumen erfreut und allerlei lustige Dinge tut und den man andauernd fotografieren möchte – aber nein, *meine* Gene beschäftigen die Gerichte.

Den Täter zieht es immer an den Ort seiner Verbrechen zurück ... Ich horchte tief in mich hinein: Zieht es? Und tatsächlich – es zog mich an den Ort meines Verbrechens zurück! Den oberen Treppenabsatz! Und wo ich nun mal da war – wie soll ich sagen: Ich holte ihn wieder raus! Warum bloß? Was würde ich dem Gerichtspsychologen sagen? Was meinem Richter, meiner Mutter, meinem Minister? Mr. Kitzelstein, das waren sehr konkrete Fragen, die mir durch den Kopf gingen, als ich mir weiß-ich-wie-oft die Trompete polierte. Und meine *Angst*! Vielleicht hatte die Wurstfrau Anzeige gegen Unbekannt erstattet! Vielleicht war ich ein polizeilich gesuchter Vergewaltiger, ein gefährlicher Triebtäter, von dem keiner weiß – und ich als schlechtinformiertester Mensch am wenigsten –, was er als nächstes tut! Vielleicht hing der Steckbrief in allen Polizeiwachen, vielleicht wurde das Haus seit Wochen observiert, vielleicht war es schon umstellt! Fragen Sie mich nicht, warum ich an den Ort meines Verbrechens zurückkehrte – woher soll ich das wissen? *Erstens* war es wissenschaftlich bewiesen, und *zweitens* war ich auf dem Weg ins Triebtätertum, da gehören unberechenbare Handlungen einfach dazu! Aber Angst hatte ich trotzdem, Angst, entdeckt zu werden, und diese Angst lenkte mich ab, was die Wichsprozedur nur verlängerte, und mithin die Wahrscheinlichkeit, entdeckt zu werden, größer werden ließ, was wiederum meine Angst verstärkte, die ihrerseits die Konzentration weiter schwächte ... Ich wundere mich, wie ich überhaupt je fertig wurde – aber ich schwöre, ich habe immer mit einem Schuß ins Treppenhaus abschließen können. Ich war als Onanist so ausdauernd wie das Häschen in der DURACEL-Werbung: Jeder andere Onanist wäre längst fertig, nur ich war noch unermüdlich am Trommeln. (»DURACEL mit dem Kupferkopf«.) In meiner Angst, entdeckt und verhaftet zu werden, bastelte ich schon mal an den Sätzen, mit denen ich mich meinem Minister erklären würde, wenn er mich in sein Dienstzimmer zitiert, mir die Balkenüberschriften der westlichen Gazetten präsentiert und mich zur Schnecke macht. Es ist wahr, ich habe, *während* ich mir einen runterholte, an Minister Mielke gedacht, noch lange, bevor er mit seinem »Ich liebe euch doch alle!« etwas tat, was ihn zum Objekt der Begierde machen könnte. Nun, *Begierde* war es auch nicht, was mich beim Wichsen an ihn denken ließ, aber ich kann es nicht abstreiten: Minister Mielke war das Objekt meiner Wichsphantasien!

Genosse Minister, – floggfloggflogg – *gestatten Sie, daß ich,* – floggfloggflogg – *es war sozusagen meine proletarische Pflicht* – floggfloggflogg –, *weil mir ist von meinen Vorgesetzten angedeutet worden* – floggfloggflogg –, *daß ich eventuell* – floggfloggflogg – *die Mikrofische des NATO-Generalsekretärs* – floggfloggflogg –, *und um im Einsatz eine ungefähre Vorstellung der dazu nötigen Zeit zu haben* – floggfloggflogg –, *vielleicht muß ich ihn betäuben und unter dem Sofa verstecken* – floggfloggflogg –, *und wenn ich wenig Zeit habe* – floggfloggflogg –, *da muß ich doch* – floggfloggflogg –, *ich meine, da muß jeder Handgriff sitzen* – floggfloggflogg –, *und da habe ich, wenn Sie verstehen, Genosse Minister* – floggfloggflogg –, *sozusagen im Selbstversuch meine Mikrofische zutage gefördert* – floggfloggflogg –, *und, gewiß, Genosse Minister, warum ich* – floggfloggflogg – *warum ich es ausgerechnet in einem Treppenhaus tat* – floggfloggflogg –, *das hängt damit zusammen, weil ich es dort zum erstenmal tat* – floggfloggflogg –, *als ich beinahe, aber wirklich nur beinahe* – floggfloggflogg – *zum Vergewaltiger geworden wäre* – floggfloggflogg –, *ich hielt inne, als ich* – floggfloggflogg – *der Konsequenzen gewahr wurde, zum Beispiel* – floggfloggflogg –, *daß ich im Begriff war, mich erpreßbar zu machen* – floggfloggflogg –, *den Gegner zu unterschätzen* – floggfloggflogg –, *Vaterschaftsklage* – floggfloggflogg –, *was unserer gemeinsamen Sache Schaden zugefügt hätte, den es zu vermeiden galt* – floggfloggflogg –, *und abgesehen davon hatte ich keine Bumsgenehmigung* – floggfloggflogg –, *also, wie gesagt, es kam nicht zur Vergewaltigung* – floggflogg-flogg –, *der Staatsanwalt kann mich nur wegen versuchter Vergewaltigung anklagen* – floggfloggflogg –, *wenn es ein Verbrechen ist* – floggfloggflogg –, *dann zieht es mich* – floggfloggflogg – *nach einer kriminalistischen Grundregel immer an den Ort meines Verbrechens zurück* – floggfloggflogg –, *was blieb mir denn übrig* – floggfloggflogg –, *wäre ich nicht zum Wichsen wiedergekommen* – floggfloggflogg –, *hätte ich meine Ausbildung und meine Ausbilder entwertet* – floggfloggflogg –, *weil sie mich Unsinn lehrten* – floggfloggflogg –, *und womit Tausende Genossen Mitarbeiter jahrelang angelernt wurden, wäre plötzlich der Gültigkeit beraubt* – floggfloggflogg –, *eine solche Schwächung der Qualität der Ausbildung galt es zu vermeiden* – floggfloggflogg –, *deshalb ging ich immer wieder zurück zum Ort meines Verbrechens* – floggfloggflogg –, *die kriminalistische Grundregel ist nicht widerlegt* – floggfloggflogg –, *mein Abspritzen war gesetzmäßig* – floggfloggflogg – *und unterstreicht die Gültigkeit unserer Lehre* – floggflogg-flogg –, *der Marxismus ist allmächtig* – floggfloggflogg –, *weil er wahr ist* – floggfloggflogg –, *Genosse Minister, Sie sehen, daß ich kein widerliches Ferkel bin* – flogg-floggflogg –, *sondern für unsere gemeinsame Sache wichse* – floggfloggflogg –, *für den Sozialismus* – flogg-floggflogg – *und in humanistischer Tradition* – floggfloggflogg –, *denken wir nur an Odysseus* – floggflogg-flogg –, *ich habe gewichst, um gewappnet zu sein, wenn ich die Mikrofische erbeuten soll* – floggfloggflogg –, *und um die Gültigkeit der kriminalistischen Grundregel zu verteidigen* – floggfloggflogg –, *meine Onanie war der pure Patriotismus* – floggfloggflogg –, *ich habe nicht zu meinem Privatvergnügen gewichst* – floggfloggflogg –, *und ich tat es trotzdem in meiner Freizeit* – floggflogg-flogg – *und unentgeltlich* – floggfloggflogg –, *es war wie Subbotnik* – floggfloggflogg –, *Genosse Minister, gestatten Sie, daß ich ...*

Und dann kam's mir endlich.

Mit allem hatte ich gerechnet: daß ich entdeckt werde, verhaftet, verurteilt, verspottet, gefeuert, kastriert, getitelt oder enterbt werde – oder alles davon auf einmal. Aber nicht mit Knochenbrüchen. Das Licht im Treppenhaus war ausgegangen, gerade als ich meine Ladung wie gewöhnlich über das Geländer ins untere Treppenhaus abgeschossen hatte. Nun hatte ich die Angewohnheit, meinen heißgelaufenen Kolben danach mit einem Erfrischungstuch zu betupfen, auf daß er dufte wie eine Frühlingswiese. Für diese Verrichtung brauchte ich Licht, und so tappte ich mit offener Hose die Treppe hinunter, rutschte auf einem Zehnmillionen-Kleckser aus, stürzte und brach mir den linken Daumen und das rechte Handgelenk. Meine Hosen waren offen, mein Schwanz entblößt, mein Erfrischungstuch war noch in der duftversiegelten Verpackung – und ich konnte meine Hände nicht benutzen! Wäre ich ein ganzer Kerl, hätte ich Selbstmord durch Luftanhalten begangen, aber dazu war ich, durch und durch verzärtelt, nicht in der Lage. Ich wälzte und wand mich zehn

Minuten auf der Treppe. Nicht vor Schmerzen, aber versuchen Sie mal, sich ohne Zuhilfenahme der Hände Ihre Unterhose die entscheidenden Zentimeter nach oben zu ziehen. Und die offene Hose? Was sollte mit der offenen Hose passieren? Kann ich mit offenen Hosen zur Unfallklinik fahren? Einen unbescholtenen Bürger bitten, mir die Hosen zu schließen? Etwa einen Mann? Da gerate ich vielleicht an den klassischen Schwulenfeind, diesen rohen Typen, der sich schon immer geschworen hat, bei dieser Art von Anmache sofort zuzuschlagen. Ich könnte mich nicht mal wehren, bei *den* Händen! Also auf den oberen Treppenabsatz zurückkehren und mich bemerkbar machen? Es war abends, nach zehn, und es war dunkel. Was würde eine Frau denken, die um diese Zeit von einem keuchenden Mann gebeten wird, ihm am Reißverschluß zu hantieren, und das in einem Haus, das gerade erst Ort eines Vergewaltigungsverbrechens wurde! Vielleicht würde sie sofort um Hilfe schreien, was in meinem Fall – unberechenbarer Triebtäter – das Vernünftigste wäre. Der Lynchmob würde über mich herfallen! Oder wenn ich einfach an einer dieser Türen klingle? Bloß nicht! Die Frau, die mir öffnet, sieht einen fremden Mann schweißnaß und mit einer offenen Hose in der Tür stehen – ein klarer Fall für die Justiz: Der Staatsanwalt würde seinen Zeigefinger bohrend auf einen Wiederholungstäter (das bin ich) richten, der *auf frischer Tat ertappt* wurde. (In der Tat bin ich in Frisches getappt.) Oder ob ich einfach ein paar Leute frage, die an der Haltestelle warten? Das wirkt so aufrichtig, so grundanständig, ein Appell an Hilfsbereitschaft im Alltag, Gerhard Schöne oder Reinhard Mey würden sofort ein Lied darüber schreiben – aber es gäbe Zuschauer! Einer wie ich, der es nicht mal fertigbringt, sich im Herrenklo vor die Schale zu stellen – wie soll der sich vor Zuschauern die Hosen schließen lassen? Alle würden *gaffen*, und in ihren Augen könnte ich lesen *Was ist'n das für eine Masche?*, und wenn mir doch jemand Glauben schenkt und sich erbarmt, werden sie glotzen, *wie der wohl seine Sache meistert*. Ich wäre für den Rest meines Lebens vor den Zeugen auf der Flucht, ich müßte auswandern, nach Australien oder nach Togo oder am besten in ein Land, was keiner kennt und nur für mein Exil gegründet wird. Ansonsten könnte es jede Minute passieren, daß mir jemand über den Weg läuft und mein Leben zerstört, indem er sagt, *Entschuldigung, irgendwo habe ich Sie schon mal gesehen ... Ach richtig, Sie sind doch derjenige, der immer mit einer offenen Hose durch die Stadt läuft und wildfremde Menschen bittet, Ihnen den Hosenstall zu richten ...*

In der Aufnahme der Unfallklinik gab ich mich als Opfer der Eisglätte aus, eine feine Lüge, von der ich hoffen konnte, daß sie klappt, da ich nicht annahm, daß es ein typisches Verletzungsbild für spermabedingte Treppenstürze gab. Die offene Hose konnte ich in meine Lügengeschichte nicht einbauen, aber ich hatte das unbeschreibliche Glück, daß sich niemand auf der Unfallklinik darüber wunderte. Beide Arme kamen in Gips. Ich war praktisch handlungsunfähig. Als ich meinen Krankenschein zum Postzeitungsvertrieb, Abteilung Allgemeine Abrechnung brachte, fragte mich Major Wunderlich, wie mir das passiert sei. »Bin ausgerutscht, war glatt«, murmelte ich, und es war nicht mal gelogen. Wunderlich war hingerissen: Welch schlichte

Grundidee! Gebrochene Hände sind wirkungsvoller als Handschellen! Wenn dem inneren politischen Gegner auf elegante Art Knochenbrüche beigebracht werden könnten … Mit zwei gebrochenen Händen kann niemand Flugblätter drucken. Oder seine Hetzlieder auf der Gitarre, dem Klavier oder dem Akkordeon begleiten. Mit gebrochenen Händen kann man nicht mal einen Telefonhörer abnehmen. Wenn ich Major Wunderlich nun erzähle, wie mein Unfall wirklich passiert ist – ob er mich dann die Treppenhäuser aller Bürgerrechtler bekleckern läßt? Ich hätte es gerne getan! Mit Lizenz für den historischen Fortschritt zu wichsen war schon immer mein Wunsch! Und fünfzig Millionen wären nicht einfach weggeworfen und vergessen, nein, ihr Tod hätte einen *Sinn*! Sie stürben für unsere Sache! Wie der Kleine Trompeter!

Aber das größte Wunder geschah bei mir zu Hause: Meine Eltern fragten mich nicht, wie ich mir die Hände brechen konnte, das heißt, *einmal* fragten sie schon, aber ich wehrte ab, diskret. »Darüber will ich nicht sprechen«, und sie nickten verständnisvoll. Oh, Mr. Kitzelstein, ist es nicht wunderbar, zu dieser Stasi zu gehören? In einem Hause, wo mein erster selbstgebumster Orgasmus bewertet wird als Selbstmordversuch in Tateinheit mit Hochverrat und Thema einer Gehirnwäsche wird, da reicht es plötzlich aus, so beziehungsvolle Worte zu murmeln wie »Ihr könnt es euch doch denken« oder »Ihr wißt doch, wo ich beschäftigt bin« oder »Bitte versteht, daß ich euch nicht mehr alles sagen kann«. Kein Aufschrei der Empörung! Der Satz *Unser Sohn neigt abnormen Handlungen zu!* wurde nie aus der Küche ins Wohnzimmer gerufen. Der Vorwurf *Wie konntest du uns das bloß antun!* blieb mir ebenso erspart wie *Ich finde einfach keine Worte dafür*, und ich wurde auch nicht daran erinnert, daß ich mich strafbar oder erpreßbar oder beides machte – nein, ich war ein Frontsoldat auf Genesungsurlaub. Mama buk den schönsten Kuchen und nahm Urlaub, um sich um »ihr Kind« zu kümmern, wobei sie nicht müde wurde zu betonen, daß ich ihr Kind sei und immer ihr Kind bleiben werde, selbst als Sechzigjähriger. Von wegen *Kind*! Das war noch geschmeichelt. Ich war hilflos *wie ein Baby*! Selbst auf der Toilette kam ich nicht zurecht. Wie sollte ich *ohne sie* die Hosen hochziehen? Wie alt war ich, als ich zuletzt vom Klo rief: »Mama, ich bin fertig!« Vier? Fünf? Jetzt war ich neunzehn, und als meine Mama auf meinen Ruf kam, zog sie mir nicht gleich die Hose hoch, nein, sie eilte herbei, in der Hand das Babypuder, das in unserem Haushalt mit einer Selbstverständlichkeit griffbereit herumsteht wie anderswo vielleicht Aschenbecher oder Kugelschreiber, und inspizierte meinen Pinsel, indem sie ihn mit spitzen Fingern hin und her wendete. Wonach suchte sie? Nach Scheuerspuren, die mich als Onanisten verrieten? Warum puderte sie? Mr. Kitzelstein, haben Sie eine Erklärung?

»Mama, warum …«

»Das kann nicht schaden.« Ist das etwa eine Antwort? Puderte sie, weil auf einen Babypimmel wie den meinen grundsätzlich Babypuder gehört? Aber warum fragte ich überhaupt, ich wußte doch, wo ich war, und es war direkt mal was Neues, daß sie auf meine Frage nicht das Lexikon aus dem Schrank holte und unter → *Talkum* nachschlug, dem Hauptbestandteil des Babypuders.

Ich verstehe sie einfach nicht! Schön, daß sie mir die

Lebensgefährlichkeit des Vögelns in den grellsten Farben ausmalt – aber warum veranlaßt sie mich andererseits dazu, mein Innerstes auf die hoffnungsfrohe Frage hin abzuklopfen, ob ich Katarina Witt 6i fände? Ist Katificken ungefährlich? Denken Sie nicht darüber nach. Suchen Sie nach keinem tieferen Sinn. Aber warum stehe *ich* nachts um halb drei auf und sehe mir die olympische Kür der Eiskunstläuferinnen an? Weil ich mich seit Marina heimlich für gymnastische Begabungen interessierte. Machen die es auch auf dem Küchentisch? Können die, ohne hinzusehen, mit den großen Zehen Hosen herunterziehen? Nun, die Nacht nimmt eine überraschende Wendung; als nämlich nach Katis Kür und vor der Bekanntgabe ihrer Noten die Eislauftrainerin Jutta Müller ganz groß im Bild ist, beginnt meine Mutter zu schwärmen: »Was für eine faszinierende Frau! Wie die es immer wieder anstellt! Die hat noch jeden hochgebracht!« Oh! Ooohhh!!! Bitte! Ich will es mir lieber nicht ausmalen, wie sie es anstellte, diese faszinierende Frau, die bis jetzt noch jeden hochbrachte. Und in Erwartung der B-Noten rief meine Mutter ausdauernd: »6! 6! Na los, 6!« Und das alles vor dem Fernseher, in dem sonst Dagmar Frederic wohnte! Da war es aus, da konnte ich ihn wieder nicht halten: Drei Minuten, nachdem mich meine Mutter fragte, ob ich Katarina Witt 6i finde, und wenige Augenblicke nachdem sie mich darauf hinwies, daß Jutta Müller noch jeden hochgebracht hat, wimmert meine Mutter *6! 6! Na los, 6!* – Richten Sie Jutta Müller aus, daß sie noch 1988 über mehr als zehntausend Kilometer hinweg einen Neunzehnjährigen hochbrachte. So, und nun wissen Sie alles, Mr. Kitzelstein. Nicht Dagmar Frederic, nicht die Wurstfrau, nein, Jutta Müller ist die unwiderrufliche Alterspräsidentin meines sexuellen Interesses. Noch ältere Frauen lassen mich kalt. Basta!

Als mir der Gips abgenommen worden war, hatte ich endlich wieder beide Hände frei zum Sachenverlieren. Ich ließ mein Portemonnaie in einer Telefonzelle liegen, gerade mal zwanzig Minuten nachdem ich den Gips los war, und fuhr ahnungslos nach Hause, wo sich meine Mutter, rührend wie immer, um mich kümmerte. *Klaus, wo ist dein Krankenschein. Zeig mir deinen Krankenschein. Ich will ihn sehen. Du warst länger als sechs Wochen krank geschrieben. Da greifen ganz andere rechtliche Regeln. Da ist ein Krankenschein keine Lappalie. Ein fehlerhafter Krankenschein hat Konsequenzen. Du bist noch in der Ausbildung. Da merkt man die Folgen nicht sofort. Aber später. Aber dann ist es zu spät. Dann kann man nichts mehr machen. Dann steht man da und hat nichts in der Hand. Besser jetzt kontrollieren, daß alles seine Richtigkeit hat. Nun zeig mir schon deinen Krankenschein. Noch ist es nicht zu spät. Ich weiß doch, wie ein Krankenschein aussehen muß.*

»Mama, das war die *Charité*! Die werden doch einen Krankenschein ausstellen können!«

Erzähl mir nichts über die Charité. Ich weiß Bescheid. Bei denen geht doch alles drunter und drüber. Bei so einem Riesenbetrieb können die gar keine Ordnung halten. Da wird so schnell mal eine Unterschrift vergessen. Ich will ihnen ja nichts unterstellen. Und ich mache auch niemandem einen Vorwurf. Aber man kann nie wissen. Also zeig mir jetzt deinen Krankenschein.

»Mama ...«

Warum machst du so ein Theater. Warum dir das so gleichgültig ist. Manchmal verstehe ich dich nicht. Du hast nur einen Haufen unnötiger Probleme. Denk doch mal daran. Die ganzen Rennereien. Bis hin zur Berechnung der Rente.

Da haben wir's, Mr. Kitzelstein. Ohne *sie* ist meine Rente futsch, und ich muß in einer ungeheizten Wohnung auf mein Ende warten, ganz zu schweigen von der Qualität meines Kassengebisses. Bei diesen Aussichten zeige ich meiner Mutter dann doch den Krankenschein. Sofern ich ihn finde.

»Mama«, sagte ich, »ich glaube, ich habe ihn verloren.«

»Waaas? *Ver-lo-ren?*«

»Ich glaube, ich habe ihn ins Portemonnaie gesteckt. Und das Portemonnaie ...«

Mein Vater kam ins Zimmer gestürmt. »Was ist passiert?« fragte er.

»Klaus hat seinen Krankenschein und alles verloren«, stöhnte sie.

»Den Klappfix auch?« fragte mein Vater und sah mich streng an.

»Den habe ich noch«, sagte ich und war wieder *so klein*. Ich habe mein Portemonnaie verloren und gerate sogleich in ein Schauspiel entfesselter Leidenschaften. Mord und Rache. Schuld und Sühne. Kreuzigung und Wiederauferstehung. Und was für tiefwurzelnde Ängste allein in dieser Doppeldeutigkeit stecken: *Klaus hat seinen Krankenschein und alles verloren*. Ich stehe nackt da. Ich habe alles verloren. Meinen Krankenschein. Meine Monatskarte. Meine Bibliotheksausweise. *Wenn die in falsche Hände geraten!* Ich werde haftbar gemacht! Ich habe die Benutzungsordnungen unterschrieben! Und wenn ich nicht zahlen kann, wird der Lohn gestundet. Jahrzehntelang werde ich daran zu knabbern haben und nie auf einen grünen Zweig kommen. Bis ich endlich in Rente gehe, die auch nur *Mindestrente* ist, weil ich im März 1988 meinen Krankenschein verloren habe ... Ich habe mein Portemonnaie verloren, mein Leben ist zerstört – wie kann ich so gleichgültig sein, wo ich doch *alles* verloren habe!

Alles, außer den Klappfix.

»Wo hast du ihn?« fragte mein Vater.

»Im Mantel.«

»Zeig her!«

»Aber ich habe ihn doch! Ich habe ihn immer im Mantel, an der Kordel, wie es Vorschrift ist.«

»Zeig ihn trotzdem!«

Ich zeigte ihn.

»Waren Schecks drin?« fragte meine Mutter.

»Nein«, sagte ich.

»Und dein Personalausweis?«

»Der allerdings.«

»Mit Schecks und Personalausweis kommen sie an dein Konto!«

»Mama, ich hatte keine Schecks drin!«

»Man kann nie wissen«, sagte mein Vater.

»Du mußt die Sparkasse anrufen und dein Konto sperren!« sagte meine Mutter und stürzte ans Telefon.

»Aber ...«

»Es kann nicht schaden.« Mit demselben Argument hatte sie mir erst vor ein paar Tagen Babypuder auf den Schwanz gestreut! Sie begann im Telefonbuch nach der Nummer der Sparkasse zu suchen. Kostbare Minuten gingen verloren, Minuten, in denen mit meinen Bibliotheksausweisen ganze Regale leergeliehen werden.

»Hast du irgendwas in deinem Portemonnaie, was darauf hinweist, daß – na du weißt schon …«

Was? Daß ich bei der Stasi bin?

»Nein.«

»Bist du sicher?«

Auch diese Frage bringt mich um, egal, in welchem Zusammenhang sie mir gestellt wird. Wie kann ich mir gegenüber diesen Menschen überhaupt einer Sache sicher sein? Ich konnte mir ja nicht mal sicher sein, Klaus Uhltzscht zu sein, Sohn von Lucie und Eberhard, solange für mich ungeklärt war, ob sie je etwas miteinander hatten! Wenn ich nur *vielleicht* ich bin – woher soll ich dann wissen, was ich in meinem Portemonnaie habe! *Bist du sicher?* Was für eine Frage! Solange ich nur als Hypothese existiere, ist auch alles Weitere Spekulation.

Also blieb ich stumm.

»Was war denn drin?« warf meine Mutter ein, noch heftig im Telefonbuch blätternd.

»Geld, ungefähr achtzig Mark. Personalausweis, Monatskarte, meine Bibliotheksausweise …«

»Um Himmels willen, *ruf bloß die Bibliothek an*!« barmte meine Mutter und reichte mir den Telefonhörer.

»Rufen wir zuerst die Sparkasse oder die Bibliotheken an?«

»Beides! Was war noch drin?«

»Zwei Bestellkärtchen«, wovon eines vom Tripperzentrum war, »ein Annahmeschnipsel vom Schuster …«

»Dann ruf auch beim Schuster an!«

»Mama, das ist doch übertrieben!«

»Diese Bestellkärtchen«, unterbrach mein Vater. »Sind die ...« Er ließ den Satz unvollendet. Was meinte er? Meinte er das Tripperzentrum? Woher wußte er? Hatte er irgendwann mein Portemonnaie kontrolliert? Meine Mutter wandte sich diskret ab, indem sie sich wieder den Telefonhörer geben ließ, o ja, sie weiß, wie man mit sogenannten *rücksichtsvollen Gesten* demütigt.

»Was meinst du?« fragte ich meinen Vater und hörte meine Stimme erbleichen.

»Ist auf den Bestellkärtchen ein Stempel, der darauf hinweist, daß ...« Was? Daß ich mal Tripper hatte? Oh, Mr. Kitzelstein, da war sie wieder, diese Atmosphäre: Klaus das Dummchen versucht krampfhaft, seine Eltern zu verstehen. Worauf will mein Vater hinaus? Was meint er? Und warum halte ich mich für dumm, wenn ich seine nebulösen Sätze nicht verstehe? Warum strafe ich ihn nicht mit einem langen schweigenden Blick, sondern versuche in seinen Augen irgend etwas zu lesen, das mir beim Enträtseln hilft? Wobei ich wahrscheinlich so dumm und hilflos aussehe, daß ihm nichts anderes übrigbleibt, als von mir zu denken: Was für ein erbärmlicher Versager er doch ist.

»Ob die Bestellkärtchen was zu tun haben mit der Poliklinik des Ministeriums oder des Regierungskrankenhauses«, dozierte mein Vater genervt. - *Ach so!* Er wollte mich lediglich, rücksichtsvoll wie er war, nicht allzu heftig daran erinnern, daß ich bei der Stasi bin!

»Nein«, sagte ich mit letzter Kraft.

Meine Mutter winkte mit dem Telefonhörer, verdeckte die Sprechmuschel und rief gedämpft: »Die

Sparkasse.« Ich ließ mein Konto sperren für Schecks, die ich noch gar nicht verloren hatte, ich telefonierte bei der Bibliothek zwanzig Minuten lang gegen ein Besetztzeichen an, Zeit genug, um mir vorzustellen, daß die Bibliothekarin den Hörer neben das Telefon gelegt hat, um die Berge von Büchern ungestört bearbeiten zu können, die ihr der tätowierte Finder meines Portemonnaies vorlegte...

Und ich rief beim Schuster an. Wir hatten Verständigungsschwierigkeiten.

»Natürlich, Sie bekommen Ihre Schuhe auch ohne den Schnipsel zurück«, sagte der Schuster.

»Nein, ich meine, wenn jemand mit dem Schnipsel kommt und meine Schuhe will...«, sagte ich.

»Klaus, bitte sag *Kundenquittung*!« raunte meine Mutter von der Seite.

»Mit Schnipsel ist es natürlich besser, wegen der Nummer«, sagte der Schuster. »Da finden wir die Schuhe sofort, wir haben da nämlich ein System.«

»Das meine ich ja«, sagte ich. »Ich will sicher sein, daß Sie meine Schuhe nicht auf Kundenquittung rausgeben.«

»Nicht auf Quittung?«

»Genau.«

»Wenn Sie keine Quittung wollen, dann bekommen Sie auch keine, wo ist da ein Problem?«

»Ich meine, ich habe meinen Reparaturschnipsel verloren...«

»Kundenquittung!« ermahnte mich meine Mutter.

»... und wenn den einer findet...«

»Und was hat das mit einer Quittung zu tun?« fragte der Schuster.

»Ich meine, wenn einer mit dem Schnipsel kommt und meine Schuhe abholt.«

»Dann soll der keine Quittung bekommen?«

»Dann soll er meine Schuhe nicht bekommen.«

»Wieso sollte er. Es sind doch Ihre!«

»Aber er hat den Reparaturschnipsel.« Für einen Moment war es ruhig. Dann sagte der Schuster: »Also wenn ich Sie richtig verstehe, dann haben Sie Ihren Reparaturschnipsel verloren.«

»Genau.«

»Und jetzt befürchten Sie, daß jemand anders den Schnipsel findet und die Schuhe abholt.«

»Ja.«

»Das ist hier noch nie passiert…«, brummelte er.

»Man kann nie wissen…«, brummelte ich.

»Und Sie möchten das verhindern, indem Sie mich jetzt informieren, die Schuhe nicht an irgend jemanden, sondern nur an Sie herauszugeben.«

»Ja!« sagte ich erleichtert.

»Kein Problem! Sagen Sie mir nur Ihre Nummer.«

»Welche Nummer?«

»Die auf dem Schnipsel.«

Mir wurde schwarz vor Augen.

»Den habe ich doch verloren!«

»Wie soll ich dann wissen, daß es ausgerechnet Ihre Schuhe sind, die ich einem Kunden für seinen Schnipsel gebe?«

Daran hatte ich auch schon gedacht. Ich mußte jetzt bloß den Meister überreden, anhand seines Eingangsbuches, wo hinter den fortlaufenden Nummern der Name des Kunden notiert wird, meine Nummer herauszufinden. Ich habe einen unaussprechlichen Namen, der bei

Annahme meiner Schuhe garantiert fehlerhaft notiert wurde und damit praktisch unauffindbar geworden ist. Dazu den Wirkungsgrad unserer bisherigen Unterhaltung vor Augen, fand ich, daß dieser Schritt ein zu kühnes Vorhaben war. So ließ ich alle Hoffnung fahren.

»Ja dann: Vielen Dank«, sagte ich mutlos. »Auf Wiederhören.«

Ich legte auf. Das Telefon klingelte sofort, und um meiner Mutter nicht das peinliche Ergebnis meiner Unterhaltung mit dem Schuster gestehen zu müssen, griff ich sofort nach dem Hörer. »Hallo?«

»Ja, hallo.« Eine muntere Frauenstimme. »Bin ich da bei, ach du lieber Himmel, bei Uhl... Utsch... Utschl...«

»Uhltzscht.«

»Klaus Uhl... – *Wie war das?*«

»Ja, Klaus Uhltzscht. Am Apparat.«

»Ja? Vermißt du was?«

Man müßte eine *Fangschaltung* haben, schoß es mir durch den Kopf. Eine Erpresserin, die telefonisch mit mir Kontakt aufnimmt.

»Sie haben mein Portemonnaie?«

»M-hm. Und ich versuche schon seit einer Stunde bei dir anzurufen. Du telefonierst wohl gerne?«

Das war Yvonne. Bei ihr kam alles aus dem Handgelenk. Während ich Nerven lasse beim Herumtelefonieren, um Konten zu sperren, für die keine Gefahr besteht, und mich um Schuhe bemühe, die mir niemand streitig machen wird, während ich meinem Vater brav meinen Klappfix zeige und wie ein verschrecktes Häschen seinen unausgesprochenen Gedanken hinterherhopple und mir von meiner Mutter irritierende Worte vorsagen lasse, während ich um meine Rente bange und mir vorstelle, wie auf meinen Bibliotheksausweis stapelweise Bücher *gestohlen* werden, während ich beim Anruf des Finders mit stasitypischem Mißtrauen nach Fangschaltung lechze und beim förmlichen *Sie* bleibe und meine Eltern gleichzeitig die Filmszene *Hektik in der Einsatzzentrale* spielen – meine Mutter ar-ti-ku-lier-te mit übertriebenen Lippenbewegungen und bedeutungsvoll aufgerissenen Augen irgendwelche Instruktionen, die ich nicht verstand, während mein Vater durchs Zimmer stapfte, mit den Armen herumfuchtelte und am liebsten selbst mit *den Erpressern* sprechen wollte –, ließ *sie* die Seele baumeln. Diese Gelassenheit: Du telefonierst wohl gern? Vermißt du was?

Wir verabredeten uns für den nächsten Tag, eine Abmachung, die meinem Vater gar nicht behagte. Er redete wie immer auf meine Mutter ein, weil er mit mir nicht redete. Wieder amerikanisches Schwurgericht: Er, der Staatsanwalt, redet mit den zwölf Geschworenen (meiner Mutter) über den Angeklagten, mich. *Weißt du, was man mit einem Ausweis in vierundzwanzig Stunden alles anstellen kann? Sein wichtigstes Dokument. Aber ihm ist das ja egal. Er verliert seinen Ausweis und kümmert sich nicht mal darum! In fremden Händen! Aber hinterher ist das Geschrei wieder groß!*

Meine Mutter brachte ein neues Thema aufs Tapet: Den Finderlohn.

»Klaus, hast du schon an den Finderlohn gedacht?«

»Ich gebe ihr zwanzig Mark. Oder fünfzig Mark.«

»Wie bitte?« O Gott, wie war das gemeint?

»Oder vielleicht alles an Scheinen, was im Portemonnaie war?«

»Aber das hat doch keinen Stil!«

»Stil!« höhnte mein Vater. »Er und Stil!«

»Eberhard, bitte!« sagte meine Mutter beschwichtigend, ehe sie festlegte, daß es Blumen sein müssen.

»Blumen als Finderlohn?« fragte ich ungläubig.

»Natürlich. Frauen freuen sich immer über Blumen.«

»Meinetwegen«, sagte ich mutlos.

»Die kaufst du morgen früh bei den Blumenhändlern am Bahnhof, und zwar gleich um sieben, da kannst du dir die schönsten aussuchen.«

»Um sieben? Morgen ist Samstag!«

»Na und? Sie stehen ab sieben dort.«

»Und ich? Muß ich etwa um sechs aufstehen, nur um *Blumen* zu kaufen!«

»Klaus, sie hat deinen Per-so-nal-aus-weis gefunden!«

»Eigentlich müßte er sofort hinfahren«, sagte mein Vater.

»Aber wo bekommt er jetzt noch Blumen?« schloß meine Mutter.

Die Blumenhändler am Bahnhof Frankfurter Allee wurden übrigens ein Lieblingsthema meines Vaters, der von nun an jedermann laut vorrechnete, wieviel Geld die Blumenhändler »an der Steuer vorbei« verdienen. Irgendeine Zahl wurde mit dreihundertfünfundsechzig multipliziert. »Wozu gehen wir noch arbeiten?« philosophierte er. »Wenn ich mich mit ein paar Blumen auf die Straße stellen würde, hätte ich im Handumdrehen das Dreifache verdient.« Und resignierend setzte er hinzu: »Und wir haben ihnen auch noch Geld in den Rachen geworfen.«

Für die acht Mark, die ich einer Blumenhändlerin »in

den Rachen warf«, bekam ich einen Strauß langstieliger Blumen. Ich kenne mich mit Blumen nicht aus, ich weiß nicht, was an Blumen *schön* sein soll, warum sich Leute gegenseitig Blumen schenken, ist mir ein Rätsel ... Ich kaufte langstielige Blumen, weil sie die teuersten waren, und hoffte, damit nichts falsch zu machen, aber als ich mit meinem Blumenstrauß durch Fredersdorf tappte, da wohnte Yvonne nämlich, Fredersdorf, ein Berliner Vorort, wo die Einfamilienhäuser in Gärten voller Blumen stehen, da dachte ich hundertmal: Warum ausgerechnet Blumen? Und wie soll ich sie ihr am richtigsten überreichen? (Oh, welch verkorkste Formulierung, aber *so* denke ich: *Wie soll ich am richtigsten ...*) Denn wenn ich etwas falsch mache! Nicht auszudenken! Vielleicht ist sie eine Diplomatentochter und legt Wert auf Etikette? Wie überreicht man einer Fredersdorfer Diplomatentochter am richtigsten einen Blumenstrauß? Wo ich doch nicht mal weiß, ob wir uns duzen oder siezen werden?

Soviel vorweg: Wir duzten uns, und die Geschichte mit Yvonne ist die einzige Liebesgeschichte meines Lebens, eine Liebesgeschichte, die so scheißtraurig ist, daß ich sie nicht erzählen würde, wenn ich nicht müßte.

Schauen Sie, diese Karte ist von ihr. Sehen Sie sich das an! Mr. Kitzelstein, ich rede von ihrer Handschrift. Mein Gott, diese Handschrift! So etwas hatte ich noch nie gesehen! *Schmetterlingsschrift! Als ob sie pausenlos Schmetterlinge malt! (Während mein murkelig-eckiges Schriftbild Einflüsse des Bauhaus*, der *Neuen Sachlichkeit* und der *Nanowelten* zeigt.) Fragen Sie Ihren Graphologen! Ist dies die Handschrift einer verwunschenen Königin? Nehmen Sie nur diesen Buchstaben. Jawohl, das ist ein Buchstabe, auch wenn man es kaum für möglich halten will. Erkennen Sie ihn wieder? Es ist ein *k*. Diese Verzierungen! Welcher Luxus! Welche Verschwendung! Und das hier, nein, das ist keine Skizze von zwei Schmetterlingen, die sich auf einem Gänseblümchen paaren, sondern ein Wort, und zwar *Straße*. Und alles unabsichtlich, alles ohne den Anspruch, mit der größten, schönsten, schmetterlingshaftesten oder unvergeßlichsten Handschrift zu glänzen. Es passiert ihr von allein. Es steckt in ihr drin und ist nicht totzukriegen. Sie tut so, als ob sie schreibt, aber in Wirklichkeit kichert sie leise in sich hinein und malt ihre Schmetterlinge. Yvonne, die Schmetterlingsmalerin.

Aber der Reihe nach; als ich vor ihrem Haus stand, war ich überzeugt, daß sie eine Diplomatentochter ist, die Wert auf Etikette legt. Muß ich nun am Gartentor warten, wenn ich geklingelt habe? Ist es nicht unbequem für sie, herauszukommen oder mir etwas zuzurufen? Aber wenn ich klingle und gleich auf das Haus zugehe – wäre das nicht aufdringlich? Nun *hatte* ich geklingelt und bemerkte keine Reaktion – wie lange sollte ich mit einem zweiten Versuch warten? Ich will auf keinen Fall aufdringlich wirken! Ich bin zwar das besterzogenste Kind von FAS, aber Verhaltensmaßregeln im Umgang mit Einfamilienhäusern wurden mir nie beigebracht. Als sich schließlich die Haustür öffnete und Yvonne in der Tür erschien, rief ich »Darf ich?« und zeigte auf das Haus, ich faßte über den Gartenzaun und rief noch mal »Darf ich?«, und schließlich fragte ich sogar die Klinke, bevor ich sie runterdrückte: »Darf ich?« Aber sollte ich nicht erst mal »Guten Tag!« rufen? Das sagt man doch immer als erstes, oder? Kompromißweise sagte ich »Guten Tag!« erst, als ich auf die Treppe zur Veranda zuging, und bevor ich meinen Fuß auf die unterste Stufe setzte, fragte ich erneut »Darf ich?«. Oben grüßte ich erneut mit »Guten Tag!« und gab ihr die Hand. »Hallo!« erwiderte sie und lächelte. Und wissen Sie, was sie als nächstes sagte, nachdem ich viermal »Darf ich?« und zweimal »Guten Tag!« gesagt habe? Sie lächelte und meinte: »Du siehst besser aus als auf dem Foto.«

»Was für ein Foto?«

»Das im Personalausweis.«

Ich bin ein so ungeheuer kommunikativer Typ, daß ich auf solche Komplimente reagiere, indem ich zum Beispiel frage: »Muß ich meine Schuhe ausziehen?«

»Wie du willst«, sagte sie.

Wie du willst. Wann hatte mir jemand das letzte Mal *Wie du willst* gesagt? Was ist das: Wie du willst? Heißt das, egal, was ich mit meinen Schuhen mache, ob ich sie ausziehe oder nicht – sie wird nichts daran aussetzen? Ist das der tiefere Sinn von *Wie du willst*? Toll! Den Satz werde ich mir merken. Wer weiß, wozu er noch gut sein kann!

Ich hielt ihr die Blumen hin. »Sind die *für mich*?« Sie strahlte. Sie wollte eine Vase holen; ich sah ihr hinterher. Sie trug Jeans und einen flauschigen weinroten Pullover. Sie drehte sich in der Tür noch mal um und winkte mir lachend mit den Blumen zu. Ich schloß die Augen und sah sie mit denselben Blumen vor dem Standesamt winken, ich neben ihr. Ich wollte sie heiraten.

Später gingen wir in ihr Zimmer, ein Kämmerchen unter dem Dach, wo ein Stadtplan von Amsterdam an der Wand hing. Sie konnte nicht wissen, daß ich aus

Gewohnheit *jeden* Stadtplan betrachte. »Sag bloß, du interessierst dich auch für Holland?« fragte sie überschwenglich. Wie konnte ich da widersprechen? Sie war so entgegenkommend, mir einen zweistündigen schwärmerischen Vortrag zu halten. Sie konnte den Akzent imitieren, sie erzählte von Hausbooten, auf denen Sonnenblumen wachsen, von einer Wehrpflichtigen-Gewerkschaft und einem *alternativen Geheimdienst*, von Fahrrädern und der Fußballmannschaft. Jawohl, sie schwärmte für Hollands Fußballer! Für elf Männer, die nichts Besseres zu tun haben, als in kurzen Hosen einem Ball hinterherzurennen. »Spielst du auch Fußball?« fragte sie überschwenglich. Und wie sehr wünschte ich mir in dem Moment, ihre Frage bejahen zu können, wie peinlich war mir plötzlich meine Hochnäsigkeit gegenüber dem Fußball ... »Nein, nur Schach«, erwiderte ich kleinlaut. »Schach? *Jan Timman!*« rief sie.

Warum diese hemmungslose Begeisterung für die Niederlande? Wußte sie denn nicht, daß dieses Land in der blauen Hälfte der Welt lag? Was wußte ich von Holland? Daß die offizielle Staatsbezeichnung *Königreich der Niederlanden* die Hauptstadt Amsterdam und der Regierungssitz Den Haag war. Fünfzehn Millionen Einwohner, 48 Cruise-Missiles. Genau, *ich* denke nicht an Tulpen, Käse, Windmühlen, Fahrräder, Fußballer, Jan Timman und schon gar nicht an Sonnenblumen auf Hausbooten – mir fallen bei Holland 48 Cruise-Missiles ein!

Wir hörten eine Platte von Herman van Veen, einem Liedermacher, den ich bis dato dem *Apolitischen Romantizismus* zurechnete, eine Begriffsschöpfung, auf die ich unheimlich stolz war; ich, das Allround-Genie, formuliere letztgültige Definitionen über Herman van Veen, indem ich in neue begriffliche Dimensionen ästhetischer Klassifizierung vorstoße ... – Yvonne über Hermann van Veen, den (nach Klaus Uhltzscht) apolitischen Romantiker: »Ich bin so *glücklich* mit dieser Platte. Ich brauch nur das Knistern zu hören und könnte schon *weinen* vor Glück.« – Mr. Kitzelstein, wie soll ich Ihnen beschreiben, was es für ein *Geschenk* war, Yvonne zu kennen und neben ihr zu sitzen und eine Platte von Herman van Veen zu hören?

Allerdings hatte sie mir das Portemonnaie noch nicht zurückgegeben, und ich glaubte, daß alles, was sie mit mir veranstaltete – also Platte hören, Blumen schön finden, Tee im Dachzimmerchen trinken –, nur dazu diente, um das Übergaberitual etwas weniger peinlich zu machen. Als Sohn meines Vaters (sofern ich es wirklich bin), wußte ich natürlich ganz genau, mit welchen unvermeidlichen Worten der Finder eines Personalausweises den Verlierer zu belehren hat. – »Sie wissen, daß der Personalausweis Ihr wichtigstes Dokument ist und Sie po-li-zei-lich ver-pflich-tet sind, es vor Verlust zu schützen. Hm. Eigentlich hätte ich meinen Fund ja der Deutschen Volkspolizei übergeben müssen.« Sie sehen, ich traue sogar meinem Vater zu, daß er es manchmal mit den Gesetzen nicht so genau nimmt. Aber er würde sich nicht entgehen lassen, den Finger zu heben: »Aber wenn nicht *ich* Ihren Personalausweis gefunden hätte!« (Sondern Scheckbetrüger, Paßfälscher, Fluchthelfer, Hochstapler.) Und der abschließende Ratschlag, versöhnlich und kulant: »Also geben Sie in Zukunft besser acht!« Mr. Kitzelstein, so ist er wirklich! Solche Gespräche erwarte ich zwischen Finder und Verlierer eines

Personalausweises! Und Yvonne? Zwischen zwei Liedern von Herman van Veen: »Ach so, hier, dein Portemonnaie.« Macht man das in Holland so? Oder war das eine Falle? Keine Ermahnungen, Belehrungen, Zurechtweisungen, keine Moral von der Geschicht, kein Resümee? *Ist alles irgendwie ganz anders?* (Entschuldigen Sie, aber ich war neunzehn.) Und als ich in der S-Bahn saß und wieder nach Hause fuhr, stellte ich mir vor, wie es wäre, mit Yvonne in Holland verheiratet zu sein: Wir würden auf einem Hausboot leben und auf dem Deck Tulpen züchten, das Hausboot wäre gleichzeitig ein Fundbüro, und alle Holländer, die etwas verlieren, würden uns besuchen und ein Schwätzchen über die Nationalmannschaft halten, und vor dem Gehen würden sie beiläufig ihre Regenschirme aus der Ecke nehmen oder ihre Schlüsselbunde aus der Schublade heraussuchen, wovon ich nicht allzu viel mitbekomme, denn ich fahre jeden Morgen mit dem Fahrrad zu meiner Arbeit beim alternativen Geheimdienst, um den Schwarzhandel mit Konzertkarten von Herman van Veen zu verhindern ...

An einem Montagmorgen überreichte mir Major Wunderlich lechelnd eine Wohnungszuweisung. Warum bekomme ich im Mai eine Wohnung in Berlin, wenn ich ab September vier Jahre in Potsdam studieren soll? Was steckt dahinter? Was haben die mit mir vor? Nehmen die Pläne meiner unbekannten Hintermänner jetzt konkrete Gestalt an? – Die Wohnung war im Stadtbezirk Hellersdorf, eineinhalb Zimmer, Hochparterre. Die Fenster gingen zu beiden Seiten raus, zur Straße und zum Innenhof. Kein Zweifel: Jemand hatte mir eine fluchtsichere Wohnung verschafft. Mußte ich geschützt werden? Vor wem? Warum erst jetzt? Oder war das erst der Anfang? War ich jetzt im *inneren Kreis*? War ich kurz davor, für die *richtige Stasi* zu arbeiten? Oder gab es in der Stasi eine Gegen-Stasi, für die ich arbeiten sollte? Wieso erfuhr ich nichts? Wieso lechelte Major Wunderlich? Was wußte er? War ich so gut wie tot? Oder wurde ich sein wichtigster Mann? Oder wichtigster Mann eines anderen wichtigen Mannes, vielleicht sogar wichtigster Mann des wichtigsten Mannes, Erich Mielkes, der wiederum wichtigster Mann des *Allerwichtigsten* (abzulesen an der Häufigkeit von Titelseitenfotos im ND) war?

Meine Wohnung hatte Telefon, ich hatte keinen Nachbarn, und der Fahrstuhl war gleich neben der Wohnungstür. Nicht mal Alain Delon wohnte als *Der eiskalte Engel* so bevorzugt.

Das war doch kein Zufall! Aber was hatte das zu bedeuten? Was hatte das alles mit mir zu tun?

Ich war mir sicher, daß ich abgehört werde. Jeder Besuch meiner Eltern könnte meine Karriere beenden. Oder kann sich die Stasi einen Spitzenagenten leisten, der sich von seiner Mutter Ermahnungen gefallen lassen muß, nie, nie, niemals eine angefangene Fischbüchse einen Tag stehenzulassen, »auch nicht im Kühlschrank, auch nicht abgedeckt, das oxidiert und bildet toxische Verbindungen. Klaus, versprich mir das! Niemals!« Mama, dachte ich während dieser Vorträge. Irgend jemand hört dich! Irgend jemand macht sich seine Gedanken! Bitte versuche doch nur ein einziges Mal wie die Mutter eines Top-Agenten zu klingen! »Klaus, was ist mit deinem Stuhlgang? Seitdem ich das letzte Mal hier war, hast du fast kein Toilettenpapier verbraucht!« – »Mama, das war *vorgestern*!« – »*Gehst* du nicht mehr regelmäßig?« – »Doch, aber ...«

Wenn sie das hören, werden sie mich nie ins NATO-Hauptquartier schicken.

»Poststrukturalismus«, sagte Wunderlich eines Morgens bei der Dienstbesprechung. »Was wißt ihr darüber?«

Eule und Grabs halfen sich stockend aus.

»Eine Gruppe von ...«

»Künstler kann man es nicht nennen ...«

»... Elementen ...«

»Eine Gruppe von Elementen, die unter dem Deckmantel künstlerischer Betätigung ...«

»... chiffrierte Botschaften ...«

»Chiffrierte Botschaften chiffriert ...«

»Ja, sie benutzen Zeichen ...«

»Zeichen und Symbole.«

»Nun kommt mal zur Sache«, sagte Wunderlich. »Jeder Diversant benutzt Zeichen. Diese Elemente aber sagen ganz unverhohlen, worauf es ihnen ankommt: Post-Strukturalismus, also – A – die Struktur der Post zu erkunden, um – B – im Spannungsfall die Effizienz unserer Nachrichtenwege zu unterminieren.«

»Vielleicht soll ich ein Beispiel?« fragte Eule. »Ich habe nämlich einen Lehrgang ...«

»Wissen wir«, sagte Wunderlich. »Zum Beispiel ...« Ihm fiel nichts ein.

»Zum Beispiel können sie ein Dossier aller Briefkästen anlegen und die Leerungszeiten ausspionieren. Wenn sich die Lage zuspitzt ... Das ist vielleicht ein blödes Beispiel. Aber ...«

»Zum Beispiel können sie ausspionieren, wo die Telefonverteilerkästen stehen, um im Spannungsfall Anschläge gegen das Telefonnetz zu tätigen«, sagte Grabs.

»Das ist Post-Strukturalismus?« fragte ich.

»Nicht nur«, sagte Wunderlich. »*Wir* sind eine getarnte Filiale des *Post- und Zeitungsvertriebes*. Wer die Poststruktur detailliert aufklärt, gefährdet auch unsere Tarnung.«

»Wir werden ihre Pläne durchkreuzen«, sagte Eule, wobei er *durchkreuzen* falsch betonte, wie *durchstreichen*. »Sie werden ihren gerechten Judaslohn ernten.«

»Moment«, sagte Wunderlich. »Es hat eine weitere Zuspitzung des Post-Strukturalismus gegeben. Die Gruppierung betreibt seit neuestem ganz unverhohlen *Post-Post-Strukturalismus*.«

Ratloses Schweigen.

»Klingt wie Boden-Boden-Raketen«, sagte Grabs schließlich.

»Oder Negation der Negation.«

»Ich habe mir auch Gedanken gemacht«, sagte Wunderlich. »Ich glaube, sie zielen nicht mehr darauf ab, allein die Struktur des Postwesens zu erkunden, sondern die Struktur der Entscheidungsprozesse über die Poststruktur auszuspionieren.«

»Kannst du vielleicht an einem Beispiel …«

»Ein Beispiel«, sagte Wunderlich. »Bisher hätten sie im Spannungsfall einen wichtigen Telefonverteilerkasten zerstört. Der Schaden würde behoben werden, sowie er auffällt. Das ist die normale Situation im Post-Strukturalismus. Im Post-Post-Strukturalismus weiß aber der Gegner ganz genau, A – welchen Telefonmonteur er anrufen muß und B – für wen er sich ausgeben muß, damit der wichtige Telefonverteilerkasten abgeklemmt wird. Durch gezielte Desinformation kann so bei allen Beteiligten der Eindruck erweckt werden, daß diese Situation regulär ist.«

»Der Schaden würde nie behoben werden«, sagte ich.

»Und nicht nur das«, sagte Wunderlich. »Es könnten ganz unverhohlen die gefährlichsten Dienstanweisungen fabriziert werden. Man kann sich vorstellen, was das bedeutet.«

»Briefkästen werden nicht entleert und quellen über.«

»Die Öffnungszeiten der Postämter verändern sich.«

»Auf alle Postanweisungen würden die zehnfachen Beträge ausgezahlt.«

»Und der Staat würde pleite gehen.«

»Die Post ist auch Verwalterin des *Zeitzeichens*!« sagte Wunderlich. »Der Gegner könnte die Zeit manipulieren!«

»Es würden Züge zusammenstoßen und Flugzeuge abstürzen.«

»Die Uhren würden rückwärts laufen.«

»Und wir würden alle wahnsinnig werden.«

»Und der Gegner bezahlt sie gut, sehr gut«, sagte Wunderlich. »Wir haben Erkenntnisse, daß die Post-Post-Strukturalisten neuerdings ganz unverhohlen als Monopolyspieler das neue Jahr beginnen. Die trainieren schon mal den Umgang mit ihrem vielen Geld!«

»Harald«, sagte ich, »kann es sein, daß du den Begriff Post-Post-Strukturalismus mißverstehst? Das, was du meinst, müßte doch *Poststruktur-Strukturalismus* heißen.«

»Ach ja? Und wenn nicht? Vielleicht wollen sie, daß wir das denken, was du denkst. Vielleicht haben sie deshalb mit Bedacht einen Begriff gewählt, der unsere Wachsamkeit einschläfern soll.«

»Alles andere wäre eine Verniedlichung des Gegners«, sagte Eule.

»Also was schlagt ihr vor?« fragte Wunderlich.

»Wir sollten endlich mit *Individualist* fertig werden«, sagte Grabs. »Dann können wir uns der Postgruppe widmen.«

»Wie ist denn bei Induvidialist der augenblickliche Status Quo der Lage?« fragte Eule.

»Ich muß noch mal seine Wohnung durchsuchen«, sagte Grabs. »Dann könnten wir ihn verhaften. Wenn die Vernehmungen gut laufen, kommt er nicht unter drei Jahren davon.«

»Dann machen wir's«, sagte Wunderlich. »Aber gründlich.«

So wurde ich zum Einbrecher. Zum Einbrecher! Mit schlotternden Knien tappte ich durch die Wohnung von Individualist, ich halluzinierte Polizeisirenen, ich machte mir fast in die Hosen – aber ich wagte nicht, das Klo von Individualist zu benutzen, Sie wissen, mein Toilettenbrillenkomplex. Grabs lief durch die Wohnung, fotografierte ein paar Briefe und sonstige Schriftstücke, während ich nur im Wege stand, bleich vor Angst und den kalten Schweiß auf der Stirn. Wer weiß, wie das ausgeht! Jedes Kind weiß, daß Einbrechen verboten ist, und in den Krimis werden die Einbrecher meistens überrascht und müssen dann die Zeugen erschlagen! Wo war ich bloß hineingeraten! Ich war fast schon ein Mörder! Einer, der laut Obduktionsbericht *das Opfer durch stumpfe Gewalt, vermutlich einen Schraubenschlüssel* ... Ich werde lebenslänglich bekommen, ich werde wie der Graf von Monte Christo in meiner Zelle hocken und, im Stumpfsinn vor mich hin modernd, meine Arme mit Nixen tätowieren, ganz zu schweigen von den westlichen Gazetten! *SCHRAUBENSCHLÜSSEL-BESTIE: LEBENSLÄNGLICH!* Ich wollte weg, ehe ich diese Wohnung zum Ort meines Verbrechens mache, aber jedes Kind kennt die Krimis: Fliehende Einbrecher treffen immer auf einen Nachbarn, der sich verdutzt in den Weg stellt, worauf es Handgemenge und Treppenstürze gibt, die laut Obduktionsbericht zum *Bruch des zweiten Halswirbels* oder *Blutgerinnsel im Hirn* führten. Wenn *ich* mir den Halswirbel breche, wäre ja alles in Ordnung, aber wenn es anders kommt und ich aus Versehen Nachbarn, *unbescholtene Bürger*, töte – o nein! Die Familie am offenen Grab! Die Handschellen! Das Taschentuch der Witwe! Und ihre tränenerstickten Worte in den Fluren des Gerichtspalastes nach Verkündigung des Urteils: *Das macht meinen Mann auch nicht wieder lebendig.* Am sichersten wäre, aus der Wohnung von *Individualist* die Polizei anzurufen, um sofortige Verhaftung zu bitten und so der Gefahr zu entgehen, unverhofft aufkreuzende Zeugen ermorden zu müssen. Ich, der Vergewaltiger und Einbrecher, war kurz davor, meinen ersten *richtigen Mord* zu begehen! (Die vielen *Zweite-Weltkriegs-Gemetzel* im Treppenhaus vergessen wir jetzt mal.) – Zwar hatte ich keinen Schraubenschlüssel in der Hand, aber man kennt das ja aus den Krimis: Irgendeine Mordwaffe liegt immer in Griffnähe. Ich traf Vorsorge und griff in Panik nach dem erstbesten Gegenstand, der garantiert nicht tötet, wenn ich vor Angst die Kontrolle verliere – man kennt das aus den Gerichtsberichten – und auf Unbeteiligte einschlage: ein Paperback, übrigens mit einem Säuglingbildnis. Solange meine Hände diese Stillfibel umklammern, werden sie keinen Schraubenschlüssel greifen. Als mich Grabs mit dem Buch sah, sagte er, baff vor Erstaunen: »Dir entgeht aber auch gar nichts.« Die vermeintliche Stillfibel war nämlich ein Roman, *Garp – und wie er die Welt sah*, und Grabs glaubte, ich wollte ihm das Buch geben, weil ich an seinen Spleen mit den einsilbigen Vornamen, mit G beginnend, denke. Grabs ließ das Buch mitgehen, um auf dem Standesamt die Legitimität des Vornamens *Garp* belegen zu können, und pries am nächsten Tag bei der Dienstbesprechung meine Umsicht und Nervenstärke. Ich wehrte bescheiden ab.

»Kleine Fische, was?« sagte Wunderlich.

»Na ja ... Nicht direkt ...«, sagte ich.

»Manchmal müssen wir uns mit noch kleineren Fischen befassen. Das ist unser Alltag«, sagte er lechelnd.

Noch kleinere Fische – das war eine Anspielung auf *Mikrofische*! Es ist also wahr! Ich werde auf die Mikrofische des NATO-Generalsekretärs angesetzt! Ich bekomme die größte, wichtigste und gefährlichste Aufgabe beim Einlösen der historischen Mission! Ich! Ich! – Vor Aufregung verließ mich die Aufmerksamkeit, und als ich der Dienstbesprechung wieder folgte, fehlten mir die Zusammenhänge.

»Die Quelle Katalog ist unverzichtbar«, sagte Grabs. Zwei Worte genügen, und ich bin wieder voll bei der Sache: *Quelle-Katalog*.

»Hm«, machte Wunderlich. »Was hältst du davon?« fragte er mich.

»Wo ... wo ist der Quelle-Katalog?« fragte ich benommen.

»Katalog ist nur der Deckname für den IM«, sagte Wunderlich.

»Sie heißt IM Katalog, weil sie in einer Bibliothek arbeitet«, sagte Grabs.

Ich fiel fast in Ohnmacht. *Sie?* Sagte er *sie*? Eine Frau? Eine Frau aus Fleisch und Blut?

»Ist sie etwa eine Frau aus dem Quelle-Katalog?« fragte ich und geriet vor Geilheit in Atemnot. Was noch schlimmer war: Fortan bildete ich mir tatsächlich ein, wir sprächen über eine meiner inniggeliebten Quelle-Frauen (und ließ es mir auch nicht ausreden). Die Vernunft wußte, daß es Blödsinn ist, aber meine Phantasie wollte es so.

Die Bibliothekarin, eine Bekannte von *Individualist*, verweigerte die Zusammenarbeit. Wunderlich hatte sich ausgemalt, daß er zur Abrundung der Akte über Individualist ein paar Auskünfte einfach in Belastungsmaterial umformuliert. Darin war er Meister. Ihm reichte die Information, daß seine Verdächtigten in der Silvesternacht Monopoly spielten, und er machte daraus *Der Gegner bezahlt sie gut, sehr gut. Wir haben Erkenntnisse, daß die Post-Post-Strukturalisten neuerdings ganz unverhohlen als Monopolyspieler das neue Jahr beginnen. Die trainieren schon mal den Umgang mit ihrem vielen Geld!*

Wunderlich schlug vor, das Kind von *Katalog* mal so für einen Nachmittag zu entführen. »Sie muß einfach wieder etwas mehr Angst haben.« Er gab mir den Auftrag, und ich willigte ein, noch ganz unter dem Eindruck seiner Andeutung mit den *kleinen und noch kleineren Fischen*, die unser Alltag sind. Logisch, ich übe Entführungen erst mal mit Kindern und steigere mich langsam, bis ich eines Tages fünfzig Millionen NATO-Generalsekretäre auf einmal entführe. Das Kind, das ich entführte, hieß Sara und war acht Jahre alt. Ich wartete vor ihrer Schule und identifizierte sie anhand eines Fotos, ein Urlaubsfoto, das Wunderlich von einem IM bekommen hatte, der heute garantiert behauptet, er hätte niemandem geschadet und »nur ein paar harmlose Urlaubsfotos« weitergegeben. Ich erzählte Sara, daß ich von der Mutti käme und daß wir gemeinsam den Nachmittag verbringen wollen. Als wir zum Auto gingen, faßte sie meine Hand. Wir fuhren zu einer konspirativen Wohnung, und ich fragte sie, ob wir mal die Mutti anrufen wollen. Sie schlug ihr Muttiheft auf, wo die Telefonnummer auf der ersten Seite stand. Sara wählte die Nummer und erzählte, daß sie bei einem Onkel in einer Wohnung ist. Dann hielt Sara mir den Telefonhörer hin und sagte *Jetzt du*. Ich hörte ein unsicheres *Hallo* und legte auf. Eine Quelle-Frau hat *Hallo!* zu mir gesagt! Was für ein hoffnungsfroher Auftakt! Bald fahre ich ins Land, wo die Quelle-Frauen blühen, und kehre von dort mit fünfzig Millionen Mikrofischen zurück! Mit Sara spielte ich Mensch ärgere dich nicht und Memory. Ich schummelte manchmal und ließ sie nicht ein einziges Mal gewinnen. Sie verlor ein Spiel nach dem anderen. Sie heulte, und ich fühlte mich großartig. Um sieben Uhr abends fuhr ich sie zum Alex und setzte sie raus, wo sie einem Polizisten in die Arme laufen sollte.

Was für ein Tag! Erst das Lob für meine Nervenstärke beim Einbruch, dann Wunderlichs verklausulierte Bestätigung, daß ich Mikrofische entführen werde, dann die telefonische Bekanntschaft mit einer Quelle-Frau! Und die geglückte Entführung! Als hätte ich mein Lebtag nichts anderes getan! Wann werden die Genossen, die am landesgrößten Konferenztisch sitzen, mich endlich zum Einsatz bringen, mich ausspielen wie ein Trumpf-As? Worauf warten sie noch? Haben sie etwa noch keine Aufgabe, die so bedeutend ist, daß es sich lohnt, auf mich zurückzugreifen?

Nachdem ich mit der Quelle-Frau schon telefoniert hatte, wollte ich sie auch sehen, eine so idiotisch riskante Angelegenheit, daß Minister Mielke mich sofort feuern müßte: Wenn Sara ihre Mutti auf der Arbeit besucht, würde sie mich als ihren Entführer wiedererkennen! Ich bekäme einen Prozeß! Ich werde in Handschellen in den Gerichtssaal geführt! Die Schlagzeilen der westlichen Gazetten: *KINDESENTFÜHRUNG – DIE STASI WAR'S!* Wie steht mein Minister da! Und für meinen Vater wäre der letzte Beweis erbracht, daß ich ein Versager bin! Trotzdem ging ich in die Bibliothek, in der die Quelle-Frau arbeitete, Sie wissen, bei Quelle-Frauen vergesse ich jede Vorsicht, da werde ich zum Triebtäter.

Die Quelle-Frau arbeitete in einer Bibliothek, für die ich noch keinen Ausweis hatte; ich ließ mir von einer ihrer Kolleginnen einen ausstellen und beobachtete *sie*, wie sie Zettelchen in einen Kasten einsortierte; einmal kam ein Anruf, jemand wollte Bücher verlängern, sie sagte *Simone de Beauvoir, dann bis zum Siebzehnten.* Dann sah sie mich an, als ob sie mich jeden Moment *verdächtigt*, der Entführer ihrer Tochter gewesen zu sein. Ich bekam Angst. Wozu noch bleiben? Ich wußte also, daß sie *Simone de Beauvoir* bis zum Siebzehnten verlängert, und um mich nicht *verdächtig* zu machen, entlieh ich das erstbeste Buch, *Das Tagebuch der Anne Frank*, und verpißte mich. Trotz meiner vier – jetzt fünf – Bibliotheksausweise hatte ich *Das Tagebuch der Anne Frank* noch nie gelesen, und ich las es nur, um mich bei der Rückgabe nicht *verdächtig* zu machen – zum Beispiel, wenn mich die Quelle-Frau fragt, wie es mir gefallen habe, und ich nichts Gewichtiges sage, müßte sie schlußfolgern, daß ich es nicht gelesen habe, woraufhin sie sich wundern würde, wieso ich nur ein Buch ausleihe, ohne es zu lesen; *Was ist das für ein komischer Mensch, der in dieser Bibliothek Mitglied wird, um nur ein einziges Buch auszuleihen, das er nicht liest; ist das nicht VERDÄCHTIG!* Mr. Kitzelstein, Sie sehen, ich weiß genau, wodurch ich Mißtrauen erwecken könnte, und so kurz vor meiner Entsendung ins NATO-Hauptquartier zur Entführung der Mikrofische wollte ich nicht wegen so einer lächerlichen Geschichte, einer *Kindesentführung*, zu Fall kommen. Deshalb, nur deshalb las ich *Das Tagebuch der Anne Frank*. Danach war ich das erste Mal in der Lage, mein eigenes Leben mit einer Portion Entsetzen zu betrachten.

Anne: *Hier stehen nur Entwürfe. Aber, Klaus Uhltzscht, was ist mit dir? Du hockst nicht im Hinterhaus, dein Leben ist nicht bedroht: Kapitän deiner Geschicke, wohin steuert dein Schiff?*

Ich: Ich habe ein Kind entführt, ich habe in fremden Briefen herumgeschnüffelt, ich habe einen fremden Menschen wochenlang angestarrt, ich habe andere geängstigt, gelähmt, verhöhnt. Ich mache die Welt schlechter, als sie ohnehin ist. Ich fand Vergnügen daran, ein achtjähriges Mädchen zum Weinen zu bringen...

Anne: *Warum?*

Ich hockte in meiner fluchtsicheren Eineinhalb-Zimmer-Hochparterre-Wohnung, rechnete mich zum Abschaum und sah fern, und als die Niederländer bei den Fußball-Europameisterschaften ein Spiel nach dem anderen gewannen, erinnerte ich mich an Yvonne und daran, was ich in der S-Bahn dachte, als ich von ihr wegfuhr: Wie das Leben mit ihr wäre. Ein Sonnenblumenleben. Ein Leben ohne Einbrüche und Kindesentführungen. Ein Leben voller Verniedlichungen. Ich hätte ihr gerne einen Brief geschrieben, natürlich einen Liebesbrief, aber leider wußte ich nicht, wie man das macht.

Ich: Anne, ich kann nicht mal einen Liebesbrief schreiben.

Anne: *Das kann doch jeder. Wir alle platzen doch vor Liebe. Und wir sind alle verrückt nach ihr. Du auch, Klaus Uhltzscht. Also versuch's! Wenn ich noch am Leben wäre, würden Liebesbriefe meine heimliche Lieblingsbeschäftigung werden...*

Und das überzeugte mich schließlich.

Liebe Yvonne!
Als ich mich an jenem schönen Nachmittag von Dir verabschiedete, dachte ich zwar, schade, daß wir uns nicht wiedersehen, aber ich brachte es nicht fertig zu sagen: Ich will Dich wiedersehen.

In den Wochen danach fiel mir auf, daß ich besonders aufmerksam jene Zeitungsmeldungen las, die sich mit den Niederlanden befaßten. Das ging schließlich so weit, daß ich die Zeitung zunächst nach Berichten über Holland durchforstete, bevor ich mich für den Rest interessierte. Und neuerdings kaufe ich am Kiosk sogar Zeitschriften, die ich sonst nie lese – wenn sie nur ein holländisches Thema versprechen. Ich kann mich dann leichter an Dich erinnern, und ich glaube, das ist auch der Sinn der Übung. Ich habe mir sogar das Fußball-Finale angesehen – was ganz gegen meine Art ist – und mir vorgestellt, daß Du die Live-Reporterin am Mikrophon warst.

Liebe Yvonne, man kann sich Worte um die Ohren hauen wie: »Überleg dir erst mal, was du sagst!« oder »Das glaubst du doch selbst nicht!« oder »Vergiß es!«. Man kann aber auch sagen »Oh, was für schöne Blumen!« oder »Na, du telefonierst wohl gern?« oder »Ganz wie du möchtest!« oder »Ich hab ein zärtliches Gefühl«. Wunderbar! Worte sind kleine entzückende Geschenke, die wir uns gegenseitig machen, wie Ostereier, die wir bunt anmalen und den anderen finden lassen, damit er seine Freude daran hat. Ich hatte es schon vergessen, aber Du hast mich wieder daran erinnert.

Ich will Dich wiedersehen.

Dein Klaus

Natürlich antwortete sie nicht auf diesen Brief, weshalb ich mir Vorwürfe Vorwürfe Vorwürfe machte. Habe ich sie mit meinen Gefühlen erschlagen? Sehe ich in ihr eine, die sie nicht ist und nicht sein will? Fühlt sie sich durch meine Erwartungen überfordert? – He, hier geht es um *Liebe*! Kennen Sie doch, dieses Zeug aus den Schlagern, wonach sofort der Himmel auszubrechen hat und was auch sonst das Größte ist …

Schließlich antwortete sie doch. Sie war im Urlaub, während mein Brief vier Wochen in ihrem Briefkasten lag. Sie schrieb, mein Brief wäre ihr schönstes Ferienerlebnis, und ich solle sie am nächsten Sonntag besuchen. Und das alles in ihrer sensationellen Schmetterlingsschrift (die ich erst bei der Gelegenheit kennenlernte).

Es war kurz nach meinem Zwanzigsten, am letzten Sonntag im August. Wir saßen auf der Wiese hinter ihrem Haus, ihre Eltern, die ich noch immer nicht kannte, waren über das Wochenende weggefahren. Wir saßen in Liegestühlen auf der Wiese und redeten über dies und das. Yvonne hatte sich ein Kaleidoskop gekauft, eine Anschaffung, auf die sie sehr stolz war. Während unseres Nachmittags in den Liegestühlen griff sie des öfteren nach dem Kaleidoskop und schaute hinein, und wenn sie ein besonders prächtiges Muster sah, strahlte sie und reichte mir behutsam ihr Kaleidoskop, um mir zu zeigen, was ihr so gefiel. Ich sah hinein und fühlte mich aufgerufen, ihr ebenfalls ein besonders prachtvolles Muster zu schenken. So reichten wir das Kaleidoskop während des ganzen Nachmittags hin und her. Und ich schwöre, sie hatte immer die schönsten Muster! Und falls es überhaupt etwas Bemerkenswertes über Klaus das Titelbild in Zusammenhang mit Kaleidoskopen zu vermerken gibt, dann die Tatsache, daß ich bereits als Achtjähriger auf Schönheit und Pracht schiß und statt dessen, geradezu faustisch nach Erkenntnis drängend, dieses Wunderding zerstörte, um zu wissen, wie's funktioniert. Was ich zutage förderte – drei Spiegel und ein paar Glasperlen –, war zu profan, um noch irgendein Interesse für dieses Ding wachzuhalten. Zwölf Jahre später saß ich an einem Augustsonntag mit einer Schmetterlingszauberin auf einer Wiese und bereute. Ich war bereit, alles aufzugeben für das Vermögen, ein Kaleidoskop schätzen zu wissen. Und dieses Kaleidoskop ist doch nicht vom Himmel gefallen, Yvonne hatte es in einem Laden gekauft! Sie muß also irgendwann in einen Spielwarenladen gegangen sein und der Verkäuferin gesagt haben: »Bitte sehr, ein Kaleidoskop hätt ich gern!« Könnten Sie das? Einen Spielwarenladen betreten und Geld für ein Kaleidoskop ausgeben, für ein Papprohr mit drei Spiegeln und ein paar bunten Glasperlen? Ist sie vom Mond? Oder aus dem Märchenbuch? Apropos, Märchenbuch: Habe ich schon erwähnt, daß von der Decke ihres Dachkämmerchens orange und violette Tücher hingen? Wie in einem Märchenschloß! Und die wichtigste Beleuchtung war eine Petroleumlampe! *Wie in einer Gespensterbahn* würde meine Mutter kommentieren, und mein Vater würde vernichtend plausible Vorträge über die Feuergefahr halten: *offenes Licht, das die herabhängenden Tücher entzündet, das brennt wie Zunder, und im Nu ist der Dachstuhl abgefackelt* ... Um mir die Verschiedenheit von Yvonne und mir deutlich klarzumachen, komme ich nicht umhin, festzustellen, daß sie also nicht nur in einem Spielwarenladen eingekauft hat, sondern auch in einem – Mr. Kitzelstein, in welchen Läden kauft man Petroleumlampen? In Lampenläden? In Petroleumläden? In Minsk? – daß sie also auch in einen solchen Laden gegangen ist und nach einer *Petroleumlampe* gefragt hat. Es ist ihr nicht egal, welches Licht in ihrem Zimmer leuchtet? Sie macht sich Gedanken darüber? Sie unternimmt etwas, um genau das Licht zu haben, das sie haben will? Heißt das, *Licht* ist für sie mehr als etwas, was man ein- und ausschaltet? Etwas, das sie zu schätzen weiß? Wie rätselhaft! Und ich dachte immer, daß man Licht im Zimmer hat, *um sich nicht die Augen zu verderben*.

Wir sahen uns den halben Nachmittag verliebt an und *plauschten* – auch eine neue Erfahrung für mich, aber so entspannend, daß ich darauf verzichtete, den Unterschied zwischen *Plaudern* und *Plauschen* herauszuarbeiten ... Am Abend, als es kühler wurde, gingen wir ins Haus, und dabei berührten und küßten wir uns. Wir gingen in ihr Zimmer, und an einer *Pinnwand ihrer Herzensdinge* – eine Ansichtskarte von Amsterdam, eine Federzeichnung der Marienkirche (ist sie gleubisch?), ein Foto von Herman van Veen, eine handgeschriebene Telefon- und Adressenliste von Jazz Dance Clubs und ein altes Schwarzweißfoto eines Heißluftballons –, an dieser Pinnwand hing auch mein Brief. Ich? Hier? Ist das möglich? Ich, immerhin ein Stasi-Typ, Kinderquäler, menschlicher Abschaum, kann einen Brief schreiben, der einer Schmetterlingsmalerin etwas bedeutet? Der zu ihren gesammelten Heiligtümern zählt? Muß ich ihr sagen, wer ich in Wirklichkeit bin? Und wird sie meinen Brief dann wieder wegnehmen?

Sie steckte Kerzen an und setzte sich auf meinen Schoß. Wir küßten uns, und ich geriet in eine echte ethisch-moralische Notsituation, weil ich merkte, daß ich sie jetzt – nennen wir die Dinge beim Namen – *ficken* will. Kann ich es mit meinem Gewissen vereinbaren, einen *Engel* zu ficken? Noch dazu einen Engel, den ich liebe? Kann ich das wirklich wollen? Muß es ausgerechnet Yvonne sein, die ich zu solchen Ferkeleien mißbrauche? Daß ich (ich!) ficken (ficken!) will (will!), ist verwerflich genug – aber warum ausgerechnet *sie*? Gibt es nicht -zigtausend andere Fotzen, die ich interpenetrieren kann? Und die Folgen! Man kann nie wissen, wer in diesen schmucken Häusern der Berliner Randgebiete wohnt! Wenn ihr Vater nun ein kritischer Künstler ist, vielleicht sogar einer mit internationaler Ausstrahlung? Auf solche Geschichten warten doch die westlichen Gazetten, oder? *STASI-SCHERGE VERGING SICH AN DISSIDENTEN-TOCHTER*. Major Wunderlich, mein Vater und Minister Mielke würden mich zur Schnecke machen, *nichtgenehmigte Feindkontakte*, Karriere wäre im Eimer und ich würde niemals Mikrofische aus dem NATO-Hauptquartier schmuggeln dürfen, während sich Yvonne, wenn sie die Wahrheit über mein Berufsleben erfährt, den Strick nimmt! Weil sie sich *schämt*! Sie hat die Sache ihres Vaters verraten! Ich hätte Yvonne auf dem Gewissen! Nicht auszumalen, was das für den ideologischen Klassenkampf bedeutet! *NACH DEM STASI-FICK: SIE WOLLTE NICHT MEHR LEBEN!* Unsinn, sagte ich mir, vielleicht ist ihr Vater kein *kritischer Künstler*, sondern nur ein *skeptischer Künstler*? Oder ein *nicht immer unproblematischer Künstler*? Oder vielleicht sogar nur *Bildhauer in innerer Emigration*? – Solchen Mist denke ich bei dem, was man gemeinhin *Vorspiel* nennt, und mein politisches Verantwortungsgefühl hatte schließlich so weit Besitz von mir ergriffen, daß sich auch mein Schwanz nicht zu recken wagte. Um Zeit zu gewinnen, widmete ich mich ihrem Körper, was ziemlich schnell darauf hinauslief, daß meine Nase in ihrem Muff herumstöberte. Dann begann ich, auf ihr mit meinen Händen entlangzustreichen, und sie streckte und spannte sich und griff nach meinen Händen, um mich nach oben zu ziehen. Ich folgte willig, zumal ich mit meiner Nase in ihrer Möse nichts Gescheites anzufangen wußte.

Und dann sagte sie, was sie nicht hätte sagen dürfen, jene drei verhängnisvollen Worte, nein, nicht *die* drei Worte; sie flüsterte: »Tu mir weh!« Oje, das war zuviel für mich, verstehen Sie mal, ich hatte mich zwar im Geiste damit abgefunden, einen Engel zu ficken, aber daß ich ihr weh tun sollte, wo ich ihr doch theoretisch meine *Liebe* beweisen müßte – nein, das war wirklich zuviel für mich. Ich setzte mich auf die Bettkante und versuchte, mir einen Reim darauf zu machen. *Tu mir weh. Tu mir weh. Tu mir weh.* Ich faßte unter die Decke und suchte nach ihrer Hand und drückte sie, aber sie tat gar nichts. Sie lag da, mit geschlossenen Augen, und ich hatte keine Ahnung, wie es weitergehen würde. Was soll das heißen: *Tu mir weh?* Mr. Kitzelstein, verstehen Sie mal, in dem Moment blieb für mich kein Stein auf dem anderen. Soll ich sie blutig kratzen? Schlagen? Beißen? Oder will sie, daß ich ihre Gliedmaßen verrenke? Ich fühlte mich zu nichts davon in der Lage.

Ich stand auf, zog mich an und ging.

... halb fünf, der Morgen graute, und ich wußte, daß mein Leben versaut war. Kies knirschte unter meinen Füßen, ein trüber Tag brach an, das Gartentor quietschte nicht, ich drehte mich nicht mehr um. Diese Welt war voller Poesie, die Dinge sprachen zu mir, und alles geschah mir zuliebe – aber ich war blind blind blind. Ich hatte kein Auge für den Morgenstern und das weiche Moos auf den Lattenzäunen, für Jahresringe, und einen Sonnenaufgang erlebe ich am liebsten im Kino. Der Geschmack der Luft und die Formen der Pfützen gehn mich nichts an. Der Himmel hatte eine bestimmte Farbe (nennt man die *Pastell*? Oder grau? *Zartrosa?* Es war nicht blau, da bin ich sicher, einen *blauen* Himmel würde ich erkennen); der Himmel hatte eine bestimmte Farbe, aber, mein Gott, die hatte er doch *jeden* Tag, das war doch *nichts Besonderes.* Es gibt Menschen, die sich Gedanken darüber machen, welches Tier sie in ihrem früheren Leben waren oder welche Blume sie sein möchten. Es gibt Menschen, die in einer Wolke ein Gesicht oder ein Fabelwesen sehen und sich dazu überflüssige Geschichten ausdenken. Neben einer Bushaltestelle lag eine tote Katze, überfahren, nasses gestrupptes Fell, das Maul aufgerissen, und alles, was mir dazu einfiel, war, daß man tote Tiere nicht berühren darf, weil man davon vergiftet werden kann. Menschen, die Freudentränen vergießen, sind mir fremd. Alles hat seine Ordnung. Warum flüsterte sie *Tu mir weh*! Nichts verstand ich, gar nichts. Halb fünf, der Morgen graute, und ich wußte, daß mein Leben versaut war, und wenn die Welt schreien könnte, dann würde sie mir ab heute auf jeden meiner Schritte *Verlust! Verlust! Verlust!* hinterherschrein.

Das 6. Band: Trompeter, Trompeter

Wunderlich mahnte oft, wir müßten uns »A – in den Gegner hineinversetzen, um – B – seine Taten vorhersehbar zu machen«, und einmal fand ich auf dem Schreibtisch von Grabs die Mitschrift eines abgehörten Telefonats, in dem Individualist als »Hühnerficker« tituliert wurde. *Hühnerficker*? fragte ich mich unwillkürlich. Wieso *Hühnerficker*? Was bedeutet das? Ist es wörtlich oder metaphorisch gemeint? Wie kommt *Individualist* zu dieser Bezeichnung? Vielleicht kann ich mich noch besser in den Gegner hineinversetzen, seine Taten noch vorhersehbarer machen, wenn ich selbst ein Hühnerficker werde? Vielleicht wird mir irgendeine Erleuchtung zuteil, vielleicht verändert sich mein Blick auf alle Dinge, vielleicht lerne ich den Gegner zu verstehen? Mit diesen Überlegungen kaufte ich mir zum Feierabend einen ganzen Broiler, den ich zu Hause und ohne Rücksprache mit meiner Dienststelle sexuell mißbrauchte. Daß Wunderlich ebenfalls mahnte, das In-den-Gegner-Hineinversetzen sei »A – nicht immer leicht und – B – erfordert es besondere Charakterfestigkeit und – C – einen klaren klassenmäßigen Standpunkt, der uns immun macht – A – gegen gewisse Reizworte und – B – gegen eine gewisse logische Geschlossenheit der gegnerischen Argumentation«, fiel mir erst hinterher ein. War ich zu weit gegangen? Stehen Charakterfestigkeit und ein klassenmäßiger Standpunkt in einem unüberbrückbaren Gegensatz zur Vergewaltigung von Lebensmitteln? Was sagt Siegfried Schnabl dazu? Sind in seinem Buch »Mann und Frau intim« auch Fragen zum Thema »Mann und Broiler intim« Gegenstand von Erörterungen? Im III. Teil (»Varianten und Abarten des Geschlechtslebens«) mit seinem 9. Kapitel (»Abweichungen des Geschlechtslebens«) stand kurz etwas von *Zoophilie*, einer *Deviation*, auf die Schnabl nicht weiter eingehen wollte, um, wie er schrieb, seine Leser nicht zu langweilen. Auch die *Deformitätsfetischisten* und ihre *schwer nachvollziehbare Lust an verstümmelten Gliedmaßen* werden nur in einem Halbsatz erwähnt. Dafür widmet sich Schnabl ausführlich der *Pädophilie*, während wiederum *Nekrophilie* überhaupt nicht vorkommt (auch wenn im Abschnitt über den *Sadismus* der *perverse Lustmord*, der *Mord zur sexuellen Befriedigung* nicht verschwiegen wird). Dann gab es noch *Frotteure*, *Voyeure* und *Exhibitionisten* ... Mr. Kitzelstein, ich hatte keine Zweifel: *Unzucht mit Broilern* sprengte das 9. Kapitel! Ich trieb's *mit Tieren*! Mit *toten* Tieren! Toten *Jung*tieren! Die keinen Kopf hatten! Also mit verstümmelten! toten! Jung!tieren! *Vier* Perversionen auf einmal! Wovon drei Perversionen so bizarr und abscheulich waren, daß Siegfried Schnabl in seinem sexualwissenschaftlichen Standardwerk kaum oder gar nicht darauf einging. Was habe ich getan! Wenn das rauskommt!

Als mich Wunderlich am Tag vor der Verhaftung von *Individualist* in der Dienstbesprechung fragte: »Sagt dir

Oberer Treppenabsatz etwas?«, sah ich mich schon zum Strafappell ins Dienstzimmer meines Ministers befohlen. Ich hatte es geahnt – die wußten die ganze Zeit über meinen Wichs-Subbotnik Bescheid, ohne es sich anmerken zu lassen. Aber woher? Wurde ich wochenlang beobachtet, wie ich mich in das Haus der Wurstfrau stahl, den Ort meines Verbrechens? Gab es Zeugen, die mich in jener Unfallnacht mit offenen Hosen durch die Stadt irren sahen? Seit meinem Treppensturz zählte ich Onanie zu den lebensgefährlichen sexuellen Praktiken – es drohte Genickbruch! –, so daß ich nie wieder millionenfaches Leben in dunkle Treppenhäuser (oder sonst irgendwohin) schleuderte. Darf ich zumindest auf mildernde Umstände hoffen?

Eule: »Hast du denn schon mal *Oberer Treppenabsatz* gemacht?«

Ich: »Mnhmnh ...«

Grabs: »Na, so was weiß man doch!«

Wunderlich: »Dann machst du das morgen mal, ja? Oberer Treppenabsatz, ja?« Mir war nicht klar, wieso ich mir synchron zur Verhaftung von *Individualist* einen von der Palme wedeln sollte. Wunderlich: »Fluchtvereitelung.« Konnte der Gedanken lesen? Aber wie sollte die Fluchtvereitelung funktionieren? Sollte *Individualist* auf meinen Mikrofischen ausrutschen? Gibt es einen Zusammenhang zwischen dem Wichsbefehl von Wunderlich und dem Gerücht, daß viele, die in der Haft geschlagen wurden, zur Erklärung ihrer Verletzung unterschreiben mußten, daß sie »die Treppen hinuntergefallen« sind? Sind diejenigen vielleicht präparierte Treppen hinuntergefallen? Soll ich nun die Treppe für *Individualist* präparieren? Wieso weiß ich wieder nichts? Wieso? Wieso?

Wieso? Aber vielleicht *ahnte* Wunderlich gar nicht, daß ich oberste Treppenabsätze vorzugsweise betrete, um in die nächsttiefere Etage abzuschießen? Dann würde ein die Treppe hinauf fliehender Individualist vom Anblick eines onanierenden Stasibediensteten schockiert! Und sich nach seinem Freikauf den westlichen Gazetten anvertrauen! *STASI-TERROR IN OST-BERLIN: DISSIDENT ONANIERENDEM EXHIBITIONISTEN VOR DIE FLINTE GETRIEBEN!* Was würde mein Minister sagen, mit dieser Schlagzeile in der Pressemappe? Die Attraktivität des Sozialismus leidet! Aufschrei von Menschenrechtsexperten! Schwächung der Position unserer Verhandlungsdelegation! Das Abrüstungsabkommen kommt nicht zustande, der 3. Weltkrieg bricht aus! Oh, Mr. Kitzelstein, daß ich immer an die Folgen denke! Daß ich nur an die Folgen denke! Ich bin ein Meister im Formulieren von grammatischen Konstruktionen, die im Konjunktiv beginnen und in den Indikativ übergehen. Wenn es nur beim Formulieren bliebe – aber genauso *denke* ich auch! Mißverstünde ich Wunderlichs Bemerkung über den oberen Treppenabsatz und Individualist versucht zu fliehen, dann begegnet er mir beim Keulen und informiert nach seinem Freikauf die westlichen Gazetten, die daraufhin Schlagzeilen bringen, die Ansehen und Stärke unserer Republik schmälern, was in gespannten Zeiten wie diesen nur die Sache des Friedens gefährdet...

»Soll ich dann ... ein Gleitmittel verteilen?« fragte ich Wunderlich, als wir im Auto saßen, um *Individualist* abzuholen.

»Nicht nötig«, sagte Wunderlich, und keine zehn Minuten später führten er und Grabs *Individualist* ab, der genau so individualistisch aussah wie Wunderlich wunderlich. Kein Jimi Hendrix oder Karl Lagerfeld. Ein Dutzendgesicht, das so durchschnittlich war, daß ich zehn Minuten später keine Phantombild mehr erstellen könnte und ihn heute nicht mal auf der Straße erkennen würde. *Raffinierte Tarnung*, preßte Eule zwischen zusammengepreßten Zähnen hervor. Zum Feierabend saß ich mit einem Broiler, in Alufolie eingewikkelt, in der S-Bahn und zog Bilanz meiner historischen Missionarstätigkeit bei der Stasi: *Individualist* war verhaftet, irgendwann (frühestens in einem Jahr) würde er freigekauft, was dem Devisenhaushalt zugute käme. Wenigstens etwas. Und sonst? Daß der eine oder andere eingeschüchtert wurde? Einverstanden, wer sich vor uns – Wunderlich, Grabs, Eule und mir – unbedingt fürchten wollte ... Aber daß wir das Fürchten gelehrt haben – nein, das wäre zu viel der Ehre. *Im Lande herrschen Ruhe und Ordnung*. Na ja. Wir hielten Ordnung, die hielten Ruhe. Die Anzahl der unbescholtenen Bürger wurde beängstigend. Wenn sich immer mehr Leute mit immer harmloseren Einschüchterungsaktionen einschüchtern lassen – wen sollen wir dann noch gegen Devisen in den Westen verkaufen? Ist das nicht eine unheilvolle Entwicklung, wenn alle Angst vor uns haben, so daß niemand verhaftet und verkauft werden kann? »Das ist ein Problem«, sagte Wunderlich, als ich ihn fragte. »Aber *wenn* die Devisen knapp werden, dann verschlechtert sich die wirtschaftliche Lage. Verschlechtert sich die wirtschaftliche Lage, werden mehr Ausreiseanträge gestellt. Ausreiseanträge sind ungesetzlich, Paragraph 213 Strafgesetzbuch, Behinderung staatlicher Tätigkeit. Darauf steht Gefängnis, womit wir wieder Häftlinge zum Verkaufen haben. So pendelt sich alles wieder ein.« – »Das ist die Negation der Negation«, sagte Eule. »Und das beste ist«, sagte Wunderlich, »daß unsere zukünftigen Häftlinge ihren Ausreiseantrag natürlich mit Namen und Adresse stellen. Sie können jahrelang warten, und wir können sie planmäßig inhaftieren.« Zugegeben, dieser Paragraph 213 war einfach genial. Einem ehemaligen zukünftigen Physik-Nobelpreisträger drängt sich die Ähnlichkeit des Paraphen 213 mit einem Perpetuum mobile auf. Sollte ich durch mein sinnloses Jahr bei der Stasi, in dem ich nur einen einzigen devisenträchtigen Häftling machen half, behutsam an das Devisenproblem herangeführt werden? War das die Art meines Ministers, mir zu verstehen zu geben, daß er von mir geniale Ideen zur Aufbesserung der Deviseneinkünfte erwartet? Mr. Kitzelstein, ich verstand seine Zeichen sehr wohl, und ich grübelte pausenlos über unerschlossene Devisenquellen nach. Selbst für ein Genie wie mich eine harte Nuß. Blutspenden und Müllimporte, politische Gefangene und Alimentenansprüche wurden bereits zu Westgeld gemacht. Aber dann sah ich – verbotenerweise – eines Samstag abends »Wetten, dass …«, und als ich den Vorschlag einer Saalwette der Kategorie »Wetten, daß Sie es nicht schaffen, fünfzig Dreirad fahrende Feuerwehrleute, auf deren Lenkstangen ein Papagei sitzt, der tatü-tata schreit, auf die Bühne zu bekommen«, schoß mir durch den Kopf: *Wetten, daß Sie im Sendegebiet niemanden auftreiben, der eine Vierfach-Perversion erschaffen hat.*

Was für eine Idee: Urheberrechtlich geschützte Perversionen zu fabrizieren und sie gegen Devisen zu exportieren! Wer, wenn nicht ich, war zum Perversen berufen! Beim Munterdrauflosficken holte ich mir die Gonorrhöe (was würde es das nächste Mal sein? AIDS?), bei wahrer Liebe bekam ich ihn nicht hoch (ein Phänomen, das in der Fachliteratur als tiefstes Demütigungserlebnis beschrieben wird), Wichsen brachte mir Knochenbrüche ein (was würde es das nächste Mal sein? das Genick?), und Vergewaltigen war leider eine strafbare Handlung! Mein Drang drohte mich vor die Schranken des Gesetzes zu führen! Prozesse drohten! Abgesehen von den anderen juristischen Fallen, die ich – Gerade ich! Mit meinen Perspektiven! – nicht vergessen durfte: Vaterschaftsklagen! Ich werde vor ein Gericht gezerrt, vor einen Richter, der gegen mich losdonnert, während er pathetisch auf eine traurige Frau zeigt, die ein schreiendes Bündel liebevoll im Arm wiegt ... Nein, Mr. Kitzelstein, *Ficken* war was für gewöhnliche Menschen, ich wollte ein Jünger des 9. Kapitels werden, ich wollte tief hinunter in die Grotte der *Abarten des Geschlechtslebens*! Es mit meiner forschenden Fackel ausleuchten! Ich weiß, was es heißt, berufen zu sein: Ich wurde historischer Missionar, anstatt Nobelpreisträger, und so wollte ich nun ein Großer Perverser werden, anstatt mein lebensgefährliches, knochenbrecherisches und juristisch bedenkliches Geschlechtsleben fortzuführen! Und immerhin knüpfte ich an das 9. Kapitel an! Mr. Kitzelstein, das war das vorletzte Kapitel! So weit war ich vorgedrungen! Einer, der immer nach Höherem strebte! Gerade zwanzig geworden, und schon im vorletzten Kapitel zu Hause! Danach kamen, Stufe 10, nur noch die Homosexuellen! Und vorher, Ende des 8. Kapitels, ging es um *Die Selbstbefriedigung*, und die hatte ich schon absolviert.

Siegfried Schnabl schreibt im Auftakt jenes 9. Kapitels: »Die Erscheinungen, mit denen wir uns in diesem Kapitel beschäftigen, wurden bis vor kurzem – und zum Teil heute noch – als ›pervers‹ bezeichnet.« So der erste Satz des 9. Kapitels.

Schnabl benutzte den rücksichtsvolleren Begriff *Deviation*; vielleicht hatte ein Parteifunktionär auf dem sechsten, siebten oder achten Parteitag verkündet, daß der Sozialismus den Perversionen die gesellschaftliche Grundlage entzogen hat – ich weiß es nicht. Diese Deviationen waren zu spießig für einen Extremisten wie mich (Sie wissen schon, bereits mit zwanzig im vorletzten Stadium), ihnen fehlte das Schockierende, Abgründige. Bereits meine allererste Perversion war zu heftig für das 9. Kapitel! Siegfried Schnabl wird ein 11. Kapitel schreiben müssen! Dessen erster Satz wird lauten: »Die Erscheinungen, mit denen wir uns in diesem Kapitel beschäftigen, müssen seit kurzem – und zwar seit der Ära Klaus Uhltzscht – wieder als ›pervers‹ bezeichnet werden.« Jawohl! Ich gehe mit meinen Perversionen in die Geschichte ein! Ich werde die Devisenknappheit beseitigen! Ich werde berühmt wie Katarina Witt!

Sie bezweifeln, daß es einen Markt für Perversionen gibt? Ja, sehen Sie denn keine Talkshows! Wieviel Marktanalyse wollen Sie denn noch? In den Quelle-Katalogen machen dich makellos lächelnde Westfrauen heiß, aber in den Talkshows wird der Wille zum Sex mit Westfrauen durch den Wolf gedreht. Ich warte auf den Tag, an dem auch das letzte Tabu angefaßt wird: *Sexuelle Belästigungen in der Hochzeitsnacht*. Die Aufgeile ist pausenlos am Trommeln, aber auf Sextourismus steht Naserümpfen. Was deinem Schwanz wohltut, darfst du nicht. In diesem Zwiespalt war ich zu Hause – bis ich die Perversion entdeckte. Meine Kreationen, zukunftsträchtige und weltmarktfähige Perversionen, sollten frei von diesem muffigen Image sein; ich wollte etwas Frisches, Peppiges konzipieren. Perversionen für alle! Perversionen könnten zum Partythema werden oder bei Einstellungsgesprächen die Atmosphäre lokkern, und erst wenn es so viel bekennende Perverse wie Kreditkarteninhaber gibt, würde ich den Markt für gesättigt halten.

Mr. Kitzelstein, ich lege Wert auf die Feststellung, daß ich pervers wurde, um dem Sozialismus zum Sieg zu verhelfen. Mein Forschungsgebiet war heikel; das Verhältnis von Sozialismus und Perversion nirgends geklärt. Wie gefällt Ihnen die dialektische Einheit *Sozialismus braucht Perversion, Perversion braucht Sozialismus!* Da lacht das Herz, nicht wahr? Ich weiß eben, wie das Rasseln der Kampagnen klingt! Man durchgrübelt die Parole einen Augenblick und nickt ergeben wie zu *Mein Arbeitsplatz – mein Kampfplatz für den Frieden* oder *Das Erreichte ist noch nicht das Erreichbare* oder *Der Sozialismus ist nur so gut, wie wir ihn täglich machen.* Ich hatte nie vor, die sozialistische Grundlage zu verlassen, und tüftelte ausschließlich an Perversionen, die sich ihrer sozialistischen Herkunft nicht zu schämen brauchten. Linientreu wie das Fernsehen wollte ich sein und sittsam wie eine Massensportschau. Kein kleines Mädchen sollte mit Süßigkeiten in einen Keller gelockt werden. Demonstrativer Bestandteil meines Forschungsapparats war die *Kartei neuen Typus*, ein Zettelkasten, in dem ich tagebuchartig meine Forschungsberichte zusammenfaßte. Es würde lange dauern, bis ich der perverseste Perverse sein würde, aber bei der Bedeutung der Aufgabe (denken Sie nur an den potentiellen Markt) hielt ich es für geboten, mich zunächst als Einzelforscher zurückzuziehen und geduldig meine Perversionen zu entwickeln. Später, wenn meine Forschungen so weit gediehen sind, daß mir der Rang eines Klassikers nicht mehr streitig zu machen sein wird, werde ich meine Erkenntnisse präsentieren und die industriemäßige Verwertung anrollen lassen. Ich dachte an Henry Ford und seine Vision vom »Auto für die Massen«, an Steve Jobbs und seine Vision vom »Computer für die Massen«. Auch ich hatte eine Vision: Perversionen für die Massen!

Der Zeitpunkt, zu dem ich die Abgeschiedenheit meines Studierstübchens verlassen wollte, um mit meinen Resultaten an die Öffentlichkeit zu gehen, sollte das Jahr 2005 sein, ein Jahr, in dem drei bedeutende Schriften ihren hundertsten Jahrestag haben: Einsteins Allgemeine Relativitätstheorie, Freuds »Drei Abhandlungen zur Sexualtheorie«, ein Werk, in dem auch den Perversionen, die Freud ebenfalls *Deviationen* nennt, ein Abschnitt gewidmet ist, und Lenins »Zwei Taktiken der Sozialdemokratie in der demokratischen Revolution«, eine revolutionstheoretische Schrift, aus der noch heute so oft zitiert wird, daß sie in der Quellenangabe mit »Zwei Taktiken ...« abgekürzt werden kann. Die Veröffentlichung meiner Bemühungen um die Perversion im Jahre 2005 soll eine Hommage an Einstein, Freud und Lenin sein; mit der Genialität eines Einstein werde ich Freuds Forschungsgegenstand und Lenins Vermächtnis verschmelzen. Die Titel nahezu aller bahnbrechenden Werke sind unscheinbar; mein Werk sollte, das

Leninsche Vermächtnis wahrend, »Zwei Praktiken« heißen. Danach werde ich schnell ein paar populäre Bücher für die Bestsellerlisten schreiben (»Wege zur Perversion«, »Neue Wege zur Perversion«, »Wege zur neuen Perversion«), Wochenend-Schulungen designen und individuelle Beratungen in einem weltweit vernetzten Filialsystem organisieren. So wie Hollywood die Hauptstadt der Unterhaltungsindustrie ist, wird Berlin die Metropole der Perversionsindustrie. Wo, wenn nicht hier, in der Stadt des Todesstreifens, unter dem die U-Bahnen im Fünfminutentakt hindurchfahren, ist die Perversion zu Hause! Ich werde der hiesige Studioboß, und wenn mein Wirtschaftszweig nur ein Zehntel des Umsatzes von Hollywood macht, bekomme ich den Nobelpreis für Wirtschaft.

Ich trieb es nicht nur mit *einem* Goldbroiler. Ich kaufte mir jede Woche einen und nahm ihn durch, wobei ich mit verschiedenen Stellungen und verschiedenen Füllungen experimentierte. Meine sämtlichen perversen Erfahrungen sind beschrieben und gesammelt in der *Kartei neuen Typus*. Dieses Forschungsprojekt zur Rettung des Sozialismus war so geheim, daß nicht einmal die Stasi davon wußte. Später entging die *Kartei neuen Typus* der Beschlagnahme durch Bürgerrechtler, und als die Archive geöffnet wurden, staunte die Nation über, sagen wir mal, eine *Geruchsproben-Sammlung*, dank der Suchhunde jederzeit auf bescholtene Bürgern angesetzt werden konnten – aber von der Existenz meiner *Kartei neuen Typus* ahnte niemand etwas. Laut Gesetz bin ich dazu verpflichtet, meine Datensammlung *dem Bundesbeauftragten zur Verwaltung der Stasi-Unterlagen* zu übergeben. Der hat schon hundertachtzig Kilometer zu sichten, aber meine zwölf Zentimeter wären *besondere* zwölf Zentimeter; immerhin wird selbst die Behandlung der Frage »Sind sexuell mißbrauchte Lebensmittel eßbar?« nicht unterschlagen. Die *Kartei neuen Typus* ist vielleicht nicht die brisanteste Datensammlung – schon die Guillaume-Affäre vergessen? –, aber für eine Schlagzeile immer noch gut: *DIE GEHEIMEN SEX-EXPERIMENTE DER STASI! DR. SCHNABL: »ABSCHEULICH«!*

Meine nächste Perversion war ein Lippensimulator, der in der Entwicklungsphase *Fellatiomat I* hieß. Zwei Gummitiere – kleine Elefanten aus rotem Schaumzukker, weich wie *Marshmellows* – wurden auf einer elektrischen Herdplatte mit Stufe 1 oder 1½ erwärmt und zu zwei Würmern geknetet, die mir als Ober- und Unterlippe dienten. Ich legte sie zwischen Daumen und Zeigefinger beider Hände und hatte damit einen *Mund*. Wenn ich die Finger bewegte, bewegten sich die Lippen. Mit dieser Vorrichtung kaute ich mir ein paarmal einen ab. Es war einfacher, als mit Stäbchen zu essen. Aber irgendwie war das noch nicht das Wahre. Das war kein Meilenstein der Perversionsgeschichte. Das Erreichte war nicht das Erreichbare. Ich wollte auf dem Weltmarkt bestehen. Mit welcher Masche muß ich den Massen in der Blauen Welt kommen? Was erwarten sie? Was begeistert sie? George Bush zum Beispiel, der Nachfolger des Sprechproben-Präsidenten, wurde für seinen Ausspruch *Read my lips: No new taxes!* gewählt. Mit *Read my lips* wird man Nummer Eins der Blauen Welt? Sollte auch ich …? Andererseits hatte ich Skrupel, ferngesteuert aus dem Weißen Haus meine Perversionen zu entwickeln; ich wollte doch immer fest auf sozialistischer Grundlage stehen. – Ich war damals bereits Student an der *Juristischen Hochschule Golm*, der Stasi-Akademie, und flüsterte während der Vorlesungen den Text des Referenten mit, wobei ich den Daumen an die Lippen legte. So konnte ich die Lippenbewegungen fühlen und genau jene Textstellen erspüren, die sich intensiv und erregend anfühlten. Ich hatte eine Aufgabe! Ich verbrachte meine Zeit sinnvoll! Ich testete Lippenbewegungen für Millionen West-Eicheln und -Schafte. Leider blieb der Effekt aus, in den Vorlesungen bekam ich nur unbrauchbare Worte angeboten, wenig sinnlich, zähnefletschend herausgepreßtes Zeugs. Mir gefiel die Vision, daß ab dem hundertsten Jahrestag der Allgemeinen Relativitätstheorie, der »Drei Abhandlungen zur Sexualtheorie« und der »Zwei Taktiken ...« Millionen Männer der blauen Welt Botschaften aus dem real existierenden Sozialismus bis zum Moment restloser Beglückung hören wollen – aber es gab keine geeigneten Botschaften. *Read my lips*, Mr. Kitzelstein: *Feindlich-negative Elemente, Schwert und Schild der Partei, Marxismus-Leninismus*. Und so weiter – nur Stakkato. Verstärkt die Kastrationsangst. *Unerlaubte Verbindungsaufnahme* war das einzig Passable; phantastische Lippenmotorik, dafür rhythmisch völlig unbrauchbar. Als wir in einer Psychologie-Vorlesung über Charakterstrukturen Inoffizieller Mitarbeiter hörten, schweiften meine Gedanken ab und widmeten sich dem einzigen Inoffiziellen Mitarbeiter, mit dem ich je zu tun hatte: IM Katalog, die Quelle-Frau, die am Telefon – Mr. Kitzelstein, *read my lips – Simone de Beauvoir* sagte. Beachten Sie die Dynamik der unteren Gesichtsmuskulatur! Geradezu akrobatisch! Die sanft fließende

Rhythmik! Die raffinierte Sogwirkung! Das war's! Eine Quelle-Frau, die es französisch (sic!) macht. Davon hatte ich immer geträumt. Vor dem Spiegel ar-ti-ku-lier-te ich *Simone de Beauvoir*, studierte die Lippenbewegungen und versuchte, sie mit den Schaumzuckerlippen zu simulieren. Wochenlang mühte ich mich, meine beiden roten Schaumzuckerlippen zwischen den Fingern, *Simone de Beauvoir* ins Muskelgedächtnis zu bekommen.

Mir war klar, daß diese Perversion den *Fellatiomat I* übertrifft; daher taufte ich mein neues Projekt *Fellatiomat 2005*. Wunderlich hatte mir vor meinem Studienbeginn an der Juristischen Hochschule versichert, daß ich jederzeit beim *Post- und Zeitungsvertrieb, Abteilung Allgemeine Abrechnung* willkommen wäre, wenn ich irgendein Problem hätte. So konnte ich ihn um ein Aufnahmegerät und Knopfmikrophon bitten, mit dem ich in die Bibliothek ging und eine Originalaufnahme mit der Quelle-Frau von *Simone de Beauvoir* machte: Ich schrieb auf einen Leihschein *Simone de Beauvoir* und bat die Quelle-Frau, sie möge mir verraten, wie dieser Name ausgesprochen wird. Mit »Wie bitte?« und »Wie war das?« brachte ich sie dazu, mir dreimal *Simone de Beauvoir* aufs Band zu sprechen. Ich wählte die Variante, die mich am meisten aufgeilte, und bat Wunderlich, mir fürs Tonstudio den Auftrag auszustellen, *Simone de Beauvoir* auf eine Endloskassette zu spielen. Mir ginge es um Psychoterror – der OV solle glauben, er sei verrückt, weil er ständig *Simone de Beauvoir* hört. Wunderlich war begeistert und prophezeite mir eine große Zukunft. An den Wochenenden legte ich mich in meiner fluchtsicheren Hellersdorfer Eineinhalb-Zimmer-Hochparterre-Wohnung aufs Bett, hörte bei heruntergelassenen Hosen die Endloskassette und kaute synchron mit den künstlichen Lippen auf Eichel und Schaft herum. Dazu ließ ich eine Stoppuhr laufen; die Zeit trug ich in die *Kartei neuen Typus* ein. Nun konnte ich nicht ausschließen, daß die Wohnung verwanzt ist, weil Minister Mielke wegen der großen Dinge, die er mit mir vorhat, Ermittlungen über meinen Lebenswandel anstellen läßt, und ich konnte mir nicht vorstellen, daß meine Karrierechancen steigen, wenn ihm ein Abhörprotokoll vorliegt, wonach ich jedes Wochenende für zwanzig Minuten eine Kassette höre, die pausenlos den Namen einer französischen Intellektuellen ar-ti-kuliert. Deshalb benutzte ich bei der Erprobung des *Fellatiomat 2005* immer Kopfhörer. An den Wochentagen lebte ich im Internat der Juristischen Hochschule, in einem Viermannzimmer mit zwei Doppelstockbetten. Meine Mitbewohner ahnten nicht, daß der zukünftige Star-Perverse unter ihnen war. Schnabl schreibt, daß die meisten Perversen einen sozial angepaßten, unauffälligen Eindruck machen. Ich war *sehr* angepaßt und *sehr* unauffällig – beweist das, daß ich *sehr* pervers bin? Ich dachte fieberhaft über neue Perversionen nach. Ich wollte ein nimmermüder Brunnen perverser Ideen werden. Ich verabschiedete mich schließlich sogar von meiner langgehegten Hoffnung, wonach mir Minister Mielke, Major Wunderlich und ein hohes Tier der Aufklärung falsche Papiere, ein Flugticket nach Brüssel und eine Legende zum Auswendiglernen überreichen und mich auf die Mikrofische des NATO-Generalsekretärs ansetzen. Der Aufbau der *Kartei neuen Typus* duldete keine Ablenkung. Und zu meiner großen Erleichterung löste sich schließlich meine ehemalige Hoffnung und jetzige Befürchtung, mit der Entführung von fünfzig Millionen NATO-Generalsekretären beauftragt zu werden, in nichts auf: In einer Kriminaltechnik-Vorlesung an der Juristischen Hochschule benutzte der Dozent am Overheadprojektor das Wort *Mikrofiche*, und mir dämmerte, daß Eule, der auch in *Jeanette* das letzte -e nicht unausgesprochen läßt ... Was für ein Mißverständnis! Man hört ja gelegentlich davon, daß auf Samenbanken die Röhrchen verwechselt werden, aber eine Verwechslung zwischen dem Ejakulat des NATO-Generalsekretärs und seinen Mikrofilmen kann nur mir passieren! Man stelle sich vor, Eule hätte mir mündlich den Geheimauftrag übermittelt, die Mikrofiches zu erbeuten – und ich hätte nach einer Gelegenheit gesucht, dem NATO-Generalsekretär einige Tropfen seines Ejakulats abzuluchsen. Was für eine Blamage, wenn ich nach Beendigung meiner Mission im Dienstzimmer von Minister Mielke stünde! Statt der erhofften Dokumente würde ich ihm die ranghöchste NATO-Wichse auf den Schreibtisch legen! Wo er doch im engsten Kreise warnte: »Lieber Millionen Menschen vor dem Tode retten, als wie einen Banditen leben lassen, der also uns dann die Toten bringt.« Ich hätte *fünfzig Millionen* Tote gebracht! Wie könnte ich beweisen, daß es die Toten der anderen Seite sind? Minister Mielke hat dem Banditen, *der also uns dann die Toten bringt*, kurzen Prozeß versprochen! Man würde mich hinrichten, und was noch schlimmer ist: bestrafen! Ein Richter würde mir tief in die Augen sehen! Mich mit *Angeklagter* anreden!

Aber, Mr. Kitzelstein, was noch wichtiger war: Dem

Gegner die *Mikrofiches* zu stibitzen war eine alte Beschäftigung von Geheimdiensten – und was hat es historisch gebracht? Hat es den weltweiten Kampf zwischen Rot und Blau entschieden? Nein. Und daß ich nicht mit Aufgaben betraut werde, die zur geheimdienstlichen Tagesordnung gehören, sondern nur mit den geheimsten und bedeutendsten Verschwörungen, war nach wie vor meine felsenfeste Überzeugung – um es mal vorsichtig auszudrücken. Ich war mir über meine historische Mission im klaren, und alles, was mir geschah, paßte ins Bild. Denn was ich auch tat, war weltbewegend und geschichtsverändernd – *weil ich es tat*.

Ich hatte vorhin den Paragraphen 213 StGB mit einem *Perpetuum mobile* verglichen. Jeder weiß, daß ein Perpetuum mobile nicht funktioniert. Irgendwann ist das obere Becken leer und das gesamte Wasser im unteren Becken. Irgendwann gibt es keine Häftlinge mehr zum Verkaufen, nach meinen groben Schätzungen im Jahr 2005. Ab diesem Jahr würde sich der *Sozialismus in den Farben der DDR* dank meiner Perversionen aus der *Kartei neuen Typus* über Wasser halten. Als in Ungarn der Eiserne Vorhang zerschnitten wurde, hatten meine Perversionen keine Chance mehr, eine geschichtsgestaltende Rolle zu spielen. Sogar ich ahnte das. Das obere Becken war angebohrt, das Wasser lief nicht über die Räder. Dennoch erprobte ich eine neue Perversion. Ich schlich jeden Tag im Sommer 89 zu einem stillen Tümpel in der Nähe der Hochschule und fischte mit einem feinmaschigen Käscher nach Kaulquappen, die zu Tausenden in Ufernähe lebten. Entsprechend der täglichen Flüchtlingsquote zählte ich die Kaulquappen ab und stopfte sie in einen Kondom, den ich überzog. Was nun, Herr Doktor Schnabl? Auch meine *Massensodomie* gehört in das ungeschriebene 11. Kapitel! Die jeweilige Anzahl der vergewaltigten Kaulquappen wuchs kontinuierlich. Je größer die Fluchtwelle, desto wohliger wurde das Gezappel an der Trompete. Vielleicht war ich der einzige bei der Stasi, der aufrichtig mit den Flüchtlingen sympathisierte.

Der Tod meines Vaters war eine Sache von wenigen Tagen; meine Mutter rief mich an und sagte, »unser Vater« läge im Sterben. Er käme gerade aus dem Krankenhaus, wo ihm der Bauch aufgeschnitten und wegen Aussichtslosigkeit sofort wieder zugenäht wurde; die Metastasierung war in einem Stadium, das keine Hoffnung mehr ließ, der Darmtrakt durch wuchernde Geschwülste verstopft, so daß sich mein Vater nicht mehr der Scheiße entledigen konnte, die er produzierte. Selbst die Spucke, die er runterschluckte, verschlimmerte seine Lage. Irgendwann hätte er sich wahrscheinlich zu einem einzigen Stück Scheiße verdaut, das hundertzehn Kilo schwer ist und mit einem Schlafanzug im Bett liegt. Der einzige Ausweg bestand darin, nichts zu essen – was den Tod durch Verhungern zur Folge hätte. Er konnte zwischen zwei qualvollen Toden wählen, zwischen Verrecken und Krepieren. Er hat keinen Ton gesagt.

Seitdem er tot ist, stoße ich immer wieder auf Spuren, die er in unserer Wohnung hinterlassen hat, kleine mühselige Konstruktionen und Vorrichtungen aus Schlüsselringen, Angelsehne und Zwischenlegscheibchen. All diesen Basteleien ist anzumerken, daß sie unsichtbar bleiben sollen – oder unsichtbar machen sollen. Dafür war kein Aufwand zu groß. Zwanzig Zentimeter Telefonkabel hat er unsichtbar gemacht, indem er es hinter der Teppichkante verlegte – wozu er die gesamte Schrankwand von der Wand abrücken mußte. Die Tür eines Schrankaufsatzes, die wir nur zwei- oder dreimal im Jahr benutzten, die aber immer von alleine aufging, hat er gehalten – nein, nicht durch ein dazwischengeklemmtes Stück Papier, sondern durch einen Magneten, den er so raffiniert versteckte, daß man ihn erst sehen kann, wenn man nach ihm sucht. Im Schlafzimmer stieß ich auf rätselhafte Angelsehnen, von denen ich vermute, daß sie zu einer Konstruktion gehörten, die es ihm erlaubte, das Schlafzimmerfenster von seinem Bett aus zu schließen. Und immer wieder stoße ich auf Dinge, deren Bedeutung ich nicht erraten kann: zwei Nägel, die an einem zehn Zentimeter langen Faden hängen, der unterhalb des Waschbeckens versteckt ist, ein Rasierspiegel auf der Innenseite des Mülleimerdeckels. Das Rohr unserer Zentralheizung (das selbstverständlich hinter einer Blende verläuft) ist an einer Stelle mit Silberpapier umwickelt. Können Sie sich erklären, welchen *Sinn* das hat?

Ich weiß bis heute nicht, was er tagsüber machte. Auch meine Mutter wußte es nicht. Als sie versuchte, ihn auf dem Sozialistenfriedhof in Friedrichsfelde beizusetzen, wodurch sie sich bessere Chancen auf die Zusatzrente für Funktionärswitwen erhoffte, wußte sie zu wenig Konkretes über seine Tätigkeit, um ihr Anliegen hinreichend begründen zu können. Er verdiente sehr gut. Lange nach seinem Tod veröffentlichte eine Zeitung die Stasi-Gehaltsliste von 1987: an die hunderttausend Gehaltsempfänger, geordnet nach Einkommenshöhe. Mein Vater war unter den oberen Dreihundert. Aber fragen Sie mich nicht, wofür. Ich nehme an, daß er irgendwas mit den Printmedien zu tun hatte. Nach seinem Tod passierten merkwürdige Dinge in der Propaganda: Man las auf den Titelseiten aller Zeitungen von den großartigen Forschungsergebnissen unserer Kernphysiker, denen die kalte Kernfusion glückte, man las auch den Erlebnisbericht eines verschreckten MITROPA-Kellners, der von einem heimtückischen Menschen unter Zuhilfenahme einer Betäubungs-Mentholzigarette aus Budapest nach Wien entführt wurde, wo ihm schließlich eine abenteuerliche Befreiung gelang. Solche Räuberpistolen hatte es zu Lebzeiten meines Vaters nicht gegeben, was noch lange nicht beweist, daß er tatsächlich für die Propaganda gearbeitet hat. Aber immerhin hatte ich im Ferienlager erfahren, daß irgendwann irgendeiner irgendeinen Pionier auf eine Illustrierten-Titelseite lancierte. Hier schließt sich der Kreis, denn diese Ferienlagerinformationen waren immer die verläßlichsten. Und irgendwas muß er ja gemacht haben. Irgendwas haben wir ja alle gemacht.

An einem Samstag im August, genau ein Jahr nachdem Yvonne *Tu mir weh* flüsterte, ereilte mich endlich der Ruf der Stasi, und zwar der *echten* Stasi. Es geschah so plötzlich, wie ich es mir immer vorgestellt hatte, auch wenn sich niemand persönlich in meine fluchtsichere Hellersdorfer 1½-Zimmer-Hochparterre-Vollkomfort-Wohnung bemühte, wozu auch, ich hatte Telefon, Anruf genügt. Ein Stabsoffizier, der Adjutant des Golmer Rektors war, wünschte mich »unverzüglich« ins Ministerium in die Magdalenenstraße. »Das ist ein Befehl.« Er sagte nicht, worum es geht. Das hatte ich nicht anders erwartet, bei brisanten Einsätzen ist das so. Ich werde im Ministerium das Nötige erfahren. Ich sollte mich in der Poliklinik am Empfang melden, Doktor Riechfinger erwartet mich.

Diesem Moment hatte ich immer entgegengefiebert! Sie hatten mich endlich *entdeckt*. Die weitere Vervollkommnung meiner Perversionen hatte jetzt zurückzustehen, die Situation war ernst, sehr ernst, die Fluchtwelle über die ungarisch-österreichische Grenze schwoll täglich mehr an. Sie wissen, ich konnte mit den täglichen Flüchtlingsquoten leben – aber die Tatenlosigkeit der Machthaber war mir unerklärlich, das heißt, ich hatte immer geahnt, daß die Machthaber nur scheinbar stillhalten – weil in den Denkfabriken schon ein raffinierter Plan ausgetüftelt war. Und jetzt stellt sich heraus: Ich spiele in ihren Plänen die Hauptrolle. Wieso meldeten sie sich ausgerechnet an einem *Samstag*? Warum konnten sie nicht bis zum Montag warten? Weil es wichtig war! Weil wir keine Zeit verlieren durften! Weil es ernst war!

Sie würden mich mit einem hochwichtigen Spezialauftrag der kompliziertesten Art betrauen. Ich war ihr Werkzeug. All ihre Hoffnungen ruhten auf mir. Am allergrößten Konferenztisch waren die Würfel gefallen: Ich werde mit ihren Instruktionen in eine gefährliche Mission entlassen. Die nächsten vier Tage werde ich wahrscheinlich kein Auge zutun, aber dann komme ich auf die Titelseiten und in die Geschichtsbücher. Ich werde vor Schulklassen reden, Brücken einweihen und Sektflaschen gegen Schiffsrümpfe werfen. Wenn sie sogar Dr. Riechfinger am geheiligten Samstagnachmittag in die Berliner Staatssicherheitszentrale schicken, was ihn immerhin eineinhalb Autostunden kostet, bloß um ihn bei meiner medizinischen Untersuchung dabeizuhaben, dann muß es ihnen verdammt ernst um meine Fitneß sein. Und sie lassen die Untersuchung am Wochenende stattfinden, wenn die Poliklinik menschenleer ist. Sie wollen die Anzahl der Mitwisser gering halten. Mein Einsatz ist so wichtig, daß jeder Aufwand gerechtfertigt ist. Alles ist geplant, nichts darf dem Zufall überlassen bleiben. Es hängt zu viel davon ab. Ich wußte es, ich habe es immer gewußt: Einmal wird meine Stunde schlagen. Einmal wird es soweit sein.

Und meine Perversionen? Darf ich sie vor meinem Minister verschweigen? Wenn er mich hinter die feindlichen Linien schickt, mit dem tschekistischen Kampfauftrag, die Herzen der Vorzimmerdamen zu gewinnen ... Ist es völkerrechtlich überhaupt zulässig, perverse Kundschafter auf Geheimnisträger der anderen Seite anzusetzen? Oder verstieße das gegen die Haager Landkriegsordnung? Und wenn ich auffliege und mir der Prozeß gemacht wird und *alles* zur Sprache kommt, hätte dann nicht die Meinungsmaschinerie des Gegners ein gefundenes Fressen? *HONECKERS PERVERSE AGENTEN – DIE NEUESTEN FERKELEIEN DER STASI*. Mit Foto! *Meinem* Foto! Auf der Titelseite der BILD-Zeitung! Der Reputationsverlust! Der gute Eindruck, den unsere Republik unserer Goldkati verdankt – futsch! Perversionen, die sogar Siegfried Schnabls Vorstellungen übertreffen, quellen (*quellen* – Himmel, diese Assoziationen!) aus einem Hirn, das der sozialistischen Idee geweiht ist. Allein die täglichen Massenvergewaltigungen der Kaulquappen – wenn das der Gegner wüßte! Ist das Einsatzrisiko noch vertretbar?

Im Ministerium erwartete mich Doktor Riechfinger und legte mir eine Bereitschaftserklärung zur Blutspende vor. Ich unterschrieb. Dann fuhren wir in den Keller, wo uns ein weiterer Arzt empfing, der uns mit einem zweiten Fahrstuhl in das Bunkersystem fuhr.

»Wir brauchen Ihr Blut«, sagte er lechelnd, als sich die Tür des zweiten Aufzugs schloß.

Mein Blut? Wieso? Ist daran was Besonderes? Das spezielle Blutbild? Das ich der sexuellen Hauptaufgabe meiner Pubertät – trage niemals Ständer – verdanke? Was mich geradewegs in die Perversion führte? Dann habe ich – o Wunder der ganzheitlichen Betrachtungsweise – das typische *Perversenblutbild*? Dann braucht die Stasi Perversenblut?

»Ich will Sie nicht mit den fachlichen Details verwirren«, sagte der zweite Arzt. »Aber stellen Sie sich das so vor: Ihr Blut soll als Medikament eingesetzt werden. Sie bekommen dafür ein Serum, das in Ihrem Organismus in Stoffwechselprozesse eintritt, die Ihre Blutzusammensetzung so verändern, wie wir es für unser Medikament brauchen.« – »Wir haben Sie genommen, weil aufgrund Ihres besonderen Blutbilds traumhafte Stoffwechselprozesse zu erwarten sind«, sagte Dr. Riechfinger.

Besonderes Blutbild, *traumhafte* Stoffwechselprozesse – der Mann verstand mir zu schmeicheln. Na ja, dachte ich, immerhin habe ich jahrelang dafür trainiert.

Als ich in einer Bunkerzelle, die wie Frankensteins Labor eingerichtet war, die Spritze mit dem Serum bekommen hatte, rätselte ich zwei Stunden lang herum. Ich konnte keinen Zusammenhang zwischen meiner Blutspende und der Fluchtwelle erkennen – aber vielleicht gab es auch keinen Zusammenhang, und das alles hatte mit *Doping* zu tun? Entwickeln sie mit meiner Hilfe neue Dopingsubstanzen? Nach dem Skandal 1988 in Seoul, als Ben Johnson, Schnellster im Sprint, nach der Siegerehrung seine Goldmedaille zurückgeben mußte, war es vorbei mit der Idylle jener Rechenkünstler, die Dosis und Absetzzeitpunkt mit Hilfe selbsterstellter Tabellen bestimmten. Hatten sie jetzt das hundertprozentig unnachweisbare Doping gefunden? Einen Zwischenwirt für verbotene Substanzen zu bemühen ist doch viel raffinierter, als Kälbermastpräparate zu schlucken. – Wen werde ich beliefern? *Für wen darf ich bluten?* Nur für einen einzigen Star? Oder für die gesamte Olympiamannschaft? Oder nur für meine Blutgruppe? Die Gewichtheber? Die Leichtathleten? Die Kraft- oder die Ausdauersportler? Oder vielleicht sogar die *Schwimmer*? Ich, der letzte Flachschwimmer, veredle mit meinem Blut die olympische Schwimmriege! Mein Blut schwimmt zahllosen Siegen entgegen! Wenn das mein Schwimmlehrer wüßte! Er würde mich auf Knien um Verzeihung bitten, für all die Kränkungen! – Mr. Kitzelstein, der weitere Verbleib meines Blutes interessierte mich brennend: Auch wenn nur einige Milliliter meiner selbst Olympiasieger werden – *ich muß es wissen*! Nicht auszudenken, wenn *ein bißchen Ich* auf dem obersten Treppchen steht und der Rest von mir davon nichts ahnt. Werde ich mich als vierzehnfacher Olympiasieger endlich berühmt fühlen? Werden sie mich zur Olympiagala einladen, wo ich als stiller Heroe mit den Medaillengewinnern meiner Blutgruppe an einer Tafel sitzen darf? Oder blute ich *für Kati?* Vielleicht plant sie ein Comeback? *Werden wir unser Blut vermischen?* Werde ich bei der Olympiagala zwischen ihr und ihrer Trainerin Jutta Müller, *die noch jeden hochgekriegt hat*, sitzen? Wird sich Erich Honecker plaudernd zu uns gesellen? Was für ein Foto! Ganzseiten-Farb-Hochglanz-Innenfoto im nächsten Olympiaband: Erich Honecker, unsere Goldkati, nebst Trainerin und Blutspender, IchIchIch.

Diese Blutzellen werden bald auf dem obersten Treppchen stehen, dachte ich ergriffen, als mir Dr. Riechfinger die Kanüle in den Arm stach und ich mein Blut in einen Gummibeutel fließen sah.

Diese Scheißromantik! Dieser Größenwahn! Diese Naivität! Mr. Kitzelstein, ich verschwand im tiefsten Bunker Berlins und war bester Laune! Obwohl meine Eltern immer gewarnt haben, ich dürfe mich nie von fremden Männern in einen Keller locken lassen! – Ein paar Minuten später hing ich am Tropf, eine Maschine neben meinem Bett machte piep-piep, und überall waren Schläuche, Drähte, Gummimanschetten und Elektroden. Das war die echte Stasi. Kein Zweifel. Nichts von dem, was hier passiert, wird nach außen dringen. Reingelegt!

Ich bekam Beklemmungen. Welche Gesetze gelten hier unten? Warum kontrollieren sie meinen Herzschlag? Etwa, weil nicht sicher ist, daß es noch lange schlagen wird? Bin ich auf einer Art Intensivstation? Womit muß ich rechnen? Worauf habe ich mich bloß eingelassen? Was geht hier vor? Was machen die mit mir? Warum sagen die mir nichts? Ich liege im Bunker und hänge am Tropf, es macht piep-piep, Blut läuft aus mir heraus, und überall an mir hängen Schläuche und Kabel, es gibt kein Fenster, keine Uhr, kein Radio –

aber warum sagen sie mir nicht, was los ist? Warum darf ich nie wissen, was mit mir passiert?

»Wie lange machen wir noch?« fragte ich nach immerhin einer Stunde, als das Piepen schneller wurde.

»Kommt drauf an«, sagte Riechfinger. »Ein paar Tage.«

»Ich dachte, das wäre eine Blutspende!« flüsterte ich so herausfordernd ich konnte.

»Ist es ja auch«, sagte Dr. Riechfinger. Er beugte sich über mein Bett, leuchtete mir in die Augen und sagte: »Sie müssen nicht nervös werden, wenn Ihnen jetzt schwarz vor Augen wird. Der gesunde Organismus ist so organisiert, daß er bei Blutverlust seine Lebensfähigkeit sichert, indem er vorübergehend Funktionen aufgibt, die durchblutungsintensiv, aber nicht überlebensnotwendig sind. Dieser vorübergehende Verlust der Sehfähigkeit ist ganz normal und bleibt ohne Folgeschäden.«

Der andere Arzt räusperte sich. »Aber lassen Sie trotzdem die Augen offen, solange Sie bei Bewußtsein sind. Wir brauchen Anhaltspunkte für den Übergang in die Bewußtlosigkeit.«

»Bewußtlosigkeit ...«, wiederholte ich kraftlos.

»Ach, das ist auch nur ein vorübergehender Funktionsverlust ohne Folgeschäden.«

»Eine ganz natürliche Reaktion des Organismus.«

»Eine Schutzfunktion.«

»Und falls Sie ungewöhnlich lange bewußtlos bleiben sollten, haben wir Vorkehrungen getroffen ...«

»... Sie künstlich zu ernähren. Bitte machen Sie sich keine Sorgen.«

Mir wurde schwarz vor Augen, und ich tat etwas, was

ich immer vor mir hergeschoben hatte: Ich feilte an meinen letzten Worten. Sie sollten zitierfähig sein und in deutscher humanistischer Tradition stehen. Wenn ich gewußt hätte, daß es mich so früh erwischt, hätte ich mir darüber bereits Gedanken gemacht. *Mehr Licht* fand ich immer schwer in Ordnung. *Jetzt* war es schwer, etwas Zitierfähig-Deutsch-Humanistisches zu finden, und ich resignierte mit der Suche nach einer Botschaft für die Nachwelt mit den Worten *Ach, Scheiße*; es war nicht das Resümee, das ich mir immer in Granit gemeißelt wünschte. Die Sache mit den verpatzten letzten Worten machte mir schwer zu schaffen; schon im folgenden Traum sah ich, wie Dr. Riechfinger am Schreibtisch des Bunkers meinen Totenschein ausfüllte und dabei in eine Rubrik *Letzte Worte* mit Großbuchstaben KÖNIGSGAMBIT hineinmalte. Und das Licht von der Decke des Raumes war ein so strahlendes, ein so dichtes, weiches, *vollkommenes* Licht. Es war anziehend und betörend, es war aufregend und beruhigend zugleich. Verglichen mit diesem Licht war alles Bekannte nur Beleuchtung. Das Licht verschwand, und ich hielt das Kaleidoskop von Yvonne in der Hand, die plötzlich neben mir stand. Ich gab ihr das Kaleidoskop, sie sah hinein und sagte: Das ... ist ... kein ... Spiel.

Als ich erwachte, sah ich in die Gesichter der beiden Ärzte.

»Sie haben es überstanden«, sagte Dr. Riechfinger.

»Sie werden sich schnell erholen«, sagte der andere Arzt.

Als sie die Zelle verließen, fand ich in einer dünnen Akte auf dem Schreibtisch tatsächlich meinen Totenschein, der, abgesehen vom Sterbedatum, komplett ausgestellt und zweifach unterschrieben war. Na prima, dachte ich, wenn mein Totenschein schon ausgestellt ist, brauchen sie mich ja nur noch umzubringen ... Ha, erwischt! Sehen Sie, Mr. Kitzelstein! So rede ich über meinen Tod! Ich habe so wenig Respekt vor mir, daß ich sogar Momente der Todesgefahr mit Witzeleien zu würzen suche! Und meine Mörder würde ich begrüßen wie die Möbelpacker! *Hallo, Dr. Riechfinger und Dr. Unbekannt, Sie sind gekommen, um mich umzubringen, weil ich zuviel weiß? Tut mir leid, ist keine erfreuliche Aufgabe, ich bin froh, daß ich nicht in Ihrer Haut stecke – aber kann ich irgend etwas tun, das die Sache für Sie leichter macht? Haben Sie noch einen letzten Wunsch, bevor ich sterbe?* So ein prima Todeskandidat war ich! So viel Selbstachtung hatte ich in einundzwanzig Jahren erworben! Ich sollte mir ein Beispiel an meiner Mutter nehmen, immerhin schrie sie noch *Fahren Sie meinen Jungen aufs Rettungsamt!* Und was macht *ihr Junge* in der aktuellen Gefahr? Schreit er, tobt er, wütet er? Trommelt er mit den Fäusten an die Tür und brüllt *Ich will hier raus!* Nichts von alledem! Nein, der Sohn von Lucie Uhltzscht, der schon immer mit seinen Fragen allein gelassen wurde, machte das, was er immer machte – er rätselte auch diesmal artig an seinen Rätseln: Warum haben sie das getan? Werden sie mich töten? Werde ich sterben? Warum haben sie mich verlassen? Und wenn sie nicht wiederkommen? Werde ich verhungern oder ersticken?

Also gut, dann rede ich mal über den Tod – aber ernsthaft, eine Oktave tiefer. Wollen wir doch mal sehen, wie abgestumpft ich wirklich bin. Ich ahnte schon, daß ich den Tod meines Vaters nicht so billig abhandeln kann. – Ich war in seinen letzten Stunden an seinem Bett, bei diesem Monster, das mein Vater war. Er lag da, entkräftet, bis zum Anschlag voll mit Scheiße und kaum noch bei Bewußtsein. Er hat Höllenqualen ausgestanden, aber er hat es sich nicht anmerken lassen. Ein ganzer Kerl. Ich hatte noch immer Angst vor ihm. Und ich wartete noch immer auf ein Zeichen, daß ich sein Sohn bin und daß er mir vertraut oder daß er mich annimmt oder was auch immer. Und obwohl er *endlich* bloß dalag und nichts tat, als vor sich hin zu krepieren, wurde ich das Gefühl meiner ewigen Unterlegenheit, meiner unfertigen Existenz und meiner Bedeutungslosigkeit nicht los. Einmal, aber wirklich nur ein einziges Mal, kam ein schweres Schnaufen. Dann warf er mir das letzte Mal seinen ewig zurechtweisenden Blick zu, der mir bedeuten sollte, daß jetzt die *Lehrvorführung mannhaftes Sterben* beendet sei. Er schloß die Augen, und sein Herz hörte auf zu schlagen. Nie wieder Vater, dachte ich erleichtert und wollte singen, aber dann konnte ich es doch nicht.

Da lag sie, die Scheiße in Menschengestalt. So einer hat mir gezeigt, wo's langgeht. Er ist nach der Straßenbahn gerannt und hat zu den Türen geschaut und nicht zum Fahrer. Er machte aus Frauen heimtückische Wesen, die durch Vaterschaftsdrohungen geheimdienstliche Informationen erpressen. Er ist erst zum Arzt gegangen, als ihm nicht mehr zu helfen war, weil er sich sonst verweichlicht vorgekommen wäre. Sogar auf dem Sterbebett biß er die Zähne zusammen. So einer hat mir gezeigt, wo's langgeht. So einer hatte mal Einfluß auf mich. So einer hat mich gemacht und großgezogen und dominiert. Und nun ist er krepiert, und ich bin der

Übriggebliebene, und in mir ist alles, was er mir eintrichterte. Was kann ich tun, um nicht zu enden wie er? Ich stand auf und zog die Vorhänge auf. Er sagte: »Laß zu!«, aber ich wußte, daß er tot ist. Ich setzte mich wieder an sein Bett und kostete es aus, das Gefühl *nie wieder Vater*, da atmete er noch mal, und das war keine Einbildung. Es gehörte zum Sterben. Sein Brustkorb senkte sich, wie ein Seufzen, das aus allen Gliedern kam. Dieser Scheißkerl, der mein Vater war, hat es tatsächlich noch geschafft, mir vorzumachen, daß in seinem Körper eine Seele wohnte.

Wie gesagt, ich weiß bis heute nicht, was er machte, aber das erste, was ich tat, nachdem er tot war: Ich schlug die Decke zurück und sah mir das an, was er immer vor mir versteckte: seine *Eier*. Und wenn ich während meines Todes sah, wie Riechfinger meinen Totenschein ausstellte, habe ich Hoffnung, daß auch mein Vater sah, wie ich seine Eier in die Hand nahm und quetschte. *Los*, dachte ich, *wenn du so allmächtig bist, dann wirst du jetzt aufschnellen, meine Hand wegschlagen und mir eine runterhauen*. Aber dafür war er zu tot. Ich konnte für zwanzig Sekunden seine Eier quetschen. Er hat meine zwanzig Jahre gequetscht, so wie sie aussehen.

Es gibt Dinge, die ich getan habe und heute am liebsten ungeschehen machen würde.

Das nicht.

Nun habe ich an der Schwelle zum Tod gestanden, meine Grenzerfahrung gemacht ... Oder nein, bleiben wir mal *präzise*, *Grenzerfahrung* kann schließlich jeder sagen ... Es hatte mit *Licht* und *Schweben* zu tun. Ich stieg langsam auf und sah Dr. Riechfinger am Schreibtisch, wo er, wie gesagt, meinen Totenschein ausstellte, und ich sah mich im Bett liegen, voller Drähte und Schläuche. Aber ich war ganz sicher, daß ich mich darin nicht verheddern konnte, weil ich mich so leicht und so, wie soll ich sagen, so *geistig* fühlte. *Und dann war da dieses Licht*. Es war ein weiches, glänzendes Licht. Es hatte so etwas Beruhigendes, und als ich aufwärts schwebte, leichter als ein Blatt im Wind, schwebte ich diesem Licht entgegen. Der Bunker war plötzlich ein Schacht, und es ging immer höher, aber dann wurde das Licht schwächer. – Ob das mein Leben verändert hat? Nicht ein bißchen! Also machen Sie bitte kein betretenes Gesicht, dafür gibt es keinen Grund; es ging ja nur um Leben und Tod, nichts Ernstes also. Um es mal ganz klar zu sagen: Ich habe so abgestumpft gelebt, daß mir mein eigener Tod schon egal war, und als ich das begriff – machte ich weiter wie bisher. So einer sollte notgeschlachtet werden. Kehrt aus dem Totenreich zurück und tut das, was er immer tat: Grübeln. Grübelt, den eigenen Totenschein in den Händen, ob sie wiederkommen oder verfaulen lassen.

Sie kamen wieder. Ich hielt Dr. Riechfinger den Totenschein vor die Nase, eine sehr delikate Situation, zumal ich nicht ausschließen konnte, daß er sich an den Kopf faßt und ausruft: »Richtig, da war doch noch was!« Riechfinger leuchtete mir in die Augen, sagte *Wunderbar, den brauchen wir jetzt nicht mehr* und zerriß mit kulanter Geste den Totenschein. Er warf ihn in den Papierkorb und ging hinaus. Wenn das nicht kafkaesk ist, was dann?

Wie Sie sehen, bin ich tatsächlich herausgekommen. Die Schnipsel meines Totenscheines klaubte ich zuvor aus dem Papierkorb, versteckte sie in meinem Portemonnaie und klebte sie zu Hause mit Tesafilm zusammen. Ich trage heute meinen eigenen Totenschein mit mir herum; ein Privileg, um das mich jeder echte Existentialist beneiden dürfte. Abgesehen von den Konsequenzen für meine *Kartei neuen Typus*: Zum Beispiel gerät Sex mit mir unweigerlich zu *Nekrophilie*; ich habe es amtlich. Obendrein bin ich ein Toter mit einem Sexualtrieb! Wie nennen wir so was? *Zombiismus?* Diese Perversion ist noch nirgends aufgetaucht! Selbst Sigmund Freud hat in seinen bahnbrechenden *Drei Abhandlungen zur Sexualtheorie* aus dem Jahre 1905 die von mir ausgeübte Perversion nicht beschrieben! Und auch nicht ihre Existenz vorhergesagt (wie Albert Einstein die Lichtkrümmung). Erheben Sie sich von den Plätzen: Die erste sozialistische Perversion! Bahnbrechend wie Juri Gagarin in *Wostok 1*. Ich erbringe den Nachweis der welthistorischen Überlegenheit des Sozialismus auf dem Gebiet der Perversion, ich, ein Gagarin der Perversion!

Wie gesagt, ich tat, was ich immer tat, und ging nach ein paar Tagen Genesungsurlaub wieder in die Juristische Hochschule. Die Lage hatte sich – es war Mitte September – verschärft, zugespitzt, sie wurde *angeheizt* bzw. *zusätzlich angeheizt*. Und so weiter, und so weiter. Ich erwartete allen Ernstes, daß der gesamten Staatssicherheit (wie wir heute wissen, ungefähr hunderttausend Mitarbeiter) Republikflucht befohlen wird, um den Kollaps der anderen Seite herbeizuführen – aber wir tummelten uns statt dessen auf dem Sportplatz und trainierten das Einkreisen, Fassen und Abführen von *Störern auf unangemeldeten Zusammenrottungen*. Sie sehen, Mr. Kitzelstein, dem inneren Gegner wurde das Äußerste zugetraut: daß er seine Störer auf Zusammenrottungen schickt, die nicht angemeldet sind. Wie lief das früher? Ging man da zur Polizei: *Guten Tag, wir sind vierzig Störer und möchten gern eine Zusammenrottung anmelden.*

Ich tat, was ich immer tat, und als ich ins Regierungskrankenhaus befohlen wurde, setzte ich mich brav in Bewegung. Es war wieder der Adjutant des Golmer Rektors, der mir den Befehl überbrachte; ich hätte, wenn mir mein Leben lieb war, allen Grund zur Meuterei. Aber ich meuterte nicht. Immerhin – Höhepunkt meines Rebellentums in den Reihen der Stasi – getraute ich mich, vorab zu fragen, was mich dort erwartet, worauf mir lechelnd geantwortet wurde: *Nichts, was Sie veranlassen könnte, Ihr Kommen zu bereuen. – Ach so, wie letztes Mal*? fragte ich. – *Gehen Sie hin*, sagte er, *Sie werden an meine Worte denken*. Verdammt, der wußte, worum es geht! Warum weiß der das und ich nicht? Wieso wissen die anderen immer, was mit mir passieren wird? Wer macht die Pläne, in denen ich vorkomme? Warum bin ich immer der Scheißletzte, der irgendwas erfährt? Mein nächster Totenschein wird nicht zerrissen. Aber wenn ich sterben muß, will ich wenigstens wissen, worum es sich dreht. – Sterben? Sagte ich *sterben?* Bin ich etwa eine Figur aus Shakespeares Dramen? Die sterben! Oder sie segnen das Zeitliche. Oder sie gehen von uns. Von wem kann ich schon gehen? Wer legt Blumen auf mein Grab? – Einer wie ich *gibt den Löffel ab. – Bringen wir's hinter uns*, werde ich dem Doktor sagen, und *ach, lassen Se mich doch freundlicherweise den Totenschein selbst schreiben, ich habe eine Schwäche für solche Paradoxien.*

Im Regierungskrankenhaus erwartete mich der Arzt aus dem Bunker, aber was er sagte, klang völlig harmlos: Dank meiner Blutspende konnte ein Leben gerettet werden, und der betreffende Patient wolle sich bei mir persönlich bedanken. Und er sagte noch etwas, was mich sofort einen Nobelpreis wittern ließ: Die eingeschlagene Therapie galt bisher als undurchführbar und wurde erst durch meine selbstlose und hochriskante Spende ermöglicht.

Einen Wimpernschlag, bevor ich das Krankenzimmer betrat, hörte ich ein leises, weiches Klappern. Da entsichert einer die Pistole, dachte ich, aber dann erkannte ich, wodurch das Geräusch verursacht wurde: Es war ein Mikado, das der Patient, der dank meiner selbstlosen und hochriskanten Spende noch am Leben war, auf den Tisch hatte fallen lassen. Durch die großen Fenster flutete Sonnenlicht. Die Schwester schloß die Tür hinter mir und ließ mich mit dem Mikadospieler allein. Ich kannte ihn. Jeder kannte ihn. Er war fast jeden Tag auf der Titelseite.

Ich lächelte, ich war froh, daß wir uns endlich getroffen hatten. Wir hatten große Dinge miteinander zu besprechen. Schwierige Zeiten standen bevor, aber er hatte mich nicht vergessen. Klar, wir werden was wegen dieser Fluchtwelle aushecken müssen. So konnte es nicht weitergehen.

Er forderte mich mit einer Handbewegung auf, am Tisch Platz zu nehmen. Ich tat es. Ich wollte geduldig warten. Er, der große Stratege, wußte schon, was er mir sagen wollte. Während er den passenden Einstieg suchte – gewiß historisch bedeutsame Worte –, beschäftigte er sich konzentriert mit seinem Mikado. Ich merkte, daß er das tun mußte, um sich für wuchtige Instruktionen zu sammeln. Er nahm ein paar Stäbchen weg, dann wagte er sich an ein paar nicht ganz so einfache.

»Dieses Mikado«, sagte er nach einer Weile, »ist das Geschenk einer chinesischen Staatsdelegation. Damals …« Er ließ den Satz unvollendet und vertiefte sich wieder in sein Mikado. Neben seinem Bett stand ein Plattenspieler. Die Platte war abgespielt und knackte nur noch, dreiunddreißigmal in der Minute. Der Tonarm war auf der Auslaufspur, doch der Abschaltmechanismus funktionierte nicht.

Ich blieb, wo ich war, und wartete. Warum wendet er nicht die Platte? Warum sagt er nichts? Er muß sich doch irgendwas, *irgendwas* gedacht haben, als er nach mir schicken ließ! Und jetzt war ich hier, bei *ihm*! Das wichtigste und bedeutendste Titelbild des Landes empfing mich sogar im Schlafanzug! Welche Zwanglosigkeit, welche Vertrautheit! Wir waren Blutsbrüder, und ich war bereit, mich auf sein Geheiß mit meiner historischen Mission ins Weltgetümmel zu stürzen, aber er spielte die ganze Zeit Mikado – ein Spiel, das verloren ist, sowie sich etwas bewegt … So, Mr. Kitzelstein, und nun machen wir mal die Kleine-Trompeter-Bilanz: Ich habe, wie der Kleine Trompeter, meinem Generalsekretär das Leben geopfert – wenn auch nur auf dem Totenschein. Ich konnte zwar nicht mit *lustigem Rotgardistenblut* aufwarten – ich hatte nur *verängstigtes Perversenblut*, was aber außer Ihnen und mir keiner weiß. Aber lassen Sie mich mal von *Blut* reden, wir Deutschen haben's immer mit Blut. Als ich da saß, begriff ich, daß wir *Blutsbrüder* waren – und ahnte, was das bedeutet! Für mich, für ihn, das Land und die Weltgeschichte! Sie wissen, mein rettendes Blut mit dem seltenen Blutbild war nur deshalb so selten, weil ich fast nichts trank. Ich trank nur deshalb fast nichts, um alle sexuellen Regungen in mir zu unterdrücken. Aber weil ich alle sexuellen Regungen unterdrückte, driftete ich in die Perversion ab. Ergo: Nur ein Perverser wie ich konnte der Retter sein, nur ichichich konnte diesem Mikadospieler das Weiterspielen möglich machen. Das ergibt eine ziemlich schmuddelige Biographie, aber das können Sie drehen und wenden, wie Sie wollen: Es ergibt auch einen *Sinn*. Und plötzlich tauchten historische Zusammenhänge auf: Wenn ich bisher immer nur rätselte, was *die* mit meinem so kostbaren Leben vorhaben, und sich herausstellt, daß mit meinem kostbaren Leben ein Generalsekretär gerettet wird, als Rot 'ne schwierige Phase durchmacht, dann liegt der Schluß nahe, daß der Generalsekretär unser aller Rot auch aus der schwierigen Phase herausführt. Davon war ich überzeugt! Andernfalls hätte ich mein Leben einem Popanz geopfert! Und das konnte nicht sein! Immerhin war ich fast ein Genie! Und Genies werden nicht so einfach geopfert! Und deshalb – Völker, hört die Signale! – wird dieser Generalsekretär Rot retten!

Komisch, was einem so durch den Kopf geht, wenn man stundenlang schweigend und allein neben einem Menschen in einem Schlafanzug sitzt, den man sonst nur als Titelbild kennt ... Ich weiß, mein Drang, mir die Welt zu erklären, ist mein Verhängnis. Aber das Tückische an einem Wahn ist eben, daß er stets Beweise findet, die ihn ins Recht setzen.

Als sich kein Stäbchen mehr wegnehmen ließ, ohne daß sich ein anderes bewegt hätte, zählte er wieder und wieder seine Ausbeute. Er sortierte die Stäbchen penibel nach ihrer Wertigkeit. Er starrte schweigend auf das Spiel und studierte die Situation von allen Seiten. Er wechselte sogar von Stuhl zu Stuhl, um den ganzen Tisch herum, um noch einen Weg zu finden. Als er keinen mehr sah, hoffte er auf ein Wunder. Er sprach nicht, er riskierte nichts – aber er ließ auch nicht locker. Er wollte nicht wahrhaben, daß er an diesem Punkt nur verlieren kann, und ich wollte nicht wahrhaben, daß ich mein Leben nur einem alten Mann, der sich hoffnungslos verrannt hatte, geopfert hätte – und laut Totenschein sogar geopfert hatte.

Den ganzen Nachmittag saß er stur und ohnmächtig vor einem Haufen Stäbchen und hörte nichts als das Knacken des Plattenspielers. Und ich saß den ganzen Nachmittag daneben und blieb voller Erwartungen. Ich war sein Komplize, sein einziger Vertrauter in schwerer Stunde. Als die Schwester kam und das Abendessen servierte, räumte sie das Mikado weg. Es war zehn nach sechs, und er maulte: Jetzt könne er nicht mehr beweisen, daß er noch nicht am Ende ist.

Nach meinem Krankenbesuch führte mich der Arzt in ein Büro und breitete stolz BILD-Zeitungen mit dikken Überschriften vor mir aus. »Von heute!« tönte er und schlug mit der Rückhand auf eine Balkenüberschrift – *GERÜCHTE ÜBER HONECKERS TOD.* »Oder hier!« rief er und zeigte mir ein Schlagzeilen-Arrangement: *BAUCHSPEICHELDRÜSEN-KREBS – HONECKER – »ES GEHT ZU ENDE«.*

Ich dachte an meinen Totenschein und sagte »Totgesagte leben länger«. Der Arzt lachte begeistert auf und versprach, seinem Patienten davon zu berichten. Als Erich Honecker Wochen später in die Öffentlichkeit *zurückkehrte*, prangte mein *Totgesagte-leben-länger* wie ein hämisches Schuljungengrinsen auf den Titelseiten. Seiner Amtsführung war das Perversenblut anzumerken. Sein letzter großer Auftritt vor der Perversenblut-Therapie war mit der Äußerung verbunden *Den Sozialismus in seinem Lauf hält weder Ochs noch Esel auf*. Das war so kindisch, daß man es ihm gar nicht übelnehmen konnte; so kannten wir ihn. Doch nach der Perversenblut-Therapie war es vorbei mit seiner Harmlosigkeit; da hat er aus verletzter Eitelkeit Eisenbahnzüge umleiten lassen, er hat die letzte offene Grenze schließen lassen und das Land in *die Zone* verwandelt, er hat zum Jahrestag hunderttausend Fackeln an sich vorüberziehen lassen, er hat niemandem eine Träne nachgeweint, und er hat die Gewehre laden und anlegen lassen. Proteste herauszufordern ist meistens Taktik, Proteste niederzuschießen ist meist ein Verbrechen, aber Proteste herauszufordern, um sie niederzuschießen, ist Perversion. Sie sehen, ich kann es nicht lassen, zitierfähige Hohlheiten zu formulieren. Ich stehe da und verstehe *alles*, was damals gelaufen ist, ich habe diese Zeit so gut verstanden, daß ich sogar die Berliner Mauer umschmeißen konnte. Wahrscheinlich bin ich der einzige Mensch, dem die Wende nicht die Spur eines Rätsels aufgibt – schließlich habe ich sie gemacht.

Das 7. Band: Der geheilte Pimmel

René, der in Freienbrink im selben Zelt schlief wie ich, wohnte auch im Internat von Golm mit mir in einem Zimmer. Er hatte, während ich mein Jahr beim *Post- und Zeitungsvertrieb, Abteilung Allgemeine Abrechnung* zubrachte, im Keller des Funkhauses in der Nalepastraße sitzen und alle Telefongespräche mithören müssen, die live über den Sender gingen. Live-Telefonate mit zufälligen Gesprächspartnern gab es erst seit Mitte der achtziger Jahre, und jeder bei der Stasi wußte, »daß es der Gegner ausnutzen wird, wenn wir mehr Farbe ins Radio bringen«. – René hatte den Befehl, dafür zu sorgen, daß sich die Hörerinnen und Hörer niemals aufgehetzt fühlen müssen. Er sollte »ungünstige« Gespräche verhindern und notfalls die Leitung kappen. René mußte nicht ein einziges Mal eingreifen, und wann immer ein Radio-Anrufer absoff – die Stasi hatte nie ihre Finger im Spiel. Als wir am Abend des 7. Oktober ein paar Demonstranten festnahmen, verstand René die Welt nicht mehr. »Die dürfte es theoretisch gar nicht geben!« kreischte er, als er die Demonstranten sah. »Von denen hat nie einer angerufen!« – »Reg dich doch nicht auf«, sagte ich. »So viele sind's doch auch nicht.«

In der folgenden Nacht verhafteten wir auf dem U-Bahnhof Alexanderplatz alles, was subversiv aussah und aus der Pankower Richtung kam. Damals wurde vor allem abends und nachts demonstriert, und wenn sich die Demonstranten auf den Heimweg begaben, mußten sie auf dem Bahnhof Alexanderplatz umsteigen, wo sie leichte Beute wurden. Wir brachten jeden Festgenommenen zu den LKWs der Polizei, die auf dem Hof eines Warenhauses standen, gingen zurück auf den Bahnhof und warteten auf die nächste U-Bahn. Unser Einsatzleiter machte den Bürgerkriegsstrategen. Er »nahm Stützpunkt« im Häuschen der Bahnhofsaufsicht. Er ließ sich übers Streckentelefon mitteilen, wie es auf den anderen Bahnhöfen aussah, und seine Befehle an uns gab er über die Bahnhofslautsprecher durch. Nach Mitternacht wurde er aufgeregt. »Die Zusammenrottung ist in Auflösung begriffen. Der nächste Zug ist voll von denen. *Der Zug fährt durch!* Sie steigen Schönhauser Allee ein und fahren ohne Halt bis zu uns!« Er sprang von dem Podest, auf dem das Mikrofon für den Bahnhofslautsprecher war, und stiefelte den Bahnsteig herunter. Er strahlte. »Sie sitzen in der Falle. Wir kriegen sie! *Jeden!*« rief er uns zu.

Dann kam der Zug. Er war leer. Der U-Bahn-Fahrer hatte im Laufe seiner Spätschicht ein paarmal am Alexanderplatz gehalten und wurde dadurch Augenzeuge der Verhaftungen. Als er die Weisung bekam, seine letzte Fuhre, übrigens ein Kurzzug, ohne Halt nach Alexanderplatz durchzufahren, warnte er die Demonstranten über Bordfunk und hielt an jeder Station. Vielleicht war es das erste Mal, daß er seinen Bordfunk benutzte. Vielleicht war es das erste Mal, daß er sich widersetzte. Ich mußte an meinen Vater denken und an seine Angewohnheit, beim Sprint nach der Straßenbahn den Türen zuzuwinken und nicht dem Fahrer. Wahrscheinlich war es für Stasileute eine Berufskrankheit, zu glauben, daß Verkehrsmittel irgendwelche Geschöpfe mit Eigenleben sind und nicht von Fahrern gesteuert werden.

»Verhaften!« rief der Einsatzleiter über die Bahnhofslautsprecher. »Fahrer verhaften!«

Raymund und ich packten ihn am Ärmel; er ließ sich willenlos abführen. »Ah, wohl noch stolz drauf!« schnauzte ihn der Einsatzleiter an. Der Fahrer sah nicht so aus, als ob er stolz auf irgendwas wäre, aber der Einsatzleiter brüllte jeden Festgenommenen an. Als wir den U-Bahn-Fahrer zum Hof des Warenhauses brachten, sagte ich zu Raymund: »Laß ihn los, dann können wir ihn hier auf der Flucht erschießen. Ich hab keine Lust, noch in den Wald zu fahren.« Raymund fand das so witzig, daß er lachen mußte und deshalb den U-Bahn-Fahrer tatsächlich losließ. »Willste abhaun?« fragte Raymund den U-Bahn-Fahrer. Der gab keine Antwort. »Da kann man nichts machen«, sagte Raymund. »Dann mußte mitkommen.« Wir lieferten ihn auf dem Hof ab und ließen ihn auf den LKW steigen. »Chance verpaßt, wir hätten dich laufenlassen«, sagte Raymund zum Abschied.

Warum ich Ihnen das erzähle? Bekanntlich wurden nur gute Kommunisten von den Nazis »auf der Flucht« erschossen. Wieso fange ich plötzlich mit so was an? Wieso stellte ich mich mit Nazis auf eine Stufe? In einem Parteiverfahren würde ich antworten, daß dieser Satz in erzieherischer Absicht ausgesprochen wurde, um den Festgenommenen durch die Erfahrung, nicht erschossen zu werden, den grundsätzlichen Unterschied zwischen der Nazidiktatur und unserem sozialistischen Staat zu verdeutlichen und dadurch seine Dankbarkeit und sein Zugehörigkeitgefühl gegenüber letzterem zu stärken. Das ist die Negation der Negation. Oder Dialektik überhaupt. Zu den unbestreitbaren Vorzügen des Sozialismus gehört, daß man, abgesehen von Republikflucht, nicht auf der Flucht erschossen wird. Wie sagte Eule? *Die wissen gar nicht, wie gut es denen bei uns geht*. Der U-Bahn-Fahrer sollte aufatmen und sagen: »Wie konnte ich bloß annehmen, daß ich auf der Flucht erschossen werde? So was kommt doch bei uns nicht vor. Das war einmal.« – Das glauben Sie mir nicht? Also, Hand aufs Herz – warum habe ich den armen U-Bahn-Fahrer tatsächlich verängstigt? Weil ich mies bin, weil ich fies bin, weil ich eine Stasi-Ratte bin? Wenn ich an meine erste Kindesentführung erinnern darf, als ich Sara durch stetiges Beibringen von Niederlagen im *Mensch ärgere dich nicht* quälte. Warum bin ich so schäbig? Etwa, weil ich so schäbig sein *will*? Weil es zu meinem Lebensgefühl gehört, dreckige, miese, widerwärtige Dinge zu tun? Weil mein Schuldgefühl neuen Stoff braucht? Wo das Lachen unserer Kinder *unser wertvollstes Gut* ist – (Oder *der schönste Lohn*? Ich krieg's nicht mehr zusammen, aber der Superlativ war dabei) –, kann doch nur ein niedriger Charakter von sich behaupten, an Kinder*tränen* Gefallen zu finden! Nur die allermiesesten Menschen, die selbst vor der fünfzigmillionenfachen Vernichtung von Leben nicht zurückschrecken, zum Beispiel Nazis und ich, sind zu *Auf-der-Flucht-erschossen-Zynismen* fähig! Jawohl, ich bin mies, ich bin Abschaum, ich sollte mich steinigen lassen!

Es waren tatsächlich meine *Schuldgefühle*, die mich zu der großen Demonstration auf den Alexanderplatz trieben, trotz ausdrücklichen Verbotes der Dienststelle. Jawohl, ich war am 4. November auf dem Alexanderplatz, um, von Schuldgefühlen gejagt, nach meinem Mörder zu suchen. Vielleicht würde mich Sara erkennen und mit dem Finger auf mich zeigen. Mit ihrem Ausruf »Mama, das ist der Mann, mit dem ich Mensch ärgere dich nicht! spielen mußte!« wäre ich geliefert, mein Spiel wäre aus, die Stunde der Abrechnung gekommen. Es wäre eine Sache von Minuten, bis ich an der Laterne baumelte.

Aber warum soll mich unbedingt Sara enttarnen – warum nicht ein heraushängender Klappfix? Oder lassen Sie mich den U-Bahn-Fahrer treffen, dann wäre ich auch geliefert. Nun, da die Abrechnung unvermeidlich ist, sollte ich ihr nicht aus dem Weg gehen. Wer mit mir eine Rechnung zu begleichen hat, der soll es tun – ich will es hinter mich bringen! Ich will nicht ungeschoren davonkommen! Allerdings waren so viele Demonstranten auf dem Alexanderplatz, daß ich kaum eine Chance hatte, auf eins meiner Opfer zu treffen. Am nächsten Tag stand es auf den Titelseiten aller Zeitungen: eine dreiviertel Million Menschen! Kaum zu glauben! Noch vor kurzem ließ sich das Berliner Protestpotential in einem U-Bahn-Kurzzug wegfahren, und vier Wochen später ist der Alexanderplatz voll! Hinter einem Tuch mit der Aufschrift PROTESTDEMONSTRATION, das über die gesamte Straßenbreite getragen wurde, liefen Hunderttausende unbescholtene Bürger! Was ist bloß in sie gefahren? Abgesehen von einer Menschengruppe, die in einem U-Bahn-Kurzzug Platz findet, haben doch alle mitgemacht! Haben die das vergessen? Wie soll ich mich da richtig schuldig fühlen können, was habe ich mir vor denen vorzuwerfen? Zugegeben, ich bin der Schlimmste und Abscheulichste, ich bin der zurückgekehrte Untote, Honeckers Kleiner Trompeter, der perverse Stasi, der Kindesentführer und, und, und – aber ich bin doch ein Kind aus ihrer Mitte! Ich habe nichts getan, wovor mich meine Lehrer und meine Fernsehprogramme warnten! Ich habe immer getan, was andere wollten! Ich habe nie getan, was ich wollte, sonst wäre ich doch glücklich! Egal, ob solche Gedanken wert sind, vertieft zu werden oder nicht – dann kam *die Rede*, und alles wurde ganz anders.

»Jede revolutionäre Bewegung befreit auch die Sprache.« Das war nicht etwa meine Mutter, die mit Linguisten diskutierte – dieser Satz kam aus den Lautsprechern. Allein diese Stimme zu hören, diesen mahnend-gefaßten Tonfall, reichte mir, um bedient zu sein. Und überhaupt: Wie konnte man an so einem Tag über *Sprache* reden! Warum dann nicht gleich übers Wetter? Das wäre noch konsequent inkonsequent gewesen! Es sollte ums Ganze gehen, und nicht um Sprache! – Die Frau am Mikrophon war so weit entfernt, daß ich sie nicht erkennen konnte. Wer ist sie? Wer ist diese Frau? – Nun, jeder halbwegs normale Mensch hätte einen der Hunderttausenden angesprochen und höflich gefragt: »Entschuldigen Sie, mir ist leider völlig entgangen, welche Rednerin wir im Augenblick hören.« Nicht aber ich. Der Sohn eines Mannes, der beim Spurt nach der abklingelnden Straßenbahn auf die Türen achtete, anstatt die Augen des Fahrers zu suchen, ein von Mißtrauen zerfressener Stasi-Typ, der jedem grundsätzlich mißtraut, fragt keinen Fremden nach Dingen, die er selbst rauskriegen kann. Die können einem ja sonstwas erzählen. Also wühlte ich mich durch die Menschen, dem Mikrophon entgegen, um die Rednerin mit eigenen Augen zu identifizieren. Mir unterlief die folgenreichste Verwechslung des 20. Jahrhunderts.

Liebe Mitbürgerinnen und Mitbürger. Jede revolutionäre Bewegung befreit auch die Sprache. Was bisher so schwer auszusprechen war, geht uns auf einmal frei von den Lippen. Wir staunen, was wir offenbar schon lange gedacht haben und was wir uns jetzt laut zurufen: Demokratie – jetzt oder nie! Und wir meinen Volksherrschaft. Und wir erinnern uns der steckengebliebenen oder blutig niedergeschlagenen Ansätze in unserer Geschichte und wollen die Chance, die in dieser Krise steckt, da sie alle unsere produktiven Kräfte weckt, nicht wieder verschlafen. – Mit dem Wort Wende habe ich meine Schwierigkeiten. Ich sehe da ein Segelboot, der Kapitän ruft: Klar zur Wende, weil der Wind sich gedreht hat oder ihm ins Gesicht bläst. Und die Mannschaft duckt sich, wenn der Segelbaum über das Boot fegt. Aber stimmt dieses Bild noch? Stimmt es noch in dieser täglich vorwärts treibenden Lage? Ich würde von revolutionärer Erneuerung sprechen. Revolutionen gehen von unten aus. Unten und oben wechseln ihre Plätze in dem Wertesystem. Und dieser Wechsel stellt die sozialistische Gesellschaft vom Kopf auf die Füße. Große soziale Bewegungen kommen in Gang. Soviel wie in diesen Wochen ist in diesem Land noch nie geredet worden, miteinander geredet worden, noch nie mit dieser Leidenschaft, mit soviel Zorn und Trauer, aber auch mit soviel Hoffnung. Wir wollen jeden Tag nutzen, wir schlafen nicht oder wenig. Wir befreunden uns mit Menschen, die wir vorher nicht kannten, und zerstreiten uns schmerzhaft mit anderen, die wir zu kennen glaubten. Das nennt sich nun Dialog. Wir haben ihn gefordert, nun können wir das Wort fast nicht mehr hören. Und haben doch noch nicht wirklich gelernt, was es ausdrükken will. Mißtrauisch starren wir auf manche plötzlich ausgestreckte Hand, in manches vorher so starre Gesicht. Mißtrauen ist gut, Kontrolle noch besser. Wir drehen alte Losungen um, die uns gedrückt und verletzt haben, und geben sie postwendend zurück. Wir fürchten, benutzt zu werden, verwendet. Und wir fürchten, ein ehrlich gemeintes Angebot auszuschlagen. In diesem Zwiespalt befindet sich nun unser ganzes Land. Wir wissen, wir müssen die Kunst üben, den Zwiespalt nicht in Konfrontation ausarten zu lassen. Diese Wochen, diese Möglichkeiten werden uns nur einmal gegeben, durch uns selbst. Verblüfft beobachten wir, daß die Wendigen, im Volksmund Wendehälse genannt, die laut Lexikon sich rasch und leicht einer gegebenen neuen Situation anpassen, sich geschickt in ihr bewegen, sie zu nutzen verstehen. Sie am meisten, glaube ich, blockieren die Glaubwürdigkeit der neuen Politik. Soweit sind wir wohl noch nicht, daß wir auch sie mit Humor nehmen können, was uns doch in anderen Fällen schon gelingt. Trittbrettfahrer, zurücktreten! – lese ich auf Transparenten und an die Polizei gerichtet von Demonstranten der Ruf: Zieht euch um, und schließt euch an! Ich muß sagen, ein großzügiges Angebot. Ökonomisch denken wir auch: Rechtssicherheit spart Staatssicherheit! Und heute habe ich auf einem Transparent eine schier unglaubliche Losung gesehen: Keine Privilegien mehr für uns Berliner! Ja, die Sprache springt aus dem Ämter- und Zeitungsdeutsch heraus, in das sie eingewickelt war, und erinnert sich ihrer Gefühlswörter. Eines davon ist: Traum. Also träumen wir mit hellwacher Vernunft: Stell dir vor, es ist Sozialismus und keiner geht weg! Wir sehen aber die Bilder der immer noch Weggehenden und fragen uns: Was tun? Und hören als Echo die Antwort: Was tun! Das fängt jetzt an, wenn aus Forderungen Rechte, also Pflichten werden. Untersuchungskommission, Verfassungsgericht, Verwaltungsreform. Viel zu tun. Und alles neben der Arbeit. Und dazu noch Zeitung lesen. Zu Huldigungsvorbeizügen, verordneten Manifestationen werden wir keine Zeit mehr haben. – Dies ist eine Demo, genehmigt, gewaltlos. Wenn sie so bleibt bis zum Schluß, wissen wir wieder mehr über das, was wir können. Und darauf bestehen wir dann. – Ein Vorschlag für den 1. Mai: Die Führung zieht am Volk vorbei. Alles nicht von mir. Das ist literarisches Volksvermögen. Unglaubliche Wandlung. Das Staatsvolk der DDR geht auf die Straße, um sich als Volk zu erkennen. Und dies ist der wichtigste Satz dieser letzten Wochen – der tausendfache Ruf: Wir sind das Volk! Eine schlichte Feststellung, und die wollen wir nicht vergessen.

Hier war die Rede zu Ende. Ich war bis auf achtzig Meter an die Tribüne herangekommen. Nahe genug, um zu erkennen, wer da sprach: Jutta Müller, die Eislauftrainerin, Idol meiner Mutter und als »Frau, die noch jeden hochgebracht hat«, die Alterspräsidentin meiner sexuellen Phantasien. Was soll das werden, wenn *so eine* als Rednerin engagiert wird! Wer spricht als nächstes? Das Sandmännchen?

Jede Revolution hat die Reden, die sie verdient, und

ich habe Ihnen diese Rede in voller Länge präsentiert, weil sie noch heute als Kristallisationspunkt des 89er Herbstes gehandelt wird – was mir, ob Sie's glauben oder nicht, sofort klar war. Eine echte Eiskunstlauftrainerinnen-Rede, finden Sie nicht? Diese angestrengte Eleganz, dieses Schwelgen in Passagen, die garantiert eine hohe B-Note abwerfen – und gleichzeitig diese kurzatmige politische Programmatik mit einigen verstolperten, verpatzten oder ausgelassenen Sprüngen, die vom betörten Laienpublikum glatt übersehen werden. Fragen Sie mich nicht, wofür ich war, aber als ich die Ansprache Jutta Müllers hörte, wußte ich, *wogegen* ich war. Ich war gegen diesen Krampf mit dem Namen Wenn-aus-Forderungen-Rechte-also-Pflichten-werden. Vielleicht kann man von einer Eislauftrainerin auch nur erwarten, daß sie wie eine Eislauftrainerin spricht, aber was hat das dann noch mit befreiter Sprache zu tun? Oder dieses genüßliche Herumlutschen auf dem Wort *Wende*, und wie sie ar-ti-ku-lier-te *Wir fürchten, benutzt zu werden, ver-wen-det*, oh, Mr. Kitzelstein, ich fühlte mich wie zu Hause. Natürlich wurde auch aus dem Lexikon vorgelesen, natürlich das falsche Wort, wie bei meiner Mutter, die unter → *Griechenland* nachschlägt, wenn mich Pimmel interessieren. → *Wendehals*. Auf die Idee muß erst mal einer kommen. Aber wo mir wirklich ein Licht aufging, das war, als Jutta Müller, Idol meiner Mutter, zu träumen anfing: *Stell dir vor, es ist Sozialismus und keiner geht weg*. Nicht zu fassen! Nachdem sie im ersten Teil ihrer Ansprache auf das ausgiebigste das Wort *Wende* zerpflückte, nachdem sie den *Wendehals* aus dem ornithologischen Wörterbuch präsentierte – und alles unter dem Leitgedanken befreiter Sprache –, passiert ihr so was: Das, wovon sie träumt, wird *Sozialismus* genannt und rutscht durch die Kontrollen, ohne Blick ins Lexikon, ohne, wie das Wort Wende, von allen Seiten betatscht zu werden. Angenommen, nur mal angenommen, sie *hätte* im Lexikon nachgeschlagen, vielleicht hätte sie gefunden: → *Sozialismus: Gesellschaftsordnung, die auf dem gesellschaftlichen Eigentum der Produktionsmittel beruht.* Könnten Sie davon träumen, richtig visionär träumen? Stell dir vor, die Produktion ist vergesellschaftet, und keiner geht weg. Tut mir leid, Frau Müller, mein Herz macht keinen Hüpfer. Nicht, daß ich etwas gegen vergesellschaftete Produktion hätte, die keinen zum Weggehen veranlaßt. Aber als *Traum* ist mir das zwei Nummern zu piefig.

Mr. Kitzelstein, eigentlich wäre es zum Lachen, wenn es nicht so scheißtragisch wäre – aber diese Mütter und Eislauftrainerinnen hängen wirklich am Sozialismus. Sie sind aus den Trümmern der tausend Jahre gekrochen. Die Angst vor den Luftangriffen saß ihnen so gründlich in den Knochen, daß sie noch heute bei jedem Feuerwerk an die Flaks denken. Sie hatten Hunger. Der moralischere Teil unter ihnen litt daran, deutsch zu sein. Sie hatten weiß Gott keine vorzeigbare Vergangenheit und obendrein eine freudlose Gegenwart. Aber die Zukunft! Die muß es bringen! Und wenn sie abends am Lagerfeuer saßen, einen Elfstundentag für die FDJ-Aufbau-Initiative in den Knochen und wieder ein bißchen weitergekommen waren mit dem *Bau der Talsperre Sosa* oder der *Trockenlegung der Friedländer Wiesen*, dann war diese Generation vielleicht das erste Mal stolz auf sich, und alle soffen sich selig an einer großen Pulle, auf deren Etikett *Sozialismus* stand. Das hielt warm. Und sie schwärmen noch heute vom wahren Sozialismus – aber sie meinen damit eigentlich ihre Lagerfeuergefühle. Ich meine das nicht überheblich. Es wäre mir genauso gegangen. Aber ehe wir Jutta Müller und all ihre Freundinnen die nächste Runde Stell-dir-vor-es-ist-Sozialismus einläuten lassen, vergegenwärtigen wir uns mal *mit hellwacher Vernunft*, daß Sozialismus ein abstrakter Begriff ist und daß man alles, was erstrebenswert ist, konkreter sagen kann – vorausgesetzt, man besinnt sich auf eine befreite Sprache. Aber selbst jetzt, wo alles *auf einmal frei von den Lippen geht*, sprechen sie vom Sozialismus und nicht davon, daß uns die Welt endlich offenstehen muß. – So. Ich wollte ans Mikrofon stürmen, ich wollte mich auf die LKW-Pritsche raufprügeln, um Schluß zu machen mit diesem Sozialismus-Hokuspokus, ich, die Stasifresse, der Perverse, Honeckers Kleiner Trompeter, wollte mich als abschreckendes Beispiel für Sozialismustümelei vor eine Dreiviertel Million Menschen stellen. Was mich zusätzlich alarmierte, war eine Assoziation, nämlich, daß sich *Jutta* auf *Mutter* reimte und daß durch einen winzigen Federstrich in *Müller* die l zu t werden. Jutta Müller, die Mutter aller Mütter! Die Eislauftrainerin hat sich zu Recht ihr *Wir sind das Volk!* ins Knopfloch gesteckt! Na, prost Mahlzeit! Der Sohn meiner Mutter ist pervers geworden – was wird aus dem Land, wenn die Eislauftrainerinnen- und Hygieneinspekteusen-Revolution siegt!

Der Alex ist untertunnelt, und wenige Meter neben dem Redner-LKW war ein Ausgang des Fußgängertunnels. Ich wollte durch den Tunnel zum LKW kommen, was sicher einfacher war, als mich durch die Menschen zu wühlen. Hastig lief ich auf den Tunnel zu; im Geist schon mit den ersten Sätzen meiner flammenden, feurigen, brandfackelnden Rede beschäftigt ... Nun, ich übersah ein Pappschild mit einem Besenstiel, das ein Demonstrant am Kopf der Treppe abgelegt hatte, ich übersah es nicht nur, ich *stolperte* darüber, riß es mit meinem Fuß mit, verfing mich, verlor das Gleichgewicht und wäre die Treppe hinuntergefallen – aber da war noch der Besenstiel, der mir in die Beine geriet. Ich spießte mir das Ende des Besenstiels in die Klöten, fiel vornüber, und federte mit dem Besenstiel auf die nächste Stufe, wo ich ihn mir erneut schmerzvoll einrammte, bevor ich eine weitere Stufe tiefer hopste und den dritten Volltreffer kassierte – und erst nach dieser Zirkusnummer verlor ich die Balance und schlug mit dem Kopf auf die Treppe, was, verglichen mit dem Vorangegangenen, direkt erholsam war. Nur der Vollständigkeit halber: Auf dem Pappschild stand *Wir fordern Selbstbestimmung für alle!*

Als ich wieder zu mir kam, lag ich auf dem mittleren Treppenabsatz. Vier, fünf Leute hockten um mich herum und sahen mir besorgt ins Gesicht. Eine Frau mit wunderbaren braunen Augen schlug mir sanft, um nicht zu sagen zärtlich, auf die Wange.

»Können Sie mich hören? Geht es Ihnen gut?«

»Ja«, sagte ich leise.

»Ich bin Krankenschwester«, sagte sie und strich mir eine verschwitzte Strähne aus dem Gesicht. »Wissen Sie, was mit Ihnen passiert ist?«

»Ja«, flüsterte ich. »Jutta Müller, die Eislauftrainerin, hat eine Rede gehalten. Ich wollte zum Mikrophon, weil ich leider von der Stasi bin. Ich wollte ...«

»Ruhig«, sagte die Krankenschwester. »Nicht aufregen.«

»Ich wollte sagen: Stell dir vor, es ist Sozialismus und keinen interessiert's.«

Man warf sich besorgte Blicke zu.

»Jetzt hat er 'n Dachschaden«, hörte ich eine besorgte Frauenstimme vom Fußende her sagen.

Die Krankenschwester strich mir über die Stirn, eine Geste, die mir endlich mal den himmelweiten Unterschied zwischen *Mütterlichkeit* und *Bemutterung* klarmachte. Wir warteten auf die Sanitäter, die mich zum Krankenwagen bringen sollten, und sie sah mich die ganze Zeit mit ihren warmen braunen Augen an, aber plötzlich mußte sie schluchzen. »Oh, mein Gott!« sagte sie schniefend und schaute zum Himmel, um ihre Erregung zu dämpfen. »Oh, mein Gott, daß ich das noch erleben darf! Haben Sie das für möglich gehalten? Daß wir so ... so *viele* sind und daß wir Ideen haben und daß wir wissen, was wir wollen. Und Sie« – sie lachte unter Tränen – »Sie müssen sich ausgerechnet an so einem Tag die Birne kaputthaun. – Alles wird gut, nicht wahr, alles wird gut.« Es war so ergreifend und so einmalig. Wenn mich der Schmerz nicht fast umgebracht hätte, wäre dieser Moment zu schön für Abschaum wie mich. *Alles wird gut, nicht wahr, alles wird gut.*

Meine wahre Identität holte mich buchstäblich auf dem Operationstisch ein, der Chirurg zog den Mundschutz herunter und begann ein Gespräch über die Stasi. Ich mußte wegen meines *Eiersalat*, wie es bezeichnet wurde, unverzüglich operiert werden. Das gesamte Personal der Unfallklinik hatte sich meine schaurige Verletzung angeschaut, eine völlig überbesetzte Belegschaft übrigens, denn man war auf die Verletzten eventueller Straßenkämpfe vorbereitet. »Ich bin nur die Treppen hinuntergefallen«, rechtfertigte ich mich an die zwanzigmal, vor jedem Arzt und jeder Schwester, die alle mal einen Blick riskierten. Doch als ich auf dem Operationstisch lag und die Narkose erwartete, kam eine Schwester herein, rief den Chirurgen und tuschelte kurz mit ihm. Er kam zurück, sah mich mißtrauisch an und ließ etwas über meinem Gesicht baumeln. Es war mein Klappfix.

»Wie, sagten Sie, sei die Verletzung passiert?« fragte er durch den Mundschutz.

»Ich bin nur die Treppen runtergefallen«, wisperte ich.

»Ach, *das* müssen Sie mir mal vormachen«, sagte er.

»Wirklich«, flüsterte ich. »Treppen runtergefallen.«

»Wissen Sie«, sagte er. »Wir haben des öfteren Patienten, die geradewegs aus Ihrem ... *Institut* kommen und behaupten, sie wären die Treppen hinuntergefallen. Konnten wir uns nie erklären.« Er lächelte überlegen. »Was haben Sie bloß für Treppen. Man könnte direkt neugierig werden.« Sein Operationsteam hatte sich gespannt um mich versammelt. »Kann es sein, daß Sie uns mißbrauchen?« fragte der Arzt scharf und riß sich wütend den Mundschutz herunter. »Geht es Ihnen um den Vermerk auf dem Einlieferungsschein? *Verletzungsursache: Treppensturz*. Damit die Stasi vor Gericht behaupten kann, sogar die eigenen Leute, zum Beispiel« – er las aus dem Klappfix – »der *Offiziersschüler der Staatssicherheit Klaus Uhltzscht* ist die Treppen so dumm hinuntergefallen, daß er sich Kopf und Genitalien verletzte.«

»Nein«, sagte ich schwach, und kalter Schweiß trat

mir auf die Stirn. »Ich bin wirklich nur die Treppen hinuntergefallen. Es geschah mitten auf dem Alexanderplatz.«

Er sah mir tief in die Augen. Was hatte das zu bedeuten? Ich war so ausgeliefert. Mich erwartete das Messer – *sein* Messer! Sein *Skalpell*, um genau zu sein. Worauf lasse ich mich ein?

»Werden Sie mich operieren, als wäre ich ein ganz normaler Patient?« fragte ich verängstigt.

»Natürlich«, sagte er verärgert. »Wo kämen wir denn da hin.«

Nach der Operation erwachte ich mit fürchterlichen Schmerzen. Mit Ständer zu schlafen war eine alte Angewohnheit von mir, und nun, frisch operiert ... Die letzte Rache der *Intimreflexe*. Ich saugte, um Erlösung flehend, am Kissenzipfel und mußte an meinen Vater denken und an sein Pokerface, als er Todesqualen litt. Ich war aus einem anderen Holz geschnitzt. Ganz der Versager. Als ich mir anschauen konnte, was das Messer des Chirurgen angerichtet hatte, gefror mir das Blut in den Adern. Was ich sah, erinnerte mich an einen zertretenen Frosch. So hatte ich mir immer den typischen Kriegsverletzten vorgestellt, dem die Handgranate in der Hosentasche explodiert. Es war mir unbegreiflich, wie sich dieses Gemenge zu einer Erektion organisieren konnte.

Aber nachts, wenn ich, von Schmerzen durchwühlt, aufwachte, stellte ich mir *endlich* andere Fragen: Warum bleibt mir das nicht erspart? Warum liege ausgerechnet *ich* hier und kein anderer? Was habe ich denn so falsch gemacht, daß ausgerechnet *mich* das Schicksal in diese sinnlosen Schmerzen führt? *Warum das alles?*

Warum, warum, warum? Endlich hatte ich einen Grund, mein Leben zu hassen. Mr. Kitzelstein, ich war so eindeutig im Arsch, ich war so am Ende, so tief unten, so fertig, daß ich endlich bereute. Als ich meinen eigenen Totenschein überlebte, konnte ich mich noch für den Größten halten, für den Auserwählten. Aber jetzt, mit den Schmerzen, ließ sich nichts beschönigen. Die waren da, die waren real, die füllten mich aus, und sie erniedrigten mich so sehr, daß mich keine Verheißung mehr trösten konnte. Es war so demütigend. Ich *existierte* nur noch als Schmerz und nuckelte auch in den folgenden Nächten bei jeder meiner unkontrollierbaren Erektionen stöhnend am Kissenzipfel und verfluchte mich dafür, daß ich da liegen mußte, daß ich die Treppen hinuntergefallen, daß ich bei der Stasi gelandet bin, daß mein Leben so verlaufen ist, daß ich meinem Schicksal nicht entgehen konnte, und dafür, daß das alles einen Sinn ergab. Ich entdeckte, daß ich eine *Vergangenheit* habe und daß diese Vergangenheit eine *Bedeutung* hat und daß meine Gegenwart, die Schmerzen und der zertretene Frosch, nicht zufällig in mein Leben hereinbrachen, sondern alles Bisherige nur verlängerten. Daß alles logisch verlief und so enden *mußte*. Der Schmerz war die erste Stunde der Wahrheit. Ich lernte meine *Strafe* kennen und begann, nach *Schuld* und *Verantwortung* zu suchen. Das mag pastoral klingen, und – *Wahrlich, ich sage euch!* – ich durchlebte biblische Zustände. Ich ließ mir keine Mittelchen geben, die es mir leichter gemacht hätten. Es tat so verdammt weh, aber es war auch so verdammt ehrlich. Was glauben Sie, warum ich heute so verzweifelt radikal in Ihr Diktiergerät sprechen kann? Wer wäre ich denn, wenn in jenen Nächten mit mir *nichts* passiert wäre, wenn der Schmerz *gar nichts* ausgelöst hätte?

Abgesehen davon, daß mich jede Latte fast in den Wahnsinn trieb – ich konnte auch drei Tage lang nicht laufen. Als ich das erste Mal aufstand, *ging* ich nicht zur Toilette, ich *schlich*. Barfuß und in Vierzentimeterschrittchen und in einem viel zu kurzen Elfenkostüm, hinten offen, wenn man vom Schleifchen am Hals absieht. Die Toilette lag am anderen Ende des Ganges, ich durfte den ganzen langen Flur hinunterpromenieren … Die Kette der Erniedrigungen, aus denen mein Leben bestand, schien sich fortzusetzen, aber auf der Toilette bemerkte ich etwas, was mich wahnsinnig faszinierte: Mein Pinsel war größer als vor der Operation. Wie das? Schwellung? Wachstum? *Transplantation?* Hatte mein Chirurg eine Organverpflanzung vorgenommen? Unfallklinik, da sitzt er doch an der Quelle! Hat er einen frischen Toten hereinbekommen, mit unversehrtem Gemächte? Und warum tat er es? War es Mitleid? War es Barmherzigkeit? War es Gnade? War es biblisch, war er *gleubisch*? Fragen über Fragen.

Um auf meine im Krankenhaus erwachenden Pilgernöte zurückzukommen: Es drängte mich bald, ein Buch zu lesen. Die Männer hatten außer ihrer Zeitung, wenn überhaupt, nur ein einziges Buch, das sie natürlich nicht herausrückten, und so machte ich mich mutig auf den Weg zur Frauen-Station, eine Angelegenheit, die leicht in einen Sittenskandal münden konnte, denn mein Elfenkostüm war so kurz, daß ich mich an Siegfried Schnabls exhibitionistischen Fensterputzer erinnert fühlte, der sich mit Turnhosen und nichts drunter aufs Fensterbrett seiner Parterrewohnung stellte. Schon im ersten Zimmer der Frauen-Station sah ich einen ganzen Nachttisch voller Bücher. Die Frau, der die Bücher gehörten, löffelte Joghurt. Sie erinnerte mich an meine ehemalige Musiklehrerin, eine kleine Frau, die sich erst sicher fühlte, wenn sie sich hinter ihrem großen Akkordeon verschanzt hatte. Ich wollte sie um ein Buch bitten, das meiner Situation Rechnung trug, aber ich wartete zumindest, bis sie ihren Joghurtbecher leergelöffelt hatte, um ihr, für den Fall, daß das Elfenkostüm tatsächlich zu kurz war, nicht das Frühstück zu verekeln; Rücksicht ist schon immer eine meiner hervorhebenswerten Eigenschaften gewesen. – Schließlich wagte ich einzutreten und fragte sie, ob sie mir ein Buch leihen würde. Welches denn? Nicht irgendeins, antwortete ich, »ich bin auf der Suche«.

»Sind wir das nicht alle? Irgendwie?«

»Ich muß mir über ein paar Dinge klarwerden.«

»Verstehe. – Willste aus der Partei austreten, aber traust dich nicht?«

»Es geht um mehr.«

»Das sagen alle. – Such dir was aus.«

Auf dem Nachttisch lag auch »Der geteilte Himmel« von Christa Wolf. Bislang war ich trotz meiner fünf Bibliotheksausweise darum herumgekommen, Christa Wolf zu lesen, sie galt als »schwierig« – was Sie mit *sophisticated* übersetzen sollten.

»Da ist noch was«, sagte ich. »Es darf ... Es darf mich nicht *erregen*.«

Sie lächelte. »Ich hab schon gesehen«, sagte sie und reichte mir das Buch. »Ist zwar ein Liebesroman, aber« – sie zwinkerte – »*unbedenklich*.«

Erst in meinem Bett schlug ich das Buch auf. *Für G.*

Was soll das heißen? Für Gustav? Für Großmutter? Für Geld? Ist *G.* einsilbig, und wenn ja, kennt Gerd Grabs den vollen Wortlaut der Widmung? *Für G.* Für G-Punkt? Ein Liebesroman, dem *G-Punkt* gewidmet? Hilfe, ich wollte ein Buch, das nicht erregt! – Mr. Kitzelstein, ich bin noch heute der Meinung, daß man, um Christa Wolf zu verstehen, bereits bei der Widmung ihres ersten bedeutenden Romans zu sinnieren beginnen kann. Es hat einen deutsch-deutschen Literaturstreit gegeben, Heerscharen von Intellektuellen zerrten sich irgendwelche Christa-Wolf-Interpretationen zurecht. Christa Wolf hat einen Roman geschrieben. Er ist irgendwie gewidmet. Sie hätte eindeutig schreiben können, wem sie ihr Buch widmet. Aber sie tut's nicht, und ich weiß nicht, was gemeint ist. Es kann alles mögliche heißen, und vielleicht soll es auch alles mögliche heißen. Erhoffen Sie sich keine Klarheit – sie bleibt Ihnen selbst in den simpelsten Dingen verwehrt.

Der geteilte Himmel beginnt mit einem Horrorszenarium, für das nur wenige Sätze benötigt werden. Was da binnen eines einzigen Absatzes entworfen wird! Eine Stadt wird erdrückt vom Gestank einer Chemiefabrik. Der Dreck aus hundert Fabrikschornsteinen verdunkelt die Sonne, die Bewohner können kaum atmen, Fluß vergiftet, Wasser ungenießbar. *Was für ein Beginn!* dachte ich und war bereit, die nebulöse Widmung zu verzeihen. *Daran erkennt man die Meisterautorin!* Da ist die Kulisse der Handlung, und alles, was passiert, passiert in einer stinkenden Stadt, die kein Sonnenstrahl erreicht. Jede Tasse Kaffee muß hinuntergewürgt werden, jede Unterhaltung wird von Hustenanfällen unterbrochen. Ein Liebesroman? Boy (Bindehautentzündung) meets Girl (Hautausschlag). – Doch den letzten Satz des ersten Absatzes mußte ich dreimal lesen. »Aber die Erde trug sie noch und würde sie tragen, solange es sie gab.« *Wasn das?* Wird die Spielzeugkiste wieder zugemacht? Sollte das wirklich heißen: *Liebe Leute, so häßlich das Leben in unseren Städten auch sein mag, wir wollen doch nicht vergessen, daß uns die Erde trägt, und das ist doch immerhin etwas.* Abgesehen davon, daß ich nicht kapiert habe, ob das »sie«, das die Erde trug und noch tragen würde, solange es »sie« gab, die Menschen oder die Stadt oder beides nacheinander waren – vor allem verstand ich nicht: Wozu der Aufwand im ersten Absatz? Mobilisierte sie ihr ganzes Können nur, um mit einem Satz alles wieder zurückzunehmen? Oder war gerade das ihr Können – jede Behauptung wieder zurückzunehmen? Das war selbst für einen Leser wie mich, immerhin einem Inhaber von fünf Bibliotheksausweisen, gewöhnungsbedürftig. – Wie Sie sehen, interessierte ich mich nach einer halben Seite mehr für die Autorin als für ihre Geschichte. *Wer schreibt so was?* Ungefähr nach zwanzig Seiten hatte ich sie als dreizehnjähriges Mädchen vor Augen, das Herzklopfen bekam, als die Lehrerin den Aufsatz »Mein schönstes Ferienerlebnis« zurückgab, ein Aufsatz, bei dem die Dreizehnjährige was riskiert hatte, weil sie nicht über *Abend am Lagerfeuer* oder *Jagd mit Onkel Hubert* oder *Besuch in der Reichshauptstadt* schrieb, sondern über *Sonnenaufgang am Meer*, und unendlich erleichtert war, um nicht zu sagen *glücklich*, als die Lehrerin der Klasse strahlend kundtat: *Aber den schönsten Aufsatz hat wieder unsere Christa geschrieben.* Da war es um *unsere Christa* geschehen, das wurde sie nicht mehr los. Sie blieb das

Mädchen, das den schönsten Aufsatz schreiben will. *Aber den schönsten Roman hat wieder unsere Christa geschrieben.*

Ich hatte das Buch noch nicht durchgelesen, als das geschah, was irgendwann geschehen mußte: *Sie* stand an meinem Bett. Ich fühlte mich am Boden vernichtet. Wie hatte sie mich gefunden?

»Klaus«, sagte sie schluchzend. »Ich wußte es. *Als Mutter spürt man so was.*«

Sehen Sie, Mr. Kitzelstein, das ist es, wovon ich die ganze Zeit rede. Was der gesamte Fahndungsapparat der Stasi nicht schafft, nämlich mich aufzuspüren – meine Mutter mit ihren Instinkten bringt es fertig. Kein Zweifel, ich bin ihr Kind! Wenn es noch eines Beweises bedurfte – und seien Sie sicher, es bedurfte keines Beweises mehr –, dann wäre er wieder einmal erbracht worden. *Warum hast du mir nicht gesagt, wo du bist?* konnte ich als stumme Anklage in ihren Augen lesen, und *Wie ist das bloß passiert? Kannst du nicht vorsichtig sein?* Hat sie nicht immer, und übrigens mit großem Erfolg, alles, was gefährlich, um nicht zu sagen, halsbrecherisch war, von mir ferngehalten? Sind wir je S-Bahn gefahren, ohne daß ich ihr *Bleib ja weg von der Tür!* hörte? Und wurde ich nicht als Dreizehnjähriger noch ermahnt, nie und nimmer meinen Kopf in eine Plastiktüte zu stecken, weil man sonst erstickt? Durfte ich je ein Silvester nach sechzehn Uhr auf die Straße, *wo du bei dieser leichtsinnigen Knallerei nur dein Augenlicht verlierst*? Und war mir das Spielen in Abrißbauten nicht wegen Einsturzgefahr verboten? Ebenso das Verzehren von Pilzgerichten? Mitfahren auf dem vorderen Sitz? Zugfahren in den vier vordersten Wagen? Vom Klettern auf Bäume ganz zu schweigen? *Und wozu das alles?* Habe ich denn gar nichts gelernt? Wieso lasse ich, seitdem ich mich ihrer Obhut entzogen habe, keine Gelegenheit aus, Treppen hinunterzufallen? Übrigens nur Treppen, die ich begehe, um der *O!na!!nie!!!* zu frönen oder um mich gegen ihr Idol Jutta Müller aufzulehnen. Höre auf Mutter und Jutta! Denn Gottes Strafgericht kennt kein Erbarmen, wenn ich gegen *sie* rebelliere!

»Mama«, sagte ich und – Scheiße, aber es war wirklich so! – faßte nach ihrer Hand.

»Ich weiß nicht, was das soll«, erwiderte sie kopfschüttelnd. »Wir haben uns für die Menschen aufgeopfert. Für ganz normale Menschen. Deshalb sind wir Helden.«

»Helden«, wiederholte ich betäubt.

»Natürlich«, sagte sie. »Helden wie wir haben nichts zu bereuen.«

Wie kann man da widersprechen? Bald werden sie sich von ihren Heldentaten erzählen. Und ich? Von welchen Heldentaten soll ich erzählen? Ich stehe da als Honeckers Kleiner Trompeter. Ich habe ihm das Leben gerettet! Ich bin Urheber von *Totgesagte leben länger!* Aber ich habe nie in aller Unschuld mitgemacht, mit ihrer naiven Begeisterung der Aufbaujahre. Ich kann nicht für mich reklamieren, mich für die Menschen aufgeopfert zu haben! Ich kann auch nicht vom Sozialismus träumen, und wenn sie das wüßte, würde ich mir anhören müssen, daß sie da ganz anders waren, noch nicht so konsumorientiert...

Wir werden darüber nicht reden können. Genauso wenig wie über alles andere.

»So«, sagte sie schließlich. »Dann laß mal sehen!« Sie

wollte die Decke zurückschlagen, aber ich hielt sie fest. Ganz der Sohn vom Papa, versteckte ich meinen Pinsel wie Eisleben die rote Fahne. »Oho!« rief sie. »Der feine Herr will seiner Mutter nicht zeigen, wo er sich verletzt hat?«

Sehen Sie, Mr. Kitzelstein, genau das ist ihre Art. Wenn ich sie nachschauen ließe und mit meinem Ständer konfrontierte, *habe ich wieder dran rumgespielt*, wenn ich sie nicht lasse, bin ich *der feine Herr*. Und wenn die Gelegenheit günstig ist, geht sie mit *Babypuder* auf ihn los. Was ist das für ein Eifer? Aus welchen tiefen Quellen speist sich dieser Tatendrang?

»Mama!« bat ich und hielt die Decke fest.

»Nun hab dich doch nicht so. Noch bin ich Ärztin.« Weil ich nicht losließ, schlug sie die Decke vom Fußende her zurück, und in ihrem Gesicht zeigte sich das blanke Entsetzen – als hätte sie einen grauenerregenden Fund gemacht. Als hätte ich eine verstümmelte oder verkohlte Leiche oder so was unter meiner Decke versteckt. Sie ließ die Decke fallen und hastete aus dem Zimmer. »Doktor! Doktor!« hörte ich sie auf dem Flur rufen. Nun sah ich selbst nach.

Zwischen meinen Beinen lag etwas wie ein Tier, zusammengerollt und friedlich. War das etwa...? Stellen Sie sich vor, Sie wachen eines Tages auf und anstatt Ihres gewohnten Zipfelchens finden Sie zwischen Ihren Beinen das größte Glied, das Sie je gesehen haben. Was ginge in Ihnen vor? Mir schoß ein Fetzen der Jutta-Müller-Rede durch den Kopf: *Unglaubliche Wandlung*. Mein zweiter Gedanke galt meinen Jeans, die ich nur einmal getragen hatte und in die ich nie wieder hineinpassen werde. *Das ist nicht mehr mein Sohn!* so der stumme Vorwurf meiner Mutter an den diensthabenden Arzt, den sie an mein Bett schleppte, um auch vor ihm die Decke zurückzuschlagen. Der Arzt, der sicher noch keine dreißig war, betrachtete sich kurz, was ihm meine Mutter zeigte, schmeckte sich die Lippen ab und murmelte mir augenzwinkernd zu: *Da kann man ja direkt neidisch werden*. Ein Wachstumsschub des Penis sei nichts Ungewöhnliches nach Operationen, bei denen Lymphbahnen durchtrennt werden, erklärte er uns – mehr ihr als mir. So was käme eben vor, und wenn sich *nach ein paar Wochen, höchstens drei Monaten*, die Lymphdrainage wieder stabilisiert hätte, würde auch der Penis wieder zu seiner Normalgröße finden. Er räumte allerdings ein, daß er noch nie erlebt habe, daß sich ein Penis so schnell und so maßlos entwickelt hätte wie meiner – und bitte, Mr. Kitzelstein, verdrehen Sie nicht Ihre Augen, ich erwähne das nicht, weil ich auf pubertäre Protznummern stehe! Ich *denke* mir was dabei, wenn ich, wie Mannekin-Pis, meinen Schwanz vor aller Welt präsentiere und ausführlich wie Madonna, sofern sie einen hätte, darüber rede! – Die Einmaligkeit dieses Riesenwachstums konnte nämlich Monate später aufgeklärt werden: Das Serum, das mir im Bunker gespritzt wurde, sollte aus meinem Blut ein Medikament machen. Als Medikament wurde es abgezapft, doch das Blut, das mir blieb, führte zu ungeahnten »kumulativen Wechselwirkungen« – die aber nicht sofort eintraten, sondern erst, als die Lymphdrainage gestört war. So erklärt sich das einmalig schnelle Wachstum zu einem einmalig großen Schwanz. Der mir in dieser Größe übrigens auch einmalig lange erhalten blieb. Viel länger, als die Prognose *ein paar Wochen*, *höchstens drei Monate* jenes diensthabenden Arztes versprach. – Und nun atmen Sie tief durch, denn jetzt habe ich noch eine kleine Sensation parat, die die Welt aus Ihrem Blatt erfahren wird: Ich war, wie Sie wissen, nicht der einzige Patient, der neuartiges Blut in den Adern hatte, und auch jener andere Patient trotzte seiner Prognose, die mehr als drei Jahre später gestellt wurde und delikaterweise ein Gerichtsgutachten war, und zwar der Prognose, wonach er nur noch *ein paar Wochen, höchstens drei Monate* zu leben hätte. Es wird in Deutschland eine Handvoll Ärzte geben, denen es jetzt wie Schuppen von den Augen fällt, jetzt, wo sie die Zusammenhänge dieser echt indianischen Blutsbrüderschaft erkennen, daß nämlich mein überdimensionaler Schwanz und mein ehemaliger Generalsekretär etwas Gemeinsames hatten – dank des Blutes hielten sie sich länger als alle Prognosen. *Totgesagte leben länger.* Hätten die Gutachter von dem Serum und seinen Wirkungen gewußt (die sich anhand meines Gemächtes studieren ließen), wäre ihr Gutachten nicht so pessimistisch ausgefallen, der Honecker-Prozeß hätte zu Ende geführt werden können, den Empfindungen der unbescholtenen Bürger würde Genüge getan worden sein, und Honecker hätte sich nach der Freilassung Nelson Mandelas als prominentester politischer Gefangener weltweit betrachtet...

Doch damals, als ich noch im Krankenhaus lag, wußte ich nichts von diesen Ursachen und Zusammenhängen. Ich wußte nicht, wie es weitergeht. Der Arzt versprach meiner Mutter, das Problem am nächsten Tag bei der Chefvisite zur Sprache zu bringen. Mr. Kitzelstein, mein Riesenschwanz bringt ein Dutzend Ärzte in

Verlegenheit! So ein Problem wollte ich schon immer haben!

»Professor, ich wäre für eine Entlastungsaufhängung. Die Organe werden mit einem unnatürlich großen Eigengewicht nach unten gezogen. Ein unberechenbarer Faktor.« – »Verehrter Kollege, das ist sicher richtig. Aber, meine Herren, wenn das Wachstum nicht stoppt?« – »Dann wird er in zwei Wochen ein Gehänge haben, das seine Bewegungsfreiheit einschränkt wie die Kugel am Bein eines Kettensträflings.« – »In vier Wochen werden seine Erektionen zu Bewußtlosigkeit führen, weil sie so viel Blut beanspruchen, daß die Sauerstoffversorgung im Gehirn zusammenbricht. Von den Sehstörungen ganz zu schweigen.« – »In sechs Wochen wird sich der Patient vollständig in einen Riesenpenis verwandelt haben, wie bei einer Metamorphose. In diesem Bett wird ein 90-Kilo-Penis liegen. Wie ein toter Seehund.« – »Herr Kollege, erlauben Sie die Frage, ob dieser Penis auch eregieren kann.« – »Selbstverständlich, nur daß dann in diesem Bett etwas wie ein *tiefgefrorener* toter Seehund liegt.« – Ich war hin- und hergerissen. Einerseits wollte ich dem Gelehrtenstreit beiwohnen, mich an der Ratlosigkeit der Götter in Weiß weiden, andererseits wollte ich meine neue Errungenschaft nicht hergeben, zumindest nicht sofort, und schon gar nicht auf Betreiben meiner Mutter. Jeder Mann will den größten haben – aber ich *hatte* ihn! Und warum sollte ich die Ärzte an meinem Ding herumdoktern lassen, wo ich das erste Mal nicht mit meinem Schicksal, respektive meiner Schwanzgröße, haderte! Also abhaun! Mit dem Schwanz durchbrennen!

Die Möglichkeit einer Flucht verdanke ich auch dem

Umstand, daß ich Cordhosen trug und immer getragen hatte. Wäre ich in Jeans eingeliefert worden, würde die Mauer noch heute stehen, da meine Flucht aus dem Krankenhaus an zu engen Hosen gescheitert wäre. Sie ahnen bereits, ich floh am Abend des 9. November. Ich wollte eigentlich gar nicht die Mauer umschmeißen! Ich wollte nur mein Riesending retten!

Als es dunkel war, zwängte ich mich in meine Cordhosen und brachte »Der geteilte Himmel« zurück.

»Und?« fragte sie gespannt.

»Ja, ja ...«, antwortete ich.

»Das finde ich auch«, erwiderte sie. »Und ihre Rede!« sagte sie und zeigte auf eine Zeitung.

Was für eine Rede? dachte ich, aber dann schoß mir schon die Lösung durch den Kopf: *Aber die schönste Rede hat wieder unsere Christa gehalten.*

Mir wurde schwarz vor Augen. Es war ein Irrtum! Es war alles ein Irrtum! Ich hatte Jutta mit Christa verwechselt! Die Rednerin war Christa Wolf, die Schriftstellerin! Es stand auf der Titelseite! Und, Mr. Kitzelstein, verstehen Sie mal: Daß eine Revolutionsrede von einer Eislauftrainerin gehalten wird, kann ja in der Aufregung mal passieren – aber daß eine Schriftstellerin die Revolutionsrede einer Eislauftrainerin hält – nee, also diese Dimension der Harmlosigkeit war nicht harmlos! Was denken Sie denn! Ich war plötzlich auf der Suche nach – zugegeben, nicht nach den *letzten Dingen*, aber nach den ersten Dingen –, und nun stellt sich heraus, daß ich unter völlig falschen Voraussetzungen gehandelt hatte, wenn Sie verstehen, was ich meine! Ich wäre *niemals* die Treppen hinuntergelaufen, um mich mit einer *Schriftstellerin* anzulegen; Ehrfurcht vor den geistigen

Schöpfern dürfen Sie von einem Sohn von Lucie Uhltzscht, dem Inhaber von fünf Bibliotheksausweisen, schon erwarten. Ich hätte brav zugehört und applaudiert wie jeder andere Zuhörer auch, ich hätte mich nicht zum Redner-LKW durchgedrängelt, wäre nicht die Treppen hinuntergefallen, hätte mich nicht verletzt. Kein Arzt hätte sein Messer ansetzen müssen, kein Dildo zum Glatt-neidisch-Werden wäre gewachsen, und die Schmerzen wären mir erspart geblieben, und die Fragen, auf die ich eh keine Antwort bekomme, hätte ich mir nicht gestellt ... Nachdem ich die Mauer umgeschmissen hatte und ich mir sozusagen »über die Tragweite meines Tuns klarzuwerden begann«, verfolgte mich die Frage, die irgendwann jede fassungslose Mutter ihrem Sohn nach einer Untat stellt – »Sag mal, was hast du dir eigentlich dabei gedacht!« – Ja, was hatte ich mir eigentlich dabei gedacht? Gar nichts. Die Frage *Was habe ich falsch gemacht?* stürzt mich in irrsinnige Komplexe, wie Sie wissen; wenn ich einmal einen nicht hochkriege, werde ich vorsichtshalber pervers, und die dahingemuffelte Bemerkung, ich stünde wieder mal im Weg, hat mir schon manchen Nachmittag verdorben. Ich bin durchaus empfindlich, und selbst Rügen für geringfügige Versehen machen mir schwer zu schaffen – und nun komme ich nicht umhin, mich zu bezichtigen, *ohne Sinn und Verstand* die Mauer umgeschmissen zu haben! *Was habe ich bloß getan!* Wenn Christa Wolf, die Meisterin des Worts oder welche Aura auch immer sie umflorte, am 4. November trotz befreiter Sprache darauf verzichtete, zur Maueröffnung anzustacheln, dann wird sie schon gewußt haben, warum. Und ich habe sie trotzdem aufgemacht! Eigenmächtig! Ohne mich mit *ihr* abzustimmen! Ich hatte mir versehentlich eine politische Gegnerin von beängstigendem Format aufgehalst, denn was ist eine Frau, deren Lebensaufgabe darin besteht, anderen beizubringen, wie das nun genau ist mit dem Schliddern und Hüpfen auf dem Eis, verglichen mit einem intellektuellen Schwergewicht deutscher Gegenwarts*literatur*! Was hatte ich bloß angerichtet! Quälende Fragen, die mich veranlaßten, in den Büchern Christa Wolfs zu blättern. Vielleicht hatte sie in ihrer Rede vom 4. November die Maueröffnung deshalb nicht gefordert, weil sie es in ihren Büchern schon Dutzende Male getan hatte? Vielleicht hatte sie es in der Aufregung einfach vergessen? Dann wäre ich zwar immer noch der, der die Mauer umgeschmissen hat, aber dann handelte ich zumindest im stillen Einverständnis mit der namhaftesten Literatin meines Landes, erwiese mich meiner fünf Bibliotheksausweise würdig. Ich wollte in ihren Büchern so lange suchen, bis ich meine Tat mit ihren Worten entschuldigen kann. Irgendwo würde sich schon was finden! Dann kann ich wieder ruhig schlafen! Dann bräuchte ich nicht den Bannfluch der Dichter und Denker zu fürchten! Vielleicht war Christa Wolf sehr für die Maueröffnung? Vielleicht hat sie sogar mit *Gefühlswörtern* hantiert! *Stell dir vor, die Mauer ist weg,* und so weiter. Dann könnte man mir nicht mehr allein das Ende der Geschichte anhängen! Dann könnte ich geltend machen, daß ich im Einklang mit den aufgeklärtesten Geistern der Gesellschaft gehandelt hätte! – Eigentlich konnte nichts schiefgehen, und hoffnungsfroh vergrub ich mich ins Christa-Wolf-Gesamtwerk, übrigens mehr als ein halbes Jahr *vor* dem deutsch-deutschen Literaturstreit. Ich fand zunächst nur *Anspielungen*, was mir nichts nutzte; mir konnte nur Klartext aus der Patsche helfen. Nun ja, Christa Wolf hatte einen *Liebes*roman geschrieben, der, wie Sie sich erinnern, als Erektionstöter gute Dienste tat, und ähnlich feurig waren ihre politisch intendierten Schriften. Nachdem ich mehr als ein halbes Jahr lang ohne nennenswerte Erfolgserlebnisse ihr Gesamtwerk abgeklopft hatte, erschien »Was bleibt«, eine Erzählung, in den siebziger Jahren verfaßt, in der sich endlich ein handfester Anhaltspunkt fand. Ich habe mir ein Lesezeichen ins Buch gesteckt – gestatten Sie? Es geht da um diesen Ausreisepavillon am Bahnhof Friedrichstraße ... *im Volksmund »Tränenbunker« genannt –, in dem die Umwandlung von Bürgern verschiedener Staaten, auch meines Staates, in Transitäre, Touristen, Aus- und Einreisende vollzogen wurde, in einem von grünlichen Kachelwänden reflektierten Licht* ... Oh, Mr. Kitzelstein, welche Verstiegenheit bei der Beschreibung von Licht und Farben! Wird sie je ihren Aufsatz »Sonnenaufgang am Meer« vergessen können? – Ich lese weiter: ... *aus sehr hoch gelegenen schmalen Fenstern, in dem als Polizisten oder Zollbeamte gekleidete Gehilfen des Meisters, der diese Stadt beherrschte, das Recht ausübten, zu binden und zu lösen. Dieser Bau müßte als Monstrum dastehen, sollte seine äußere Gestalt seinem Zweck entsprechen* ... So, Mr. Kitzelstein, *das* war es, wonach ich die ganze Zeit suchte. Nicht die Mauer umzuschmeißen lautete der Auftrag, sondern ein Monstrum zu errichten. In solchen Momenten werde ich regelmäßig von einer handfesten Intellektuellenfeindlichkeit heimgesucht. Mit dem Ausruf »Die Mauer muß weg!« wäre alles gesagt, aber der kam eben nicht von Christa Wolf, sondern von Ronald Reagan, dem Sprechproben-Präsidenten. Ganz einfach, und ohne Partizipien, ohne grünliches Licht, gekachelte Fenster, hochgelegte Polizisten und einen sehr schmal bekleideten Gehilfen, der meistens diese Stadt beherrscht. Ein paar Wochen zuvor hatte ich im »Neuen Deutschland« gelesen, daß Christa Wolf im Auftrag des Runden Tisches sogar eine Verfassungspräambel formuliert hatte; ihre schließliche Schöpfung war ein einziger Satz, der mit Hilfe einer ehrgeizigen Partizipkonstruktion über vier Absätze hinweg am Leben gehalten wird. Sollte hier die edle demokratische Idee der *Partizipation* mit Partizipien angetrommelt werden? *Untertext* oder *metasprachliche Struktur*, was weiß ich! Nur eins ist sicher: *Aber die schönste Verfassungspräambel hat wieder unsere Christa geschrieben.* Wie mein Nachname, wo sich die Konsonanten tummeln und auf die Füße treten und gegenseitig ihrer Wirkung berauben, ist auch diese Präambel ein einziges *Uhltzscht*, wenn Sie verstehen, was ich meine. Alles, aber auch wirklich *alles* Edle, Wahre, Hehre, Erbauliche usw. wurde dort hineingestopft, verkettet durch Partizipien, natürlich durch das aufdringlichere, das Partizip I. Ich kenne diesen Stil von meiner Mutter: Für den Badekappenzwang, aber sonst liberal. Wer glaubt, die Befreiung der Sprache verträgt sich mit der Formulierung, daß *aus Forderungen Rechte, also Pflichten werden*, verleiht naturgemäß auch einer Verfassungspräambel den Charme einer Heimordnung. Wer will in einer Gesellschaft leben, in dem die Angestrengtheit schon in der Verfassungspräambel beginnt? Eislauftrainerinnen? Und wenn schon befreite Sprache, dann richtig:

Hoppla! ist doch eine starke Verfassungspräambel, oder *A-Wop-Bop A-Loo-Bop*, oder *And now for something completely different*, oder *Mittwoch ist Kinotag* oder *Tüdelüdüdü, tüdelüdüdü* ...

Mr. Kitzelstein, es ergab sich in diesem verrückten *deutschen Jahr* aber auch, daß ich schon ein paar Wochen später Christa Wolf nach Kräften in Schutz nahm, und zwar – Sie ahnen es – im *deutschen Literaturstreit*. (Das ist etwas anderes als der deutsche Literatur*wett*streit.) Ich war damals dank meiner *Da-kann-man-direkt-neidisch-werden*-Anatomie ein gefragter Pornodarsteller, als Pornostar des deutschen Jahres zumindest ausschnittweise auf zahlreichen Titelseiten. – Anlaß des Literaturstreits war eine Erzählung von Christa Wolf, in der eine Schriftstellerin von der Stasi durch wochenlanges Anstarren so weit getrieben wird, daß sie schließlich binnen einer halben Stunde einen Pralinenkasten zur Gänze auffrißt. Vielleicht ging es auch um etwas anderes, denn ich habe diese Erzählung zunächst nur gelesen, um endlich eine Antwort auf meine Frage zu finden, nämlich ob mein Umschmeißen der Mauer durch Christa Wolf gedeckt war. Vom deutschen Literaturstreit ahnte ich nichts, und ich hatte ihn auch nicht erwartet, und als ich erfuhr, daß es ihn gab, verstand ich gar nichts mehr: Wie kann man eine Schriftstellerin, die sich politisch fast nie verbindlich äußerte, politisch gerecht interpretieren? Wissen Sie, was Christa Wolf über Budapest 56 schreibt? Daß man mit Sorgen vor den Radioapparaten saß. Was soll das heißen? Gab es irgend jemanden, der damals erleichtert vor dem Radio saß? Ulbricht? Oder Adenauer? Und wo war der Konfektkasten? – Wer sich vielsagend ausdrückt, ist gegen weite

Auslegung nicht gesichert, aber was diese Diskussion so absurd machte, war, daß jeder das aus ihr machen konnte, was er wollte. Um auf diese Paradoxie hinzuweisen, wollte ich ihrem Schaffen ganz ernsthaft eine völlig abwegige Auslegung verpassen. Wie wäre es, in Christa Wolf, deren erster Roman mir im Krankenhaus als Erektionsverhinderer anvertraut wurde, eine Pornotexterin zu sehen? Kein Problem, das nötige Textmaterial fand sich in »Nachdenken über Christa T.«: Über zwei Seiten war da die Rede davon, daß Christa T. einen ganz bestimmten Ruf hervorbrachte; *Hooohaahooo, so ungefähr. – Ich wollte an einem Leben teilhaben, das solche Rufe hervorbrachte, hooohaahoo, und das ihr bekannt sein mußte.* Da standen nur Buchstaben, aber wie klingt dieser Ruf wirklich? Warum schreibt sich derselbe Ruf erst mit drei o am Schluß, anderthalb Seiten später aber nur noch mit zwein? Gibt es einen hörbaren Unterschied zwischen hooohaahooo und hooohaahoo, und wenn ja, wie klingt er? Überhaupt, wie ist dieser Ruf, egal mit wieviel o, anzugehen? Christa T. jedenfalls fing *zu blasen an, oder zu rufen, es gibt das richtige Wort dafür nicht. Hooohaahooo, so ungefähr.*

Mr. Kitzelstein, mehr Text brauchte ein Pornodarsteller wie ich gar nicht. Ich waltete meines Amtes, und immer, wenn es mir kam, bereicherte ich das Geschehen um ein Christa-Wolf-Zitat: *Hooohaahooo* oder *Hooohaahoo.* Ihr Satz *Ich wollte an einem Leben teilhaben, das solche Rufe hervorbrachte* bekam dadurch leider so etwas Konkretes. Aber was sollte ich machen, ich mußte doch den Nachweis erbringen, daß sie die Autorin für jede, aber auch wirklich für *jede* Gelegenheit ist. Näheres können Sie in Erfahrung bringen, wenn Sie sich mal die Zeit nehmen, im hinteren Winkel Ihrer Videothek zu stöbern.

Daß unsere Mütter so gnadenlos un-ta-de-lig waren! Was sie alles für sich verbuchen können! Sie haben Olympiasiege gemacht! Verfassungsentwürfe präambelt! Sie haben das Land aus den Trümmern geholt oder schauten zumindest aus dem Kinderwagen zu! Sie präsentieren Biographien, mit denen sie bei mir so viel Ehrfurcht erzwingen, daß ich weiche Knie bekomme: Krieg, Zerstörung, Luftalarm, Aussiedlung, Aufbausonntage ... Versuchen Sie mal, sich bei einer Frau, die mit Lebensmittelmarken aufgewachsen ist, über den Sonntag-für-Sonntag-Schweinebraten-mit-Kartoffeln-und-Rotkohl zu beschweren! »Unsereins wäre froh gewesen ... Steckrüben ... Schiefertafel...« Ich weiß nicht, wie gut es mir geht! Ja, ja, ja! Und die können sich nicht vorstellen, wie dreckig es uns geht! Ich kann es ja selbst kaum! Wie denn auch! Wie soll man, umgeben von olympischen Müttern, darüber sprechen können, mit eigenen, unsicheren Worten! Wo *sie* doch die Exklusivrechte an befreiter Sprache gepachtet haben, auch wenn ihnen als erstes frei von den Lippen geht, daß aus Forderungen Rechte, also Pflichten werden. Und als gelte es, den letzten Hügel der Tugend zu erstürmen, beschenken sie uns mit einer Präambel zum Verfassungsentwurf, damit wir es schwarz auf weiß haben, wem oder was in Sachen 89 hinterherzutrauern ist. Die Verneigung kommender Historikergenerationen ist ihnen sicher! Ein glänzender Abgang! Mein Einstieg in die Debatte ist die Geschichte meiner Perversion, meiner Kleinen Trompete, meiner Schnüffeleien und meines

Denunziantentums, meiner Impotenz, meiner abnormen Wichsphantasien, meines Größenwahns und meiner bestürzenden Ahnungslosigkeit. Wahrlich keine Erfolgsstory. Aber ich bin fast schon wieder froh darüber, daß ich bei der Stasi war. Ich kann mir die entsprechenden Fragen stellen. Ich habe die Chance, zum Kern meiner Erbärmlichkeit vorzustoßen. Ich brauche gar nicht erst anzufangen mit diesen erbärmlichen Ausreden, »Ich habe niemandem geschadet…«, »Aber andererseits konnte ich dadurch…«, »Ich habe schon damals…« Eine völlig verzerrte Diskussion, und keiner merkt es! Wie konnte diese Gesellschaft Jahrzehnte existieren, wenn alle unzufrieden gewesen sein wollen? Mr. Kitzelstein, nehmen Sie meine Frage ernst, es ist keine rhetorische Frage! Alle waren dagegen, und trotzdem waren sie integriert, haben mitgemacht, kleinmütig, verblendet oder einfach nur dumm. Ich will das genau wissen, denn ich glaube, daß sich *alle* modernen Gesellschaften in diesem Dilemma bewegen.

Solange sich Millionen Versager ihrem Versagen nicht stellen, werden sie Versager bleiben. Das könnte mir ja egal sein, aber wie soll sich *mein* Leben, das voller Angst und Unterwerfung war – Oder wie würden Sie das nennen? Haben Sie eine Idee? Nur zu! –, ändern, wenn niemand über Angst und Unterwerfung reden will? *Was* ich Ihnen erzählt habe, hat sich ja alles so zugetragen, aber *wie* ich es Ihnen erzählt habe … Schwer zu sagen; es macht mich nur noch hilfloser und ich *weiß*, daß wir Ostdeutschen uns und der Welt noch eine Debatte schuldig sind. Was ich Ihnen erzählt habe und Ihre Zeitung bringen wird, ist nie und nimmer der Auftakt, aber es verweist auf die Notwendigkeit eines

Anfangs der Debatte. Ich hätte Ihnen meine Geschichte gern so bedrückend erzählt, wie sie ist. Aber wenn sich alle nur rechtfertigen, fallen auch mir nur Rechtfertigungen ein – da nutzt aller Wille zur Offenheit nichts! Alles, was mit den Worten anfängt »Ich habe schon damals…« – da können Sie gleich weghören. Bei »Ich will nie wieder…« wird's schon interessanter. Aber das packen sie nicht. Alle haben schon damals. Und deshalb muß sich auch niemand ändern. »Es ist doch dasselbe wie früher!« maulen sie. »Schlimmer!« Nein, *sie* sind dieselben wie früher, und sie begreifen's nicht mal. Sie glauben, weil sie einmal eine Mauer umgeschmissen haben, wären sie geheiligt bis in alle Ewigkeit. Und deshalb mache ich jetzt Schluß mit dem faulen Zauber. Ich sage Ihnen, wie es wirklich war, in der Nacht an jenem 9. November.

Ein Mann ging hinaus in die Nacht, ein Mann mit seinem Schwanz. (Ich rede von mir, wie Sie sich denken können.) Ich hatte ein Glied, das diese Bezeichnung verdiente. Nix mehr mit Kleiner Trompete. Das Gewicht meiner Eier gab mir beim Gehen ein neues Gefühl. Ich lief nicht mehr verunsichert umher, als tänzelte ich über eine heiße Herdplatte. Ich fühlte mich, meine Eier und den Boden unter den Füßen. Wow! Die heilige Dreieinigkeit! Von nun an nur noch so und niemals anders. Mir war danach zumute, Bogi anzurufen und mit ihm ein paar männlich-verknurrte Sätze zu wechseln, nur leider war er erstens tot (zu tot, um ans Telefon zu gehen, würde Raymond Chandler sagen), und zweitens hatte ich seine Telefonnummer nicht.

Als ich aus dem Krankenhaus entwischte, wollte ich

zunächst zur Wurstfrau fahren. Sie hatte mich wegen meiner Kleinen Trompete ausgelacht – weshalb ich mit ihr eine offene Rechnung hatte. Ich wußte selbst nicht genau, was ich bei ihr wollte, aber mir würde schon das Richtige einfallen, mit *so einem* Schwanz in der Hose kann nichts schiefgehen …

Ich kam nie bei ihr an. Sie wohnte in der Isländischen Straße, einer Seitenstraße der Bornholmer Straße, genau, *der* Bornholmer Straße, an deren Ende der Grenzübergang war. Davor drängelten sich sogenannte *Volksmassen*, die aus mir damals unverständlichen Gründen darauf hofften, die Himmelspforte werde gleich geöffnet, auf das sie in den Westen strömen dürfen. Es waren *Tausende*, und sie standen ein paar Grenzsoldaten gegenüber, die das Gittertor bewachten und nur einen Spalt öffneten, wenn ein Westmensch kam und seinen Paß zückte. Dann begannen die Volksmassen zu schieben, allerdings nur symbolisch, aber was will man erwarten von einem Volk, das sich in seinen Revolutionsreden hoch anrechnen läßt, daß es seine Proteste behördlich genehmigen ließ. Man will sich doch in nichts reinziehen lassen. Die Grenzer hatten trotzdem ihre liebe Not, das Tor wieder zu schließen, aber sie schafften es. (Sie schafften es, weil sie es schaffen *sollten.*) Sie stemmten sich mit ganzer Kraft gegen das Tor, verriegelten es, und das Volk drückte sich weiterhin die Nase platt.

Die Volksmassen waren, was ich nicht wußte, durch eine undurchsichtige Formulierung auf der Pressekonferenz von Günter Schabowski aufgescheucht: Wer ausreisen will, wollte Schabowski sagen, muß nicht mehr den Umweg über die tschechisch-westdeutsche Grenze nehmen, sondern könne gleich über die deutsch-deutsche Grenze ausreisen – doch wie es sich für einen Parteifunktionär gehört, drückte er diesen einfachen Sachverhalt so umständlich aus, daß es alles mögliche heißen konnte, worauf Minuten später im Bundestag aufgeregt die Sitzung unterbrochen wurde, »Wie wir soeben erfahren haben …«, sich ein Häuflein Parlamentarier erhob, spontan das Deutschlandlied anstimmte und die Grenze für geöffnet hielt. So sah es auch die *Tagesschau*, worauf sich Zehntausende Berliner auf die Beine machten, um an den Grenzübergängen enttäuscht festzustellen, daß sie sich falschen Hoffnungen hingaben. Aber, wie die Zeiten damals waren – alles schien möglich, und so blieben sie stehen, warteten und riefen *Wir sind das Volk!* Und so trafen wir uns: Sie wollten *einfach so* in den Westen, und ich war mit meinem großen Schwanz unterwegs zur Wurstfrau.

Mr. Kitzelstein, es war ein Bild des Jammers. Da standen die Tausenden ein paar Dutzend Grenzsoldaten gegenüber und trauten sich nicht. Sie riefen *Wir sind das Volk!*, den wichtigsten Ruf der letzten Wochen – und irgendwie traf das ins Schwarze. So artig und gehemmt wie sie dastanden, wie sie von einem Bein aufs andere traten und darauf hofften, sie dürften mal – kein Zweifel, sie waren wirklich das Volk. So kannte ich sie, so brav und häschenhaft und auf Verlierer programmiert, und irgendwie hatte ich Mitleid mit ihnen, denn ich war einer von ihnen. Ich *war* einer von ihnen. Ein Volk, das sich von einer LKW-Pritsche herab die Befreiung der Sprache als revolutionäre Errungenschaft preisen läßt, ein Volk, das mit dem Hinweis aufgemuntert wird, daß es mit behördlicher Genehmigung protestiert, ein Volk, das ratlos vor ein paar Grenzsoldaten stehenbleibt, ein solches Volk hat einen zu kleinen Pimmel – in diesen Dingen kenne ich mich aus. Wenn es Panzer wären, von denen sie sich schrecken ließen! Nein, es waren zehn, zwölf Grenzsoldaten, die bleich und schlotternd ihre Pflicht taten, indem sie sich gegen das Tor stemmten und ansonsten die Schreihälse und Aufwiegler der vordersten Reihe unter beleidigten »Keine Gewalt!«-Rufen des wartenden Publikums herausgriffen und abführten. Ein seltsames Ritual. Was fehlte, war der Ausbruch des gerechten Volkszorns.

Na, wennschon. Vor ein paar Tagen, als ich fällig war und nach meinem Mörder suchte, ging es auch ohne Volkszorn ab. Statt dessen präsentierte sich die Mutter aller Mütter, Doppelgängerin einer Eislauftrainerin, las aus dem Lexikon vor und verteilte Lutscher à la *Das ist literarisches Volksvermögen!* – und das Volk war selig. Das paßt wie Schloß und Schlüssel: Sie war *die* Autorin für ein Publikum, das es nicht fertigbringt, ein Dutzend Grenzsoldaten wegzuschieben. Aber ehe dieses Publikum, was zu befürchten war, auch heute wieder nach Hause gehen und noch in fünfzig Jahren mit romantisch verklärten Augen ihren Enkeln erzählen würde, daß sie damals, am 9. November 1989, beinahe im Westen gewesen wären, »sogar die Grenzer hatten weiche Knie, so viele waren wir«, ehe es dazu kommt, wollte *ich* mich kümmern, ich, der Erlöser mit dem großen Schwanz, und als das Tor wieder einen Spalt geöffnet war, sah ich den Grenzern fest in die Augen, und als sie sich gegen das Tor stemmten, um das symbolisch schiebende Volk zurückzudrängen, schrie ich so laut ich konnte: »*Na los! Ihr müßt mehr drücken, verdammt noch mal! Volle Pulle! Ihr schafft es! Ich weiß, ihr könnt es schaffen!*«

Das Volk hörte den Ruf »Ihr schafft es!«. Und es dachte, wenn *einer von uns* in der ersten Reihe, Auge in Auge mit den Grenzern, todesmutig einen Schlachtruf riskiert, dann sollten wir demjenigen unsere Unterstützung nicht versagen. Was ruft der – *Volle Pulle schieben?* Warum eigentlich nicht? Aber sie schoben trotzdem nur symbolisch, so daß die Grenzer das Tor mehr und mehr schließen konnten, obwohl sie – und hier werde ich Ihnen ein weiteres streng gehütetes deutsches Geheimnis aus jener Nacht anvertrauen –, obwohl sie das Tor gar nicht mehr schließen wollten. Als ich das Volk aufrief, und, um mich abzusichern, die Grenzer dabei in aller Unschuld anschaute, als ob ich sie meinte, winkte der Befehlshaber der Torwache nur resigniert ab. Er erwartete ein Anschwellen des Drucks und verzichtete auf ein letztes Aufbäumen. Mr. Kitzelstein, niemand wollte die Mauer in diesem Moment noch haben. Sogar die Grenzer waren es leid, sie zu bewachen. Auch sie waren froh, daß endlich einer kam, der das Ding wegputzen wollte.

Schließlich griff noch ein Typ Mensch ins Geschehen ein, der sich in Momenten wie diesen immer findet: Der besonnene Rebell, der mit den Worten »Ich möchte mal den Verantwortlichen sprechen!« auf den Plan trat. Er war ungefähr dreißig und wirkte moderationserprobt, geschult in zahllosen basisdemokratischen Diskussionen. Auch er wurde aufgespürt, allerdings lange vor mir; sein Name ist Aram Radomski. »Es muß doch einen Verantwortlichen geben!« rief er. Und, ans Volk gewandt: »Das kann doch nicht sein, daß es keinen Verantwortlichen gibt!« Das Volk war gespannt, wie das mit dem Verantwortlichen wohl weitergehen würde, und wartete. Schließlich fand sich einer, der als der Verantwortliche gelten wollte. »Sind Sie der Verantwortliche?« fragte Radomski. Und als er anfing, den Verantwortlichen davon zu überzeugen, daß der jetzt das Tor aufmachen müsse, hatte ich eine Idee, eine Art Eingebung ... Vielleicht waren auch diese Grenzer Söhne von Müttern, die mit *Hastewiederdranrumgespielt* in Schach gehalten wurden – wie soll ich sagen, es war eben eine *Eingebung*. Ich öffnete langsam den Mantel, dann den Gürtel und schließlich die Hosen und sah den Grenzern fest in die Augen. Seitdem ich »Ihr schafft es! Na los! Volle Pulle schieben!« gerufen hatte, wurde ich mit besonderer Aufmerksamkeit behandelt; um genau zu sein, sie ließen mich nicht aus dem Auge. Um so besser. Mit einem Grinsen zog ich meine Unterhose herunter – daß Grinsen dazugehört, wußte ich seit diesem Exhibitionisten, der mir mal in der S-Bahn begegnet war. Und während Aram Radomski mit klaren und engagierten Worten auf den Verantwortlichen einredete, ohne zu bemerken, was ich neben ihm tat, starrten die Grenzer wie gebannt auf das, was ich ihnen zeigte. Als alle Grenzer wie gelähmt am Tor standen, wandte ich mich an den Verantwortlichen, worauf seine Widerrede abrupt endete. »Dann können Sie uns doch rüberlassen!« sagte der immer noch ahnungslose Aram Radomski, und der Verantwortliche fand keine Kraft zum Widerspruch. Er war auch nicht mehr in der Lage, sich auf eine Vorschrift zu berufen. Er starrte mich nur an, mit Augen, die immer größer wurden. Es passierte so viel in diesen Tagen, was einfach nicht zu glauben war, und ich war mir sicher, daß ihm und den übrigen Grenzern *das* den Rest geben würde. So was hatten sie noch nie gesehen! So was hätten sie nie für möglich gehalten! Was sich ihnen darbot, war so unglaublich, daß sie mit niemandem darüber sprechen konnten, weil ihnen niemand glauben wird. Ich ließ mir Zeit, viel Zeit, ich sah nacheinander allen in die Augen, und schließlich entriegelte einer von ihnen wie hypnotisiert das Tor. Ehe sie es sich wieder anders überlegten – Radomski hörte gar nicht mehr auf zu argumentieren, *vernünftig* zu reden –, hatte ich die Gitterstäbe gepackt und das Tor aufgestoßen. »So«, schrie ich, laut genug, daß mich das hinter mir versammelte Volk hören konnte, dem ich mich aber nicht mit dem Gesicht zuwenden wollte, solange ich meine Hosen nicht wieder geschlossen hatte, »loslaufen müßt ihr selber!«.

Aber wie miesepetrig ich auch bilanziere – der Weg war frei für einen der glücklichsten Augenblicke deutscher Geschichte; seltene Momente *unschuldigen* Glücks, Sie kennen die Bilder: Sektparties am Brandenburger Tor, Ritt auf der Mauerkrone, Happenings mit Hammer und Meißel. Alle freuten sich, und keiner hatte begriffen, was wirklich passiert war: Die, die hinten standen, oder die, die später kamen, waren davon überzeugt, daß sie das Tor aufgedrückt hätten, wenn sie nur vorn gestanden hätten, und die, die vorn standen, waren der Meinung, sie hätten es aufgedrückt, denn immerhin ist es ja wirklich aufgegangen – und wenn ich bereits damals behauptet hätte, daß ich es allein war, hätte mir niemand geglaubt. Wir wurden doch nicht von *Pappsoldaten* bewacht. Erst der Gang der Zeit, die weiteren Ereignisse in Deutschland, machen meine Version vom Mauerfall rundum plausibel: Sehen Sie sich die Ostdeutschen an, vor und nach dem Fall der Mauer. Vorher passiv, nachher passiv – wie sollen die je die Mauer umgeschmissen haben? Egal, damals dachte ich, das Erlebnis von Freiheit, von Würde und Selbstbehauptung könnte anstecken und einen ununterdrückbaren Nachhall bewirken, und mir war es auch recht, daß sie glaubten, sie hätten die Mauer umgeschmissen. Sollen sie an eine Kraft glauben, die sie nie hatten – so wie sie Angst hatten vor einer Macht, die es nie gab! Ja, Mr. Kitzelstein, auch ich freute mich in dieser Nacht! Ich war halb verrückt vor Glück, und ausgerechnet in einem dieser Augenblicke pflanzte sich ein Kamerateam vor meiner Nase auf und hielt mir ein Mikrofon hin! *Jede revolutionäre Bewegung befreit auch die Sprache*; also hören Sie genau hin, was ich, der alte Bastler von Aforismen und zitierfähigen Äußerungen, den internationalen Medien gegenüber zu lallen habe – an *Sprechen* war nicht mehr zu denken, ich hatte die Kontrolle über meinen *Ar-ti-ku-la-tions-apparat* verloren, macht nichts, es reichte trotzdem zum »Wort des Jahres 1989«: *Waaahnsinn!* Jawohl! Ich war's! Auf der Bornholmer Brücke am 9. November 1989; ein Vierteljahr später hatte ich es amtlich von der *Deutschen Sprachgemeinschaft* in Darmstadt. Weg, weg, weg mit all diese angestrengten, disziplinierten, dozierten Sätzen der Mutter aller Mütter, ab jetzt wird nur noch gelallt ... In dieser Nacht glückte mir einfach alles! Schwanz gerettet, Kalten Krieg beendet, Wort des Jahres in Umlauf gebracht – und als ich die Wurstfrau im Gewühl entdeckte und zu ihr herüberbrüllte, *Eh, Wurstfrau! Jetzt ist er so groß wie 'n Nudelholz!* war das, obwohl sie mich nicht hörte, nicht ganz vergeblich, denn ein Westberliner Fotograf überreichte mir mit den Worten »Wenn du dir ein paar

Mark verdienen willst ...« seine Visitenkarte. Um nicht unverstanden zu bleiben, untermalte er sein Angebot mit Hüftbewegungen. So habe ich mir den Westen immer vorgestellt: Man ist kaum über den weißen Strich und wird schon in Pornos verwickelt. – Mein Triumphgefühl endete jäh, als aus einem der Trabis, die über die Brücke rollten, ein verschreckter Fahrer ein *Neues Deutschland* heraushielt, als Wegzoll für die Wilden, die mit ihren Händen auf sein Dach trommelten. Das *Neue Deutschland* war das machtvolle Zentralorgan der Partei, kein x-beliebiges Blättchen. Die Zeitung wurde unter Begeisterungsgeheul standrechtlich zerfetzt. Sechs, acht Leute balgten sich um eine Zeitung. Ein komischer Anblick, aber ein Westberliner in meiner Nähe kommentierte: »Der Lynchmob wütet.« Das war scherzhaft gemeint, aber die Vernichtung der Zeitung wurde so leidenschaftlich und inbrünstig betrieben, daß ich mich an alle Warnungen meiner Vorgesetzten erinnerte: Wie oft haben die uns gepredigt, daß der Gegner – *jeder Mensch ist ein potentieller Gegner* – nicht zimperlich ist und auch vor Mord nicht haltmacht. Noch Tage zuvor war das Volk per Revolutionsrede anstatt zum Mauerniederreißen zu »Und dazu noch Zeitung lesen« aufgefordert worden. Zeitung *lesen*! Und plötzlich werde ich Zeuge von Ausschreitungen gegen das Zentralorgan der Partei! Die Zeiten von »Keine Gewalt!« sind vorbei; *Gewalt gegen Sachen* ist nur der Auftakt, man kennt das! Was wird aus mir! Was wird aus *meinem* machtvollen Zentralorgan! Ich *wollte* nämlich wieder leben, ich hing wieder am Leben, und den Gedanken, den ich noch vor wenigen Tagen hatte, nämlich daß einer wie ich es verdient, an der Laterne aufgehängt zu werden, fand ich unreif und dumm. Ich wollte weg, ich hatte Angst, und als ich wieder eine Kamera vorm Gesicht hatte, stieß ich ein Wort aus, das aus den tiefsten Sümpfen meiner Seele kam: »Deutschland!«, halb geröchelt, halb geflüstert. – *Deutschland aus Angst*. Die Westdeutschen nahmen es natürlich wörtlich, allerdings, indem sie es um eine entscheidende Nuance entstellten: Sie taten so, als ob alle, die *Deutschland* sagten, *Bundesrepublik* meinten. Wie phantasielos! Was denen zu ihrer vermessenen, verstromten und flußbegradigten Republik noch fehlte, war das Gefühl, ein Leben zu führen, für das sie beneidet werden. Was ist denn dran an dieser Bundesrepublik, außer daß dort die besten BMW's der Welt gebaut werden? Nicht daß ich die Bundesrepublik für etwas Entsetzliches halte, aber so perfekt, daß einem dazu nichts Besseres einfallen könnte, ist sie auch nicht. Und wie konnte ich ahnen, daß sich plötzlich die ganze Nation der DDR aufgerufen fühlte, meinen verwirrten Ruf nach »Deutschland!« aufzugreifen. Sagen Sie jetzt nicht, daß *Deutschland* das einzig noch Unvorstellbare war – in einer Zeit, als die Menschen Gefallen daran fanden, daß täglich Unvorstellbares Wirklichkeit werde. Dann nämlich müssen Sie mir erklären, warum die Armee nicht abgeschafft wurde. Aber, Mr. Kitzelstein, wenn wir es so herum versuchen – *Die Sprache erinnert sich ihrer Gefühlswörter; eins davon ist: Deutschland* – kommen wir vielleicht weiter. Deutschland war mein Wort gegen die Angst vor dem, was ich angerichtet hatte, gegen die Angst vor den Folgen und davor, daß es aus war mit den geregelten Rechten und Pflichten. Daß nach der Befreiung die Freiheit kommt, war mir nicht in dieser Deutlichkeit bewußt. Ich war der erste, der mit tendenziöser Absicht Christa Wolfs Bücher fledderte, ich war der erste, der aus Angst nur noch *Deutschland* hervorbrachte – mein Gott, kennen Sie außer Leonardo da Vinci noch jemanden, der seiner Zeit mit solcher Penetranz voraus ist?

Doch wozu die Mühe, Ihnen Deutschland auszulegen – werfen Sie doch selbst einen Blick auf dieses Land! Wenn Sie wissen, daß die Einheit so zustande kam, werden Sie sich über den weiteren Gang der Dinge nicht wundern! Ich mache mir keine Illusionen: Mir, dem Paria, dem perversen Stasi, dem Kindesentführer und Beinahe-Vergewaltiger wird niemand glauben – na und! Wer meine Geschichte nicht glaubt, wird nicht verstehen, was mit Deutschland los ist! Ohne mich ergibt alles keinen Sinn! Denn ich bin das *Missing link* der jüngsten deutschen Geschichte!

War es das, was Sie wissen wollten?

Inhalt

MIX
Papier | Fördert gute Waldnutzung
FSC® C014496

Penguin Random House Verlagsgruppe FSC® N001967

1. Auflage
Taschenbuchausgabe Oktober 2023
btb Verlag, München, in der Penguin Random House Verlagsgruppe GmbH,
Neumarkter Straße 28, 81673 München

Covergestaltung: buxdesign I Ruth Botzenhardt unter Verwendung
eines Motivs von © mauritius images / Berlin, East-Side-Gallery
an der ehemaligen Berliner Mauer, Karsten Wenzel:
»Die Beständigkeit der Ignoranz«, Erich Honecker im Hermelin /
Catharina Lux
Druck und Einband: GGP Media GmbH, Pößneck
cb · Herstellung: sc
Printed in Germany
ISBN 978-3-442-77404-3

www.btb-verlag.de
www.facebook.com/penguinbuecher

Thomas Brussig

Am kürzeren Ende der Sonnenallee

176 Seiten, btb 77405
Mit einem Nachwort von Jonathan Franzen

Am kürzeren Ende der Sonnenallee, gleich neben der Berliner Mauer, wohnt Micha Kuppisch. Wenn er aus der Haustür tritt, hört er die Rufe westlicher Schulklassen vom Aussichtspodest: »Guck mal, 'n echter Zoni!« Micha aber hat eine andere Sorge: Miriam. Sie ist das schönste Mädchen weit und breit, doch leider schon vergeben. Pointenreich erzählt Thomas Brussig, wie im Schatten der Mauer auch die Sonne schien. Miriam, Micha und seine Freunde lieben und lachen, tricksen und träumen. Sie hören Jimi Hendrix, angeln Liebesbriefe aus dem Todesstreifen und erschaffen sich erfindungsreich ihre eigene Welt. Und erst später wird ihnen klar, dass sie unheimlich komisch waren …

»Einer der brillantesten satirischen Romane über das Leben in Ostberlin im Schatten der Mauer.«
Daniel Kehlmann, The New York Times

btb

Thomas Brussig

Die Verwandelten

Roman

336 Seiten, btb 77098

In dem Provinzkaff Bräsenfelde passiert Aufregendes, Weltbewegendes: In der Waschanlage einer Tankstelle verwandeln sich Fibi und Aram in Waschbären. Was wie ein Witz klingt, den niemand glauben kann, wird unabweisbare Realität, der man sich nun stellen muss. Keine kleine Zumutung für ihre Familien, die Mitschüler und vor allem für sich selbst. Hält dieser Blödsinn einer medizinischen Untersuchung stand? Beim Veterinär? Oder beim Kinderarzt? Was sagt der Genetiker? Wie steht es um die juristischen Implikationen? Menschenrechte? Kinderrechte? Tierrechte? Geht das wieder weg? Und wenn nicht, lässt sich das Wunder touristisch nutzen, finanziell?

»Eine tierisch lustige und sehr bissige Satire auf die menschliche Natur in unserer unmittelbaren Zukunft.«

Brigitte

btb